小学教师专业发展研究

拓梅梅 著

中国纺织出版社有限公司

图书在版编目（CIP）数据

小学教师专业发展研究 / 拓梅梅著. --北京：中国纺织出版社有限公司，2022.8（2025.2重印）

ISBN 978-7-5180-9704-3

Ⅰ.①小… Ⅱ.①拓… Ⅲ.①小学教师—师资培养—研究 Ⅳ.①G625.1

中国版本图书馆CIP数据核字（2022）第130118号

责任编辑：郭 婷　责任校对：高 涵　责任印制：储志伟

中国纺织出版社有限公司出版发行

地址：北京市朝阳区百子湾东里A407号楼　邮政编码：100124

销售电话：010—67004422　传真：010—87155801

http://www.c-textilep.com

中国纺织出版社天猫旗舰店

官方微博 http://weibo.com/2119887771

北京虎彩文化传播有限公司印刷　各地新华书店经销

2025年2月第2次印刷

开本：710×1000　1/16　印张：16.25

字数：246千字　定价：68.00元

序

国家大计，教育为本；教育大计，教师为本；教师大计，专业为本。教师是我国经济社会发展的首要人才资源，教师培育是造就国内各行各业人才的工作母机。毋庸置疑，数以万计的高素质中小学教师，是民族振兴、国家富强、经济腾飞的坚实支柱，是国家基础教育综合竞争力持续提升的希望工程。近年来，随着教育强国战略、人才强国战略的陆续出台，我国对中小学教师培养工作受到高度重视，甚至将之列入国计民生之列，教师教育事业正处在蓬勃发展时期。尤其是在当前，"双减"政策持续深入推进，依靠教师素质提升来实现根源上为中小学生减负的工作思路日益清晰，遵循中小学教师专业发展规律，促进高素质中小学教师培养，承载着国家面向素质教育转型发展的历史性任务。正是在这一形势下，陕西服装工程学院拓梅梅副教授主笔的著作《小学教师专业发展研究》将交付出版，令人倍感欣慰、深感振奋，更为她的学术敏感性点赞。在悉心揣摩后发现，本书有三个典型特征值得关注：

首先，高度关注中小学教师发展前沿问题的探讨。本书的主要内容板块，如教师发展理念、教师能力体系、教师专业理想信念、教师专业素养结构、教师专业知能转化等内容不仅契合了我国《小学教师专业标准》的要求，还灵活融入了作者的许多研究性成果，这一做法可圈可点。本书希望站在教师发展知识研究成果的基础上继续深入探究教师专业发展问题，用"接着讲""深入讲"的姿态批判性地阐述已有成果，拓展研究内容空间，这一思维让本书带上了浓浓的"学术味""专业味"，利于读者获得最新的教师专业发展前沿知识状况，实现教师专业发展与最新学术研究成果同步更新的理想效果。

其次，高度重视用实践经验来"消融"理论的学术表达策略。纯粹学术的表达是枯燥的，只有扎根于实践的土壤、经验的沃土，学术表达才可能在实践中开花结果，才可能变得活灵活现、富有韵味，进而实现学术反哺实践、学术引领改革的目的。在本书中，作者引入了大量的案例、故事与图片，将抽象苦涩的理论表达有机渗透其中，让人读起来觉得既深刻又活泼，既容易得到读者的青睐与喜爱，也利于教育学术思维的推广与传播。

最后，高度强调教师专业实践体系建设。所谓"教师专业发展实践体系"，就是涉及教师专业发展的知识观念、技能能力、信念思维及其相应实践表达构成了有机体与综合体，其显著特征是：一是实践导向性，强调教师专业观念、理念与知识必须服务于教师工作实践的优化与改进；二是实践中心性，强调将教师工作实践的专业化作为教师专业发展研究的核心点、聚焦点、贯通点。面向这一实践体系的建构，本书初步形成了"专业信念——专业知识——专业能力——专业素养"的教师专业发展研究主线，对于带动我国中小学教师专业发展体系性转变具有直接促进意义。我们相信：该专业实践体系的建设与研究必将推动我国中小学教育事业的蓬勃发展，向我国中小学教师专业发展领域注入一股新鲜的血液。

值得一提的是，在本书撰写中拓梅梅副教授多次向本人征询写作建议，认真吸纳本人承担的教师发展理念，还邀请本人对此书进行了多轮修改。这种谦虚谨慎、兢兢业业的学术态度令本人敬佩。我相信：这种精益求精、乐学求进的学术精神更值得广大中小学教师去学习，更值得教师专业发展研究者去借鉴。

真心希望本书能够在中小学教师之中、基础教育研究者之中形成一定影响，使之为我国教师教育理念创新与升级做出历史性贡献。

龙宝新

2022 年 5 月

目　录

第一章　认识小学教师职业

第一节　小学教师职业的社会意义

职业是什么？这是每一位求职者都会自觉不自觉地去思考的问题；教师职业的意义何在？这是每一位师范生在从业前一定会去思考的一个问题。每个人都生活在一定的职业圈子中，这是其融入社会、实现发展的一个必须的媒介和平台。对小学教师而言，明确教师职业的意义是增强其专业发展自觉性与主动性的思考前提。

一、从"职业"谈起

要认识职业，先需从字面上剖析"职业"二字的含义及其所指涉的对象。在此，我们不妨从东西方语境差异与具体职业种类角度来思考"职业"的具体内涵，由此进入对"教师职业"的理解与探寻。

(一)"职业"的中外表达方式

在英语与汉语中，"职业"一词所指的词义大致相同，在英语中，"职业"的常用词汇是"job"、"occupation"和"vocation"，它们基本上指的是个人从事的作为主要生活来源的工作。

在我们生活的世界里，大家能看到形形色色的职业形态，如农民、工人、医生、商人、渔民等。在《中华人民共和国职业分类大典》中，我国将职业分为八个大类，共计1838个职业。这八个大类分别是：国家机关、党群组织、企业事业单位负责人；专业技术人员；办事人员和有关人员；商业、服务业人员；农、林、牧、渔、水利业生产人员；生产、运输设备操作人员及有关人员；军人；不便分类的其他从业人员。可以说，我们身边的每一个人所从事的职业都可以归入上述八大类。

(二) 职业的内涵

那么，到底什么是"职业"呢？洪向阳认为，职业是行业与职能的交集点，"一种职业应该包括行业和职能两个维度构成，公式：职业 = 行业 + 职能"；[1] 程社明指出，"职业是参与社会分工，利用专门的知识和技能，创造物质财富和精神财富，获得合理报酬，满足物质生活、精神生活的工作"。[2] 当然，还有其他学者给出的"职业"定义，在此不再列举了。如果对之作以简单总结，"职业"的大致含义是指一个人利用自己的知识技能，积极为社会创造物质财富、精神财富与文化财富的同时，从社会获取自己生存发展所需要的物质资源，满足个人成就需要的一种社会性服务。

结合这一理解，我们可以将"职业"的内涵做进一步的剖析，这就是个人意义与社会意义。从个人意义角度来看，职业是"一份人用以谋生的社会工作"，通俗地说，就是一个人的"饭碗"，是人从社会中获取资源的依托与手段，因为人只有为社会服务，向社会提供一定的社会服务，才可能实现个人的生存；从社会意义上来看，职业是"行业"的另类称呼，它是社会分工发展的结果，社会分工的自然结果是一系列新职业、新行业的产生。例如，"家政""品牌管理师""医学设备管理师""报关员""社会文化指导员""房地产经纪人"等，就是随着社会发展而出现的新型职业类型。

总而言之，职业具有双重意义：对个人而言，它代表着一定社会角色，"职业人"是人的常见社会角色；对社会而言，职业代表着社会分工发展的产物，是"行业"的代名词。每一个人都生存在"职业人"与"社会人"的中间地带。

(三) 人的生存与职业的关联

每个人都是"社会人"或"职业人"，都生活在社会关系网与社会生产生活的链环上。离开了职业，不仅人的社会生存无法保证，而且整个社会也有可能陷入瘫痪境地。职业是个人与社会发展的共同支柱，是维系个人与社会的纽带。

首先，职业是人获取社会资源与报酬的媒介。通过劳动服务社会，这是人

---

[1] 洪向阳.10 天谋定好前途——职业规划实操手册 [M]. 上海：上海大学出版社，2014.
[2] 程社明.你的船，你的海——职业生涯规划 [M]. 北京：新华出版社，2009.

的社会化生存之道，因为只有通过这一途径，人才能合法、合理地获得社会资源与社会报酬，赢得衣、食、住、行等方面的物质资源，保证生理机能的正常运转。

其次，职业是人自我实现、精神满足的渠道。马斯洛（Abraham Harold Maslow）在 1940 年代提出的"需要层次理论"指出：人的高级需要是爱、尊重、自我实现等高级社会需要，这些需要的满足必须通过担当一定社会事务，从事一项有助于发挥自我潜能的社会工作来实现。在这一意义上，我们认为，职业恰恰是人的这些社会需要得以满足的必需条件。职业对个人发展的意义正在于此。

最后，职业是人实现社会化生存的场所与时空。社会化是人的必修课，是人进入社会的必经之途与必需修炼。与其说人的社会化是通过与周围人的互动实现的，不如说是在参与一定职业、担负一定职业角色时实现的。相对而言，人只有在职业中才可能接触到一种更为复杂的社会关系——职业关系，即与一般社会人发生社会关系，进而真正融入整个社会，最终建立起继亲情、友情关系之后的又一种更为复杂、异变的社会角色关系。

二、教师职业的社会意义

教师职业是颇受社会关注的职业之一，是民众民生问题的重要组成。正如教师职业的性别比例一样，它始终是一个受人瞩目的社会问题。教师职业的社会关注度正是其重要性的社会体现。

(一) 教师职业

教师是形形色色职业中的一种，是担负着特殊社会功能，并对从业人员有着特殊资质要求的一个行业。对个人而言，任何职业都是一种社会责任与专门事务，是个人在社会上扮演的角色、承担的责任；对社会而言，职业是一种社会分工、社会行业类型，是社会分领域、分行业存在的一种形态。对教师职业而言，它是社会行业与社会角色的统一，对教师职业的完整理解必须从以下两个方面来思考。

(1) 教师职业是承担着文化传承、社会进化、社会再制等职能的特殊行业。

每个行业在社会中的存在都肩负着特殊职能，例如，医生行业的特殊职能是救死扶伤、挽救生命；律师行业的特殊职能是维护社会正义、伸张法治精神；农民行业的特殊职能是开展农业生产，确保粮食供应；等等。教师职业的产生是教育行业发展的结果。教师职业为社会提供的独特社会服务是：传承人类社会文化、精神文明与科学知识等社会遗产，确保整个社会在既有基础上持续改进、结构优化，促使社会在继承最优秀社会遗产的基础上继续向前发展，保持积极、正向、健康的发展势头。

（2）教师职业是以教书育人为主业的专门工作。

对每个教师而言，教师职业的核心内涵是教书育人。这既是教师的主要工作内容，又是教师服务社会的直接途径。每一个具体教师都必须承担教书育人的具体工作，如开展教学活动、进行班级管理活动、承担各种德育事务、开展家访等家庭教育活动等。这就需要教师掌握专业的知识，具备专业的技能，承担起教育责任，具有积极的教育观念与科学的价值观。教师职业的最具体内涵就是：教师通过科学、合理、创意的教育教学工作来为社会培养出一批合格的各行业人才，以此促进社会的变革与发展。

总而言之，教师职业是教师在教书育人实践中，通过对新生一代的自觉培养来促进社会文化传承、文明进步，实现个人事业追求与满足社会需求的一项特殊行业与社会工作类型。

（二）教师职业的社会存在意义

对社会发展而言，教师职业绝非可有可无的，而是在人类社会进步和文明进化中不可或缺的一个行业、一门工作。教师职业的社会存在意义是明显的，它是确保社会正向发展、自觉建构的重要依托，教师职业是社会发展链环上的一个重要节点。

（1）教师职业是社会发展的枢纽环节。

教师是人类文化的继承者与传递者，在人类社会的延续与发展中起着承前启后、继往开来的纽带和桥梁作用。从文化传承角度来看，教师职业肩负着继承人类既有文化遗产，并对之进行"选择性传递"的职能。所谓"选择性传递"，就是对人类文化遗产的筛选、扬弃，即选择文化遗产中的精髓与优秀成分，对之进行自觉传播，促使民族文化发扬光大。通过这一途径，教师职业就成了人类社会文化发展中的"中转环节"，担负着社会文化"守门人"的重要角色。

(2) 教师职业是正向社会价值观的引导者与播种者。

教师是社会正向价值的引导者与示范者，担负着人类潜能的开发和灵魂塑造的重任。教师职业在选择优质文化加以自觉传播的同时，还积极倡导着一种正向价值，引领着整个社会不断走向文明、进步、和谐。如果说任何一种"教育活动"，其共同要义就是向社会注入一股正能量，那么，教师职业正是这一正能量的激发者与社会注入者。教师在学校、社会中主张的价值观念一定是正向、积极、健康的价值观，一定是先进社会思想、社会意识的创造者与传播者，他们时刻用自己的言行传达着这种价值观念，导航着整个社会的走向。在课堂上，教师不仅在开发着新生一代的智慧潜能，还在塑造着一代人的灵魂与精神，向他们播种着美德、尚美、求真、进取、正义、和谐、良知等的"种子"。

(3) 教师职业是社会公共生活的建构者。

在社会中，教师不仅是先进思想、价值观念的创造者与宣传者，更是社会生产、生活的重要参与者与公共社会服务的提供者。每个人都生活在三种生活形态中，即私人生活、职业生活与公共生活。相对而言，私人生活主要由每个人自己去打理，职业生活主要由各种社会企事业单位去管理，而公共生活则主要由社会公共机构与教育事业去负责。教师职业通过对学习者开展公共教育，如公共生活美德教育、公共秩序教育、公共精神教育，通过自己作为"公民表率"角色的扮演等，可以促使整个公共生活向社会期待的健康方向发展，催生出一种更为理想的公共生活形态。这种建构公共生活的途径与法制、行政等强制途径相比而言，具有难以比拟的优势，它能够让公民在自觉遵守公共生活规则中促使社会健康、和谐、持续地发展，能够大量节约社会公共生活管理成本，营造一种相互关爱、相互尊重、相互理解的社会氛围。

教师是人类文明的播种机，是人类灵魂的工程师；教师职业铸就着一个社会、一个民族的脊梁与风骨，它的发展关涉整个人类社会的繁荣与发展，教师职业的社会存在意义正系于此。

三、小学教师职业重要性的特殊体现

小学教师职业的重要性取决于小学教育的特殊性，取决于小学教育对人的一生发展的特殊功能。小学教育在人生教育历程中处在开端阶段，小学教师职业在教师职业的谱系中相对处于底层位置，这就决定了对整个社会与小学生发展而言，小学教师职业具有重要意义，扮演着尤为重要的社会角色。

（1）小学教师是人类文化与文明的"播种机"，因为小学是人的学习能力最强的一个时段。

心理学研究发现：人的发展越是处在早期，其可塑性与学习力越强，身心发展潜能与空间越大。所谓"学习力"，就是人把外来的"知识资源"转化为个人的"知识资本"的能力，是学习者对外来信息、认识、智慧的吸附和内化能力。学习力强的学习者对新知识充满了渴望与新奇感，他的大脑能够迅速捕捉到这些新知识并对之加以消化、吸收；学习力弱的学习者则不具备这些学习特征，故难以迅速习得大量知识。有学者指出，小学阶段儿童的学习能力发展特征是：借助文字知识在大脑中的固化，小学生获取信息的手段更为多样，视野更为宽广，辨识能力更强，具备了初步的自主学习能力，其学习动力主要源自兴趣，或者为达成与兴趣、生存有关的某种需求。❶ 这就决定了：小学教师的教学活动与个人言行表现对小学生的吸引力较强，知识资源、外界信息能够轻松进入小学生的脑海，内化到他们的知识结构中去，并取得良好的教育效果。如果说教师职业是人类文化、文明的"播种机"，那么，小学教师职业就是一架在小学生中专门从事文化、文明"播种"事业的"播种机"。小学教师职业对人类文化文明的播种效果能够影响小学生一生，如若这些被播种下的文化文明"种子"在小学生身上持续萌发，小学教育活动很有可能改变他们的整个心灵与未来精神面貌。

（2）小学教师是社会未来的规划者，因为小学生是国家、民族的未来与明天。

小学生是国家、民族、社会的未来，今天的小学生面貌就是明天的社会图景，小学生的教育效果直接关系到整个民族未来的长远规划。在这个意义上，培养好了现在的小学生，就等于规划好了整个民族、社会的未来前景。显然，在这一规划中，最重要的一个参与者就是小学教师。作为小学生生活中的"重要他人"，小学教师对学生的磁力、影响力是超强的——他们用什么价值观引导学生，用什么思想教导学生，把什么事物理解为"美好事物"，小学生都会很

---

❶ 程社明.你的船，你的海——职业生涯规划 [M].北京：新华出版社，2009.

容易地接受，从而微妙地、间接地影响着他们建构社会生活的方式，最终干预着未来社会的发展图景。与其说是一个国家执政者在用政策指挥棒规划着社会发展，不如说是教师在运用自己的价值观与思想信念悄然规划着人类社会的未来。所以，我们有理由认为：小学教师职业是未来社会的隐形"规划师"，小学教师的价值立场与思想观念事关民族发展的未来大计。

（3）小学教师是民族智商的扩充者，因为小学生是智慧潜能最大的一个社群。

脑科学家通过科学测定发现：婴儿降生时脑重量为350克，一年后发育到950克，6岁时脑重量可达1200克，到成人时脑重量约1500克。借助这些研究成果，美国著名心理学家布鲁纳绘制出了人类的智能发展曲线（参见图1-1）。该图表明：一个孩子到4岁时，其智力发展了50%，另外30%到8岁时发育完成，利余20%到17岁完成。这一曲线清楚地说明：儿童早期教育，包括小学教育，是人类智能开发的关键期，一个民族智能的拓展与开发必须从早期教育阶段入手。小学生是智慧潜能最大的一个群体，小学教师对他们智能的开发常常能够达到事半功倍的效果。正如有学者所言："早期智力开发就好比催芽生根，根深叶才茂，花红结硕果。如果儿童失去早期教育的宝贵时间，就会使部分脑细胞发育废止，因此，一旦错过大脑生长发育期的开发，脑组织结构就会趋于定型，潜能的开发就会受到抑制，即使有优越的天赋，也无法获得良好的发展。"❶

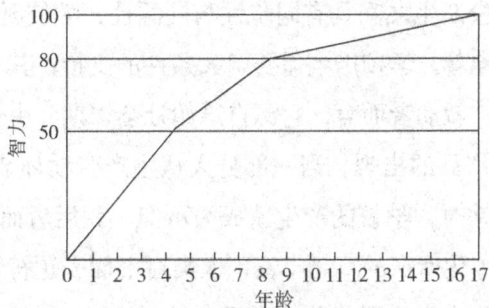

图1-1　儿童智力发展曲线图 ❷

---

❶ 儿童智力开发该怎么进行？http://ask.ci123.com/questions/show/608493/.
❷ 徐胜三.中学教育心理学[M].北京：人民教育出版社，2012.

面对小学生智能的迅速发展，小学教师必须积极创造适合小学生的教育教学活动，确保他们智能的有效开发与迅速成长。只有每个小学生的智能都得到充分的开发与拓展，整个民族的智商持续提升就有了坚实依托。小学教师职业的特殊意义就在于：这一职业在民族智商拓展中处在关键环节，事关整个民族未来发展的大计。重视小学教育与小学教师职业，是一个有良知、有远见的民族的明智选择。

第二节　小学教师职业的发展历程

小学教师职业古已有之，只不过是在不同历史阶段中的称谓有所差异而已。回顾小学教师职业的发展历程，增强对小学教师职业的历史意识，是更好地胜任小学教师一职的素养条件。

一、教师职业的产生

教师职业是历史的产物，是社会分工日益精细化的结果。无论是从历史发展的角度来看，还是从"师"字考证来看，教师职业的产生既受到历史条件的影响，也承载着历史性的含义。

(一)学校的诞生

教师职业与学校诞生之间具有同步性与同源性，学校诞生是教师职业产生的历史标志。客观地看，学校产生需要两大条件的支持：其一是生产力的发展，其二是文字的产生。就前者而言，它源自原始社会末期，由于生产方式的进步，导致大量社会剩余产品的出现。当一部分人从生产劳动环节"解放"出来，专门从事精神生产活动时，学校的产生就成为可能。就后者而言，由于人类社会经验的不断积累、文化遗产的日趋丰富，人类对书面表达符号的需求日益强烈，文字产生并随之成为人类文明传载的重要工具，从"结绳记事"到甲骨文出现，学校教学内容日渐具有了稳定的文字载体。在这种情况下，学校作为一种历史现象登上社会舞台，与学校自身发展休戚相关的教师职业随之产生。

(二) 教师职业的内涵

文字词义考证的方式有助于我们辨明教师职业的历史内涵。例如 "师" 的名称早在夏、商、周时就有了，它最早出现是在甲骨文中 (见图 1-2)，甲骨文中有 "文师" 之称。● 其后，西汉董仲舒就使用了 "师" 一词，司马迁提到了 "师表" 一词，其共同含义是：做人做事的表率与楷范。

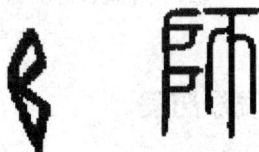

图 1-2　"师" 字的甲骨文

"师"，古代即为教师，最早出现在《学记》中: "故师也者，所以学为君也。" 清代的段玉裁在《说文解字注》中对 "师" 的解释是: "二千五百人为师。" 这里，"师" 的意思是军队编制单位，引申义是 "统帅、领导"，正所谓 "师，教人以道者之称也。党正旅师间胥注曰。正师胥皆长也。师之主帅也。" ● 在奴隶社会，"官师合一" 的制度正有此意。除此之外，"师" 字的其他解释还有：效法、继承，出兵、出师等。基于这些词源考证，我们可以发现：教师职业源自人的德行、权力与官品，教师职业的前身是拥有一定军权、职权与品行的社会表率性人物。

(三) 教师职业的演变轨迹

依据教育史知识，我们可以对教师职业的演变线索做以下简单描述。在古代，教师职业与军队有关，它既指一种军队编制，也指军队中的一类统帅，即 "师" 或 "师氏"。后来，由于担任此官职的人多是文官，随之发展成为一种官府文职官吏，古代大学 "成均" 中的 "国老" 与 "庶老" 便是古代教师的前身。到了奴隶社会，教师职业一般由官吏兼任，国学一般由京城大官担任，而乡学则由地方官吏担任。至封建社会，由于私学兴起，官学与私学并驾齐驱，蒙学与大学开始分流，教师职业内部出现了分化：一部分名家型学者成为受人尊敬

● 佚名.师 - 汉语汉字，http://baike.so.com/doc/2281776.html.
● 师 - 说文解字.http://www.shuowen.org/view/3846.

的大师，成为太学、书院中的名师，另一部分则演变为小学中的蒙师或塾师，担负起了基本文化知识教育的使命。

古代教师职业的大致演变路线如图 1-3 所示。

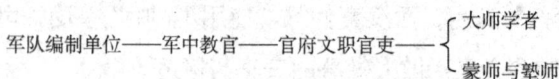

军队编制单位——军中教官——官府文职官吏——$\begin{cases}$ 大师学者 \\ 蒙师与塾师 $\end{cases}$

图 1-3　古代教师职业发展示意图

二、我国教师职业的发展历程

我国传统教育形态是多样化、层次化的，这就决定了官学教育与私学教育中的教师职业是有明显差异的。在此，我们从以下三个角度对该问题做分析。

(一) 官学教师

从五帝时期一直到近现代时期，我国教师的身份经历了缓慢的演变过程。在传说中的"五帝时代"，"成均"中就有了最早的教师，这是官学教师的先驱。到了奴隶社会，据传在夏朝与殷朝，出现了"序""庠""学""瞽宗"等四种学校，教师均由国家官吏担任，实行以吏为师制度，官学教育与社会教育高度一体化。在西周，随着以"政教合一""官师合一"为特征的官学制度日趋完善，国学和乡学并存发展，官学教师有了层次上的最初分化：小学的教师由王宫守卫长官师氏和保氏担任，而国学教师则由乐师、礼官、大司乐等担任。❶

到了春秋时期，随着百家争鸣、私学大兴现象的出现，大儒、经学学者成为私学教师，教师的结构发生了迅速变化。在战国时期，齐国的"稷下学宫"尤为著名，教师为"稷下先生""祭酒"，开创了教师的学衔制，而且还设有博士或学士。在秦朝，由于"禁私学""吏师制"的推行，以官吏为首的法律教育成为主流，经学教师——"史"反倒成为兼职教师。

汉朝以后，教师的身份与称呼日趋规范。中央官学，即太学、宫邸学、鸿都门学中，教师有了稳定的学衔，太学的教师被称为"博士"。在魏晋南北朝，"六学二馆"成为官学教育制度的完整体系，教师的称谓与层次日益多样化，"博士""助教""直讲"等都是教师的称呼。

---

❶ 国学与乡学 .http://zhongguoshi.boxuren.com/contents/2413/2667.html.

进入近现代社会之后，我国公立学校教师的生存状态发生了翻天覆地的变化。清朝光绪二十四年（1898 年）实行新学制，所有官学和书院都改称"学堂"，教师称为"教习"，后又改为"教员"；到了民国时期，学校教师都被称为"教员"或"教师"；中华人民共和国成立后，"人民教师"成为教师的尊称，中小学教师开始实行职位聘任制与教师资格证制度，小学教师的职称等级有：高级教师、一级教师、二级教师、三级教师。这就为教师专业发展提供了很好的职称晋升台阶。

（二）私学教师

从春秋时期开始，受百家争鸣的推动，私学教师开始登上历史舞台，一批著名学者在养士制度的推动下成为最早的私学教师。孔子、孟子、老子、韩非子等学术流派大师是古代较为著名的私学教师代表。至汉代，私学教师开始走向多层次、多类型的发展态势：在从事蒙学教育的"书馆"出现了底层教师——"书师"，和活跃在私塾中以教人识字与基本生活常识为业的"塾师"或"孝经师"。与此同时，在形形色色的书院、"精舍"中汇聚了一批高层次知识分子，如在专门研究易经的"精舍"中，传经大师的讲学活动尤为盛行。再如，唐宋时期著名书院，如白鹿洞书院、岳麓书院、应天书院、石鼓书院中的经学教师，他们一般被称为"讲书"。这种态势一直持续到明清以后。私学教师是我国教师职业的重要构成要素之一，他们与官学教师一起支撑着我国古代教育的大厦。

（三）古代小学教育与小学教师

在我国古代，小学教师职业的发展是与小学教育同步展开的。据《古今图书集成·学校部》记载："夏后氏设东序为大学，西序为小学。"这可以视为我国小学教育行业的开始。实际上，我国古代大学教育与小学教育的区分一般是以年龄为界的，即 15 岁以前为小学教育阶段，而 15 岁以后则是大学教育阶段，这一分段在西周教育中清晰可见。在西周，小学教育中主要强调的是德行教育，小学教师主要对儿童进行德行与初步生活知识教育。

在唐代，官学中也有"小学"的设置，如书外省、宗正寺所属的宗室小学就是贵族子弟就学的教育机构，在这些学校中的教师自然属于小学教师。同样，唐代私学中的小学教师也是主要从事一般生活常识与识字教育的教师。非常值得我们关注的小学教师职业发展阶段是宋元时期。宋元时期的蒙学较为发达，小学教师是一项重要职业，承担着对儿童进行基本生活常识教育的重要职能。朱熹曾经在《小学》中谈到：小学的任务是"教以事"，即"教人以洒扫、应对、进退之节，爱亲敬长、隆师、亲友之道"等任务。这就构成了小学教师的主要教学任务。在元明清时代，小学普遍设立，社学、义学出现，小学教师数量日趋增多。

(四) 现代小学教师的出现

应该说，现代小学教师的出现是在《癸卯学制》颁布之后。这是中国教育史上第一个学习西方基础后出台的现代学制，与之相应，现代意义上的小学与小学教师也应是同步诞生。1904年，清政府还颁布了《奏定初等小学堂章程》和《奏定高等小学堂章程》，明令设立小学堂，所有小学堂分为官立、公立、私立三种类型，因此，小学教师也有官办、民办与私办的身份差异，小学教师开始进行分科教学，修身、读经、文字等科目都设有相应的小学教师。同时，在《初级师范学堂章程》中，还明确提出了培养小学教师的要求。

民国时期，中央政府正式颁布过两次学制，即1912年、1913年的壬子癸丑学制和1922年的壬戌学制，其中对小学教师提出了全新的要求。在政府颁布的《小学校令》与《国民学校令》中，政府要求设立小学校与师范学校，小学教师一般由师范学校培养，教师的专业化水平不断提高。

在抗日根据地时期，苏维埃政权要求在陕甘宁、晋察冀等抗日根据地开办列宁小学，创办列宁学校，结合抗战的需要开展小学教育。1940年3月，中共中央书记处发布《中央关于抗日民主地区的国民教育的指示》，其中指出：要大批吸收与鼓励青年知识分子或旧知识分子，尤其是过去的小学教员担任小学教育工作。

(五) 中华人民共和国成立后的小学教师

中华人民共和国成立后，我国提出了"首先和主要地为工农及其子女开门"的教育政策，小学教育向工农大众开门，小学在校人数迅速增长到5110余万人，小学专任教师达到了80多万人，小学教师队伍与规模迅速扩张。随着国家经济社会事业的迅速发展，小学教育事业的地位空前提高，小学教师随之成了"太阳底下最光辉的职业"。与中华人民共和国成立前"臭老九"的称谓相比，教师身份发生了脱胎换骨的变化。值得一提的是，1985年，国家设立"教师节"，鼓励弘扬尊师重教；1986年，国家颁布了《中华人民共和国义务教育法》，呼吁"全社会应当尊重教师"；1993年，国家颁布了《中华人民共和国教师法》《教师资格条例》等。小学教师的地位迅速提高，小学教师职业进入了一个崭新的历史发展阶段，一大批小学教学名师，如于漪、斯霞、李吉林、丁有宽等涌现出来，推动着当代我国小学教育事业改革的不断深入。

三、小学教师职业发展的历史特征

纵观我国小学教师职业的发展历程，我们不难看到：在整个历程中，小学教师职业具有一系列的历史特征，致使该职业打上了特定教育时代的烙印。从古代到近现代，再到未来，小学教师职业始终处在发展变化之中，小学教师职业的发展轨迹始终处在变化中。

(一)古代小学教师职业的历史特征

在古代，小学教师职业与其他职业一样，具有朴素性、大众化、等级性与权威性的特征，该职业还没有获得完全独立、自主自由的发展水平。

1. 朴素性

所谓朴素性，就是指，小学教师职业与其他行业相比在古代几乎没有什么独特之处，只要一个成人识几个字，或略识一点经文即可为师执教。就如古代大学教师一样，只要一个学者具有一定知识，即可担任大学教师，教师职业的入职门槛限制较少。换言之，识字即可为师、有志即可为师，这是古代小学教师职业朴素性的直接体现。

2. 大众化

在古代，小学教师职业没有完全从学术研究、社会生产生活中独立出来，一般知识分子即可胜任，该职业具有明显的大众化特点。无须进行教育教学方面的专业训练，无须从业者具有专业资质，是该职业大众化特点的直接体现。教师与一般民众之间没有特殊差别，或者说，唯一的差别仅仅在于小学教师多识几个字而已。

3. 等级性

在古代，小学教师与太学等官学教师相比而言相差迥异，在地位上、待遇上明显低于中央官学和书院中的名师大师，二者不可同日而语。即便是在小学教师这一团体内，无论是在古代的东方还是西方，贵族家庭教师、王室小学教师往往由那些名师硕儒型学者担任，而那些地位低下的识字教师，如私塾、社学教师等，往往承担着一般民众的蒙学教育或生活常识教育工作。

4. 权威性

在古代，一般教师还是比较受尊重的，尤其像那些身居要职的小学教师，如王室、贵族等家庭中的小学教师，他们享有较高的权威与声望，可谓"师道尊严"。即便是在一般小学教育机构中，由于受"学而优则仕"这一教育价值观的影响，一般民众对小学教师也是比较尊重的。

(二) 近现代小学教师职业的历史特征

到了近现代，小学教师职业又发生了一些明显变化，知识化、专业化、创造性与高标准成为小学教师职业的基本特征。

1. 知识化

对教师从业者而言，掌握一定教育学相关知识以及扎实的学科基础知识成为小学教师职业对教师提出的基本要求，教育知识储备及其结构合理化水平成为判断小学教师素质是否够格的基本标准。一个人要想成为教师，就必须先经过职前培训，习得这些知识之后才能进入教师职业，成为一名合格的小学教师。小学教师所应具备的知识类型及其结构在我国的《小学教师专业标准》中体现得尤为全面、清楚，小学教师在现代已成为一个知识密集型职业。

2. 专业化

在现代，小学教师的专业化已成为一股势不可挡的潮流，小学教师必须具备相应的专业素养，即专业道德、专业知识、专业情感与专业人格等才算得上是一名合格的小学教师。小学教师专业化的核心含义是提高小学教师职业的不可替代性，提高小学教师职业任职的专业水准。在专业化潮流冲击下，提高小学教师行业的入职门槛，建立小学教师资格证制度，组建各种小学教师专业组织来维护其专业权利等，已经成为小学教师职业专业化的具体体现。

3. 创造性

现代小学教师职业的另外一个特征是创造性，教师必须具备一定的创造力才可能把课堂教学活动设计好、组织好、开展好。现代小学课堂是一个高度自主化、学生主体化的课堂，教师的主体性、创造性对教学质量的形成与提高而言尤为重要。教学设计是否具有创意，教学活动能否创造性开展，课堂教学质量提升方面有无创举等，都是评价现代小学教师教学活动质量的重要标准。

4.高标准

在现代，社会、家长、学生对小学教师的职业要求越来越高：小学教师不仅应该成为小学生人格的示范与楷模，成为小学生道德学习的典范与范本，还要成为社会的模范公民，成为一个在各方面都很卓越非凡、异常优秀与出类拔萃的人。小学生具有较强的"向师性"，小学教师是小学生心目中的"重要的人"，这就决定了小学教师如若不能高标准地要求自己的言行，他们就难以做好小学教育工作，难以在小学生心灵上种下一颗优良的"种子"，对小学生各方面健康成长产生积极、深远的促进功能。

第三节　小学教师职业是一门专业

有两个人同时在堆砌砖头，有人问："你们在做什么?"一个回答说："我正在砌砖头。"另一个则说："我正在建大厦。"

前一个人是普普通通的泥水匠，第二个人则具有大艺术家或大建筑师的胸怀与风范；前者所从事的是一种"职业"，后者所从事的就是"专业"。❶

有了专业的追求，才可能达到更高的境界，正如上例中飞向高空的小鸟一样。走专业化的发展道路，把教师职业当作一门专业、一门事业来做，是小学教师职业发展的科学轨道。在本节中，我们将对小学教师的专业内涵与实现专业化的路径进行探讨。

一、从教师职业到教师专业

"职业"不同于"专业"，但二者之间存在着密切关联，厘清二者间的关系是我们认识小学教师专业特征的前提。

---

❶ 资料来源：李瑾瑜.基于校本教研的教师专业发展，http://www.docin.com/p-588899083.html.

(一) 职业与专业的区别

职业，人人可以有，而专业不一定，职业与专业之间的差异是明显的。

1. 职业的一般特征

"小学教师专业"的前身是"小学教师职业"，它是小学教师深入推进职业化发展的结果。作为一种"职业"，其一般特征有四个。

(1) 属于重复性工作，即一门职业的从业者所干的工作往往是重复性的，其中蕴含的创造性、变化性、智慧性成分较少。例如，一名建筑职工所从事的工作是周而复始地重复那些诸如机械搬运、机器操作类的工作，这些工作的进行无需每次进行缜密的筹划与构思。

(2) 以获取报酬为主要目的。一个人从事一门职业的主要目的是获取一定酬劳，满足自己的生活需要，从业者的工作期待停留在一般层次的物质或基本精神需要上。

(3) 顶多只需参加简单培训。一门职业的从业者所从事的工作没有太多的技术性含量与特殊资质要求时，这就决定了从业者只需参加短期培训即可获得这些职业技能或知识。例如，打字员的培训就较为简单，数日或数月内即可完成。

(4) 具有基本智力与体力的人均可胜任。一门职业对其从业者的要求也较为基本，它往往只需从业者具备基本的智力与体力即可，无须丰富的知识与精湛的技能来支持。可以说，一般人就具备这些从业资质要求，无须过多的智力付出。

2. 专业的基本特征

相对而言，作为一门专业，对其从业者——专业人员的要求较为精细、全面，这就构成了一门专业的基本特征：

(1) 常人不可替代。一个人可能适于从事某一职业，但不一定适合从事特定的专业，这就是专业的不可替代性。例如，一个人可能会动手解剖一只青蛙，但不一定适合对病人实施手术，后一工作只有具有医师资格证的专业医生才能开展。

(2) 工作价值无法精确衡量。一个普通职业工作者的劳动价值可以用产量、产值或工资来衡量，而一名专业人员的劳动价值难以衡量。例如，一名律师在打官司中为一个企业挽回的经济损失或品牌形象损失常常是难以直接量化的，甚至可以说是无价的。

（3）具备深刻的专业知识。专业人员所从事的工作一般需要个人长期的知识经验积累与深刻丰富的专业知识才能完成，这些专业知识是确保他的专业实践获得成功的保证，也是其他工作条件无法取代的。

（4）具备专项的专业能力。每一个专业的从业者一般不需具备特定的专业能力，如律师的辩才、医生的手术实施能力等，这些能力是专业人员在工作中能够游刃有余地处置特殊问题的实践条件。

（5）承担专业责任。专业人员对其工作所承担的责任是常人难以承担的，例如，医生对病人生命安全所承担的风险与责任，这是一般人根本没有条件与可能去承担的。

（6）需要接受系列化、长期化的培训。专业人员要求具备较高资质，如专业方面的知识、技能、人格等方面的要求就决定了不经过较长一段时间的专业学习或培训，一般人根本无法达到预定的各项要求。

（7）具备一定的专业道德、专业精神与专业情感。对专业人员而言，专业道德、专业精神、专业声望对他们的约束要比制度、经济、法律等方面的约束重要得多，专业人员对该行业的热爱是促使其不断进取、钻研的关键条件。

（8）具备相应协会组织。"专业"的另一含义是"专门性职业"，这就决定了直接管理该行业的不是一般的公共管理机构，而是由专业人员组成的各种"专业协会"，它才是最有权利与资格去管理并管理好该行业的组织。

总之，职业与专业间的根本区别是从业者的可替代性程度差异。与之相对应的是社会对专业人员的各项要求，如道德要求、知能要求与从业态度等是较高的。这就决定了一个行业从职业向专业的转变过程是复杂的。而小学教师目前并非获得完全意义上的专业身份与地位。

（二）小学教师：成长中的专业

应该说，小学教师行业是一门成长中的专业，每一名小学教师都是成长中的专业人员。这是因为相对于其他成熟专业类型，如律师、医生、牧师等行业而言，小学教师行业的专门化程度还有待于我们去积极培育与大力提升。为了实现小学教师行业的专业化建构，我国主要采取了以下举措。

1.建立小学教师专业资格证书制度

自我国颁布《教师法》《教育法》《教师资格证书条例》《小学教师专业标准》以来，我国小学教师行业已经步入了专业化的轨道，并正在被作为一种专业精心培育。近年来，我国围绕小学教师专业资格证的有效性问题，如融通性、时效性与（空间）流通性等问题不断开展完善与改进工作，努力提高小学教师专业资格证的有效性水平。

2.提高教师的任职条件

小学教师的专业性实质上是不可替代性，提高该行业的任职条件也是一条重要举措。例如，提高小学教师的学历要求、道德要求与能力要求，这正是提高小学教师专业性的重要途径。

3.开展专业培训

实施各种层次的教师培训活动是提高在职小学教师的专业化水平的常规途径，我国正在开展的各级各类教师培训活动，如"国培"、"省培"、校本培训等，都是提高该行业专业性的有效方式。

4.强化专业组织的职能

推进小学教师行业的专业协会、专业组织、专业联盟等建设，构建小学教师行业的专业过滤机制，是构建小学教师行业的自律组织，提高教师行业任职标准的组织保障。在我国，该工作正处在培育之中，理应是我国小学教师专业化建设的重要方向。

5.培育专业文化

专业文化是专业组织内部认同的专业信念、专业精神、专业理念与专业行为方式，它就是小学教师行业自然净化的"保护膜"。专业文化建设是小学教师专业建设的一项长期任务，是渐进式推进小学教师行业进化的着手点。小学教师专业文化培育的方向是：倡导一种热爱学生、热爱专业、终身学习、勇于开拓、崇尚创新的新型教师文化。

二、小学教师的专业特性

什么是小学教师行业？小学教师行业的专业性体现在哪里？这是我们准确认识小学教师行业的立足点。

(一) 小学教师专业的内涵

结合当前学者对"教师专业"的认识，我们可以据此得出：小学教师专业是小学教师行业的专门性与小学教师资质的专门性的统一。也就是说，它包括两个具体内涵：

其一是"行业的专业性"，具体是指小学教师是一个专门性行业，它必须按照专门行业的标准来建设。就是说，小学教师行业建设必须按照专业化标准来实施，即符合特定专业资质的人才能进入教师行业任职，国家必须利用《教师法》来明确规定小学教师的任职标准，只有具备小学教师资格证的教师才有可能成为一名正式的小学教师。达到了以上三条要求，小学教师行业才有可能具备专业性的内涵与品质。

其二是"人的专业性"，具体指小学教师行业任职者必须具备相应的专门素质结构。这些素质结构包括：学历要求，即小学教师行业从业者至少要具备高等教育经历；能力要求，即从业者必须具备专门的教育、教学能力，以及沟通、组织能力，能够满足小学教育教学实践的需要；道德要求，即从业者要有教师职业道德，具备相应的师德认识、师德情感与师德品行；仪表要求，即从业者必须符合为人师表的相关要求；人格要求，即从业者必须善于沟通协作，富有亲和力，热爱小学教育事业，热爱小学生等。

(二) 国家对小学教师专业身份的认定

我国明确规定："教师是履行教育教学职责的专业人员"❶，教师属于"专业技术人员"❷，教师是一种资格❸……这既是对教师行业专业化建设的基本要求与一般认定，也是对小学教师作为专业人员身份认定的法律依据。当然，小学教师专业身份的形成既需要法律政策的认定，也需要相应专业团体，如小学教师专业协会等组织，与其工作对象——小学生及其家长的认同。这也是小学教师的专业人员身份认定的关键环节。

---

❶ 1994年，我国开始实施的《教师法》规定"教师是履行教育教学职责的专业人员"，第一次从法律角度确认了教师的专业地位。

❷ 2002年我国发布的第一部对职业进行科学分类的权威性文件——《中华人民共和国职业分类大典》，首次将我国职业分为八大类，教师属于"专业技术人员"一类。

❸ 1995年国务院颁布《教师资格条例》，2000年教育部门颁布《教师资格条例实施办法》，教师资格制度在全国全面实施。

(三) 小学教师的专业特性

小学教师的专业特性体现在许多方面，它们从各个角度揭示着这种专业属性的丰富内涵。具体而言，小学教师的专业特性体现在以下四个方面：

1. 不可替代性

不可替代性是小学教师作为一门专业的首要特征，其具体含义是：不是每个人都适合从事小学教师职业，只有具备特定素质或资质的人才能胜任这一工作，这是一个对从业者有严格、较高水平要求的行业。小学教师职业的不可替代性主要体现在三个方面：其一，小学教师行业有国家层面的建设标准，即所谓"国标"，这就是《小学教师专业标准》，证明自己具有其中规定的各项素质是整个行业接纳一位想要从事这一职业的新加入者的首要前提；其二，小学教师培养具有较高的教育标准，它要求小学教师教育机构必须培养出一个在道德、知识、能力、情意等各个方面都符合小学教师行业要求的新教师，如新教师要能引导小学生学会求知、健体、做人，要让学生具备自我教育的能力等；其三，无论是小学教师的培养机构，还是这些机构开设的教师培养课程体系，都必须遵守高水平的行业标准，这一标准能够将那些平庸小学教师从本行业中筛选出来。

2. 不断进取性

职业实践追求的是人的基本生存生活条件，而专业实践追求的是更好的技术水平与专业境界，追求的是更高层次的专业技能与专业精神。从某个角度来看，专业的追求是无止境的，不断迈向卓越与优秀是小学教师专业性的最高体现。与之相对应的是最专业的小学教师一定是各方面优秀的小学教师，小学教师行业的专业标准会随着社会发展而不断被提高。

3. 资质综合性

对专业人士而言，仅仅具备一定的职业技能是不够的，它还要求从业者在各方面都能达到专业资质要求，尤其是在知识、能力、人格、道德等方面都能达到既定的专业资质，是一个在专业修养方面相对完善的"专业人"。为此，小学教师专业人才需要在教育精神、教育信念、教育追求方面有着超越常人的品质，是能够适应小学教师行业不断发展变化的人。正是这些专业资质的存在，才将小学教师从"普通教育工作者"，如一般家长、社会工作者等社会角色中区分出来。

4.实践创造性

专业工作绝非一件机械活儿，而是针对特定实践环境与教育情境不断变换策略的实践艺术。面对具体的工作情境与实践问题，小学教师专业人员一定要能根据具体问题，利用自己的专业知识进行专业决策，形成专业策略，并开展专业的教育行动。因此，实践性是小学教师专业性的基本体现，创造性是小学教师作为专业工作者的灵魂，专业的表现是小学教师个性化的表达。正是因为有了自己专业的创意、创造与创新，才使小学教师的专业表现得以持续改善、与时俱进，专业水平不断提升、持续超越。

三、小学教师专业化的一般路径

推进小学教师职业的专业化发展是当前及未来一段时期我国小学教育工作的大势所趋，国家、社会、学校、教师个人等各主体相互协力、各司其职，是实现这一专业改革的一般途径。

(一)国家、社会的呵护与监控

小学教师专业发展需要良好的体制环境的支持，国家宏观层面的教育制度配合与供给尤为重要。为了创造这一发展条件，我国教育行政部门自觉呵护、助推小学教师专业化发展的主要举措有：积极构建有利于教师专业发展的教师教育体制，为小学教师专业发展提供有力的政策支持，例如，引入小学教师轮训制度、提高小学教师专业标准、加大小学教师行业的高学历化建设等；努力营造尊师重教的舆论氛围，引导整个社会对小学教师行业的积极认知，为其专业发展提供正向的舆论环境；引导一般社会民众按照专业标准来评价小学教师及其工作，消除民间不良教育观念对小学教师发展的负面影响；积极完善中介型教师专业发展评价制度，建立第三方评价组织、小学教师行业协会组织评价，力促小学教师行业走上一条稳健的发展道路。

(二)教师个体的不断学习

小学教师行业的专业化建设不仅需要国家的培育与呵护，更重要的是教师个体自己的努力与学习，甚至可以说，这一途径显得更为根本。从职前培养、入职指导、职后培训三个方面入手，提高每个小学教师的专业修养，形成"水涨船高"效应，助推整个行业专业建设水平提高，是小学教师专业化发展的根本途径。每个小学教师在职前培养、入职指导与职后培训中都应该善于学习、认真学习、不断学习，努力提高自身的专业修养，确保自身专业水平的持续、稳步提高。

(三) 学校建立专业发展制度

每一所小学都是一所教师专业发展学校，学校是小学教师专业发展的"第二学校"与日常平台，每一个名师、好校长都是小学教师的专业发展引导者与导师。为此，每所小学都应该积极建立健全校本研修制度、教师专业发展制度、教研组活动制度，让学校教研活动、观课研课活动、集体备课活动蔚然成风，成为小学教师专业发展的重要制度化平台。同时，学校还要理顺职务聘评与晋升制度，坚持以专业水准优先为导向，正确看待学生成绩对教师专业发展水平的代表性程度，让那些在教育教学工作方面有专业见解、专业表现卓越、专业修养良好的教师获得更多的晋升机会与发展空间，为每一位小学教师的专业发展提供学校层面的条件支持。

(四) 教师专业社群组织的完善

小学教师不仅成长在教师教育机构和学校教育环境中，还成长在形形色色的专业社群组织中，各种各样的教师专业发展与协作组织是小学教师专业发展的重要软环境与优质专业发展平台。建立全国小学教师专业协会、建立区域性小学教师专业协作组织、构建基于网络的虚拟专业组织等，是提高小学教师行业整体专业水准的重要渠道。在这些组织中，小学教师通过学术研讨、课例观摩、论文交流、网上交流等活动的开展，能够迅速获得专业修养的增长。同时，这些专业社群组织应该大力强化其内部管理与行业建设力度，自觉提高组织建设水平，力争为小学教师专业发展水平的整体提高发挥更为积极的带动作用。

第二章　小学教师的专业要求

　　小学教师是一项专门性工作，它对从业者提出了多方面的专门性要求，恪守这些要求是把小学教育教学工作做到更佳水平的保证。在本章中，我们将对小学教师工作的专业内涵、专业素养与专业提升等问题做探讨，以期让每一位未来小学教师更清楚、更深刻地理解看待这些专业要求。

第一节　小学教师的工作特点

　　小学教师的天职是做好各项教育教学工作。小学教师工作的一般内涵是什么？其主要特点有哪些？这是每个小学教师都必须认真去思考的问题。无疑，小学教师不是幼儿教师，也非中学教师，它所担负的具体教育教学事务不同，面对的工作对象不同，就决定了小学教师工作具有自身的特点。

一、教师工作的时代内涵

　　工作、职业、专业与事业之间存在着复杂而又微妙的关联，小学教师工作是其被升格为小学教师专业的前身，认识小学教师工作的特点有助于我们准确把握小学教师这一专业实践的本质。

（一）什么是工作

　　工作是每个人都必须面对的一项社会事务，而工作的真正内涵与社会功能并不一定会引起每个人的关注。实际上，对"工作"与"职业"加以区分有助于我们科学理解工作的具体内涵。

相对"职业"而言，工作更为基础一些，工作是具体的，对人来说经常是任务性、重复性的，它特指占据某一职位的从业者要从事的具体业务或事务，且以产生一定的社会价值与经济效益为直接目的；职业则是人们长期从事、相对稳定的一项工作，甚至是一个人一生都在从事并为之而奋斗的稳定工作。换言之，某一职业可能会涉及方方面面的具体工作，这些工作可以区分为核心工作与日常杂务。例如，医生职业的核心工作是治病救人，其日常事务可能会包括一些冗杂的管理事务、经济事务等。

工作具有多方面的社会功能，非常值得我们深究。一方面，工作是个体服务社会、融入社会的具体途径，是把人与社会关联起来的一环；另一方面，能否从事一项工作并将其做得更好，则体现出个人的价值，它就是一个人发展锻炼自我的平台，是其追求幸福人生的渠道。

(二) 教师工作的定义

教师首先要会干一些具体工作，然后才可能将之做到专业化的水准，教师工作是一项颇具挑战意义的公共事务。

所谓教师工作，就是身为教师的人为了实现教育目的而对服务对象——学生、家庭、社会、国家所承担的一系列具体责任与相关事务，投身国家教育事业、从事具体教学事务、引导学生幸福人生是教师工作的具体内涵。教师工作具有具体而又丰富的内容，我们可以对之做具体分析。

教师工作的核心事务是教书育人，即搞好教学工作，做好育人工作，促使学生健康、充实、快乐地发展。因此，教书是教师的主业，育人是教师的天职。进一步看，教师工作包括一系列具体而又丰富的事务，它们主要包括：德育工作、教学工作、班务管理工作、转差促优工作、家访工作、心理咨询工作、体育文艺工作、教育研究工作等。教师完成这些工作的主导方式或基本途径是上课，是开展教学活动，是组织班务管理工作。同时，教师还要附带从事一些日常杂务，如作业批改、参加工作会议、组织学生集体活动、做好家访、参加社区服务等。教师每天都面临着一系列繁杂而又琐碎的具体事务。这些事务构成了教师工作的日常。

(三) 小学教师工作的内容

小学教师的主业是教育教学工作，其具体工作内容更加繁杂，需要教师认真、耐心地去一一处置。小学教师工作涉及教育生活的方方面面，小学生离不开小学教师，小学的一切工作都需要教师的付出与辛劳。在此，我们可以将之大致罗列如下七点。

（1）教授学校开设的各种课程，包括认真备课、保质完成学校的教学任务、批改和讲解学生作业、解答学生疑问等；

（2）组织各类测验与考试，选择或编写考卷，批改试卷并登记学生成绩；

（3）对个别进行小学生生活与学习辅导，做好学生家访工作；

（4）组织小学生开展课外、校外或各类参观活动；

（5）对小学生开展思想道德教育活动；

（6）指导小学生参加学校组织的兴趣小组、科技活动、少先队活动等；

（7）对学生的成绩、表现、思想情况做出客观公正的评价等。

应该说，上述工作只是小学教师日常工作的一部分，还有许多工作都是他们必须每天面对并认真完成的，做好这些工作是小学教师最终完成预期教育目的的物质依托。

二、小学教师工作的一般特点

小学教师工作具有的一些一般特点值得我们去关注，这些特点是普通教师工作都具有的。抓住这些特点去认识、理解小学教师工作，是更好地从事这项工作的基石。

（一）公益性

教育工作是一项公共事业，小学教师工作的首要特点是公益性，其性质是社会公益事业，为社会提供的是一项社会公共服务。小学教师工作的公益性集中体现在三个方面。

首先，小学教师工作为社会提供的是一种社会公共服务。小学教师为社会提供的社会公共服务是教育服务，是为新生一代的健康成长提供教育教学活动。这一产品显然是利国利民、造福万代、全民受益的事业，其首要受益者是社会，即促进社会和谐、社会秩序的形成，其次才是小学生自身，即促进他们个人的成长与发展。

其次，小学教师工作的服务对象具有三重性：直接服务学生，间接服务家庭，长远服务社会。小学教师工作的直接服务对象是小学生，是提高他们的身心、智慧、道德与人格等方面的素质。无疑，他们身心素质的提高又会反过来促进其生活其中的家庭、社区的发展，服务于家庭、社区生活的和谐。一名素质卓越的小学生能够将一种正向的价值观念、生活方式嵌入到家庭生活中去，带动整个家庭生活的改善。推而广之，小学生家庭生活质量的提高又会推动整个社会的健康发展，提高整个社会的发展水平。正是因为小学生与家庭、社会之间的这种复杂关系存在，一个小学生素质的提高最终受益的是整个国家、民族与社会。这正是小学教师工作公益性的体现。

最后，教师工作代表着社会正义与公共利益的立场。小学教师的任何教育工作首先是站在"利于社会"，甚至是"利于人类"的角度来考虑的，然后才是基于"利于学生个体"的立场来考虑的。为社会代言，为民众育才，是小学教师职业公益性的集中体现。这种公益性的立场决定了教师是"社会公仆"，是社会事业的重要支持者与开展者。

(二) 无边际性

小学教师工作的时间是不受8小时工作制限制的，无论是在课外还是在闲暇时间，教师都在考虑或从事学校的教育教学工作；小学教师工作的空间也是不受学校、课堂限制的，无论是在校外还是在课外，教师都避不开相关教育教学工作，如批改作业、开展家访工作等。这就是小学教师工作的无边际性特点，没有明确的时空边界与界限是该工作的鲜明特征。正是如此，小学教师工作没有"8小时工作制"，他们的工作量具有无形性，他们的工作业绩≠小学生的成绩。大量无形、隐形的工作都是小学教师必须认真对待、从事的具体事务。

(三) 艺术性

小学教师工作是一门艺术而非一门技术，技术的特质在于其可重复性与可程序化，而艺术的灵魂在于创造，在于变化，在于因地制宜、灵活机变地去应对、去处置。小学生是百人百性，小学教学情境瞬息万变，小学教学方法配置灵活，这都决定了小学教师工作是一项富有艺术性的工作。在小学教学工作中，教师的教学设计、道德教化、活动组织等均需要一定的创意与创举来支撑，甚至小学教师工作的每一个环节都需要教师基于学生学情与教学环境的个性化考虑与实施。没有固定模式可以遵循，没有固定程序可以效法，这就是小学教师工作的艺术性体现。善于应变，善于变通，用个性化的教学理念与实践思路来解决教学难题，是小学教师工作的艺术性本质。

(四) 示范性

小学生是最善于模仿的一个特殊群体，小学教师只有在教学工作中为人师表、谨言慎行、注意形象，才能够给小学生提供一个生动、鲜活、有力的教育素材。可以说，小学教师身上表现出来的一切言行都是教育小学生的"教材"或"素材"，他的身体、心态、处事方式、生活智慧都对小学生具有教育功能与意义。如前所言，小学生具有"向师性"，具有模仿小学教师这一"重要人物"的先天本能，一个不注意检点、审视自己言行细节的小学教师随时可能误导小学生的健康成长，无形中阻碍小学生的进步。为此，小学教师应该身正行端，时刻警惕自己的一言一行、一举一动、一事一装对学生产生的"影子"效应，做好小学生的楷模。

(五) 协作性

小学教育工作的鲜明特点之一是协作性与个体性的统一，对一名小学生的教育工作需要多名小学教师，即一个教学团队的协作与配合才可能完成。因此，协作性特点是小学教育工作自身的要求。既然育人需要小学教师工作的合力来完成，小学教师就必须加强团队协作，构建教师工作联盟，建立定期工作联系机制，强化班主任的联络职能，力求为每一个小学生提供优质的教育服务。同时，专业协作是出色完成小学教育工作的一般思路，毕竟每一位小学教师的优点是有限的，其缺点是无法回避的，只有借助协作才能实现取长补短。所以，小学教师工作需要在教师专业共同体的框架下来完成，应努力发挥教师团队协作的"协同效应"。

(六) 隐效性与长效性

小学教师工作的效能比较难以量化，这是由教师工作的隐效性与长效性决定的。一方面，小学教师工作的效果难以用"肉眼"来观察，难以清晰地度量出来，尤其是教师工作对社会、对人的精神世界的无形改变与推动，都是难以被显化、被数量化的。换个角度来看，教师的教学效果具有滞后性与长效性，即所谓"十年树木，百年树人"。要想产生立竿见影的教学效果，对小学教师工作而言几乎是不可能的。因此，小学教师工作必须严谨、细致，以全面考虑对学生可能产生的各方面影响；小学教师工作必须立足长远，关注教学设计与安排可能会对小学生未来生活、学习产生的各方面影响，努力体现"为学生终身可持续发展奠基"的教育理念。

三、小学教师工作的独特性

相对其他工作而言，小学教师工作面对的问题与对象具有自身的特殊性，这就构成了小学教师工作的独特性。在此，我们从四个方面予以阐述。

(一) 综合性

小学教育处在幼儿教育与中学教育的过渡阶段，这就决定了小学教师必须扮演多重角色，担任好小学生的"替代父母"、"学习伙伴"与"学习导引者"等多重角色。这就使小学教师工作具有综合性的特点。小学教师工作的综合性在具体教育教学工作中体现为：首先，一名小学教师一般要能胜任两门以上学科的教学工作，他们既要担任好主线课的教学工作，还要能承担一门辅助性学科的教学工作。因此，小学教师应该是"一专多能"的，他们既掌握教育教学技能，还要在实践学科，如绘画、舞蹈、书法等方面具有一定修养或技艺。其次，当代小学教师遴选中出现的一种明显趋势是偏爱"全科教师"，即能够胜任多门学科教学工作的教师，小学教师应该以全科教师为主，专科教师为辅，这将成为未来小学教师队伍建设工作的趋势与方向。

(二) 儿童化

小学教师面对的工作对象是小学生，是一个个活泼可爱、富有朝气的儿童，小学教师只有善于融入他们的群体中，与他们打成一片，才能把小学教育工作做得有声有色。因此，儿童化是小学教师工作的现实特点与客观要求。小学教师要掌握儿童的语言风格与常用词汇，要善于用儿童喜欢的方式进行教学，及时把儿童文学、儿童故事、儿童游戏等题材与活动引入课堂，增加自身工作方式对儿童的亲和力与吸引力。换言之，要胜任小学教师工作，教师自身首先应该儿童化，把儿童的想法、思维、理念带到课堂中来，尽可能用儿童的思维与心理去教儿童，去和儿童交流，顺应儿童活泼好动的天性，提供儿童个性施展的自由空间。

(三) 趣味性

小学教育教学工作应具有趣味性，只有寓教于乐才能产生较好的教学效果，因此，小学教师工作必须具有趣味性的特点。小学生以具体形象思维为主，他们很容易被有趣的事物吸引。为此，在教学工作中，小学教师应该将日常工作审美化，适当重视小学工作的形式，吸引小学生的注意力与兴趣，让儿童在课堂中有劳有逸、有学有玩，取得良好的教学效果。应该说，小学教师工作的中心议题之一是吸引小学生的注意力，增强教学活动的趣味性，增强小学生的课堂参与度。

(四) 高度示范性

如前所言，模仿性、向师性是小学教师的重要心理特征，小学生具有很强的模仿性与超强的可塑性与学习力，他们的"吸收性心智"仍会存在一段时间，且超乎寻常。在与小学生的日常交往中，小学教师的一切言行举止都属于教育活动设计的范畴，小学教师的人生观、价值观、世界观等都可能对小学生产生"耳濡目染"的教育效果。这就决定了小学教师工作必然具有高度示范性的特点。加之小学生对外界影响的分辨力与抵制力较弱，他们很容易对外来影响悉数尽收，小学教师只有在工作中做到事无巨细、从细节入手，才可能为他们提供一个合格的学习楷模与生活榜样。

第二节　小学教师的专业素养

小学教师工作的独特性与专门性决定了小学教师必须具备相应的专业素养才能胜任。专业的小学教师就是优秀的教师，是学有专长、教有所长的小学教师。一名合格的小学教师应该具备哪些必备素养，应该具备怎样的素质结构，这是我们选拔、鉴别一名优秀的小学教师的标准。

一、小学教师需要专业素养

一个教师必须具备专业素养，具备特定的素养结构与水平，这是他们进入小学教师行业的资格与条件。

(一) 教师素养

教师素养是指教师在开展教育教学工作之前首先应该具备的身心素质，这些素质的形成具有多元性，其涉及的方面与内容也较为庞杂。在此，我们把教师所应该具备的素养分为两类：一类是一般性素养，即教育素养，另一个是独特性素养，即专业素养。作为一名一般教师，小学教师必须具备普通教师的素养结构；作为一门专业的小学教师，他还必须具备该行业所需要的特殊素养结构。

1. 教育素养

教育素养是教育工作者顺利开展教育教学工作所必需的先天素质与后天修养的总称，是社会对小学教师的一般性要求。从这些素养的形成角度来看，我们可以将之区分为先天素养与后天素养。

首先是先天素养，即教师的心性及其人格特征。该类教育素养的主要特点是：在教师胜任小学教师之前就已经被定格，它的稳定性强、可塑性差，该素养决定着教师工作中的"人""业"搭配状况，决定了一个人是否能胜任小学教师工作，该素养必须通过教师心性测试环节来甄别。

其次是后天修养，即小学教师在后天教育教学工作中培养起来的教育教学素养，如教学能力、沟通能力、教学设计能力、教学风格、班级管理能力等。这类素养的主要特点是：可塑性强，具有较强的可学习性，其高低与水平取决于教师个人的努力程度。具体而言，这些素养的主要构成有五类，即教育知识、工作态度、教师技能、工作思维和工作学习能力。

2. 教师专业素养

教师专业素养是指教师从业者要做好教育工作必需的独特素养，是教师把教育教学工作做到专业化水平的一系列教育素养构成的总体。教师专业素养包括三层意思：其一，它是教师行业从业者必须具备的独有素养，如教师应该掌握教育语言，能够用流利的普通话向学生传递知识、概念等；其二，它是教师行业从业者能把教育工作做到优秀、卓越水平的必须素养，这是因为专业素养实际上就是优秀素养，就是理想的素质指标，在这一意义上，教师专业素养是优秀教师的标志性特征；其三，它是教师应对特殊教育工作情景的独特知识、能力与态度等构成的综合体。面对特殊教育问题，教师必须掌握特殊的知识与能力，这是教师专业素养的另一内涵。

（二）教师的专业素养

教师专业素养是一个有机体，它是由多种教育素养"混合"而成的，单单具有某一方面的教育素养不足以支撑教师的全部教育教学工作，并促使教师把教育工作做到理想的水平。当代学者研究认为，教师专业素养的五个重要支撑点是：教育思想素养、职业道德素养、知识素养、能力素养与身心素质。在教师专业素养结构中，它们处在不同的位置与层次上。

（1）教师专业素养的核心是教育思想素养。教育思想、教育理念是教师专业素养中最为重要的组成部分，教师专业素养结构就是以教师的教育思想素养为核心构成的。尤其是那些先进、科学的专业素养，它们是教师专业素养的底色与基座，决定着教师具体的教育行为方式。

（2）教师专业素养的关键构成是职业道德素养。教师凭借两种资质从教师社群中"出类拔萃"：一是教师的师德水平，二是教师的专业实力，相对而言，前者更为基本，更为关键。教师要让自己传授的知识、坚持的正向价值观"渗"入学生的心灵，就必须自身具备卓异的师德修养。

（3）教师专业素养的根本是知识素养。教师是一个专门职业，这种专门性的主要内涵就在于它需要教师具备专门的知识去推进工作，而非基于一般的工作经验。工作经验的理性反思与合理建构就构成了教师的专业知识，它是提高教师工作的自觉性、理智性与科学化水平的重要依托。

（4）教师专业素养的关键是能力素养。教师的工作能力是把教育教学工作做好的关键因素，为此，教师必须具备一系列的专业能力，如教学能力、组织能力、课堂管理能力、人际沟通能力、心理咨询能力等。这些能力素养是教师胜任教师职位的实践条件，不具备这些能力素养的人，即便满腹教育理念，其专业素养水平仍是值得怀疑的。

（5）教师专业素养的基础是健康的身心素质。教师的一切专业素养是建立在一定身体、心理素质之上的，它们是教师胜任教育教学工作的必备条件，是承载上述专业素养的物质载体，不容忽视。因此，对一名优秀教师而言，身心健康是最起码、最基本的条件，是上述各种专业素养生效的前提。

二、小学教师专业素养的构成

小学教师应该具备哪些素养呢？这是我们要关注的主要问题。我国小学教师的专业素养构成必然体现在新颁布的《小学教师专业标准》（以下简称《标准》）中，可以说，整个《标准》就是一部小学教师专业素养的具体培养蓝图。依据该《标准》，我们可以发现：小学教师专业素养主要包括以下四个方面。

(一) 专业理念

专业的教育理念是最具统摄性与爆发力的专业素养，是小学教师顺利开展一系列具体教育教学工作的认识前提。结合《标准》中的素养要求，当代小学教师应该具备的专业理念有四类。

1. 教书育人

教书育人是小学教师的主业，教好书、育好人是小学教师的核心专业素养。在育人方面，小学教师要自觉树立育人为本、德育为先的理念，将小学生的知识学习、能力发展与品德养成相结合，重视小学生全面发展；在教书方面，小学教师要尊重教育规律和小学生身心发展规律，为每一个小学生提供适合且有效的教育；要引导小学生体验学习乐趣，激发小学生的求知欲和好奇心，培养小学生的广泛兴趣、动手能力和探究精神；要引导小学生学会学习，养成良好的学习习惯，让学习成为他们一生乐于从事的一项事业。

2. 热爱专业

热爱一项工作是将之做到极致，做到一定境界的情感要求。为此，小学教师应该理解小学教育工作的意义，热爱小学教育事业，具有专业理想和敬业精神，勤于学习、不断进取，做好终生为小学教育事业奉献的心理准备。

3. 发展自我

专业发展是小学教师终身面对的课题与使命。小学教师应该自觉认同小学教师的专业性和独特性，把握教师专业的特殊要求，注重自身专业发展，不断增加完善自我、充实自身的专业技能，增强专业发展的自觉性水平。

4. 团队协作

小学教师是一项协作性较强的工作，群策群力、通力协作是小学教师把每一个小学生培养好、发展好的现实要求。每一名小学教师都应该具有团队合作精神，善于开展协作与交流，积极构建专业协作同盟，以增强整个教学团队对小学教育工作的群体贡献力。

(二) 专业道德

教师工作的主题是立德树人，故小学教师自身的师德修养尤为关键，其师德修养本身就是一部培养、教育、感化小学生的生动教材。当代小学教师应该具备下面四类专业道德。

1. 依法从教

这是小学教师展开教育教学工作的前提，依法从教是社会对小学教师提出的基本要求。在实践中，小学教师必须贯彻党和国家教育方针政策，遵守教育法律法规，让自己的教育言行保持在相关教育法律法规的许可范围之内。

2. 关心学生

学生的健康成长包括身体的健康与心理的健康两个方面，小学教师工作必须把关爱小学生，重视小学生身心健康，保护小学生生命安全放在首位。健康是小学生发展的前提，是小学生参与教育教学工作的物质前提。心系学生健康、心系学生发展，是小学教师专业素养的重要内容。为此，小学教师必须尊重小学生的独立人格，维护小学生的合法权益，平等对待每一个小学生，努力做到不讽刺、挖苦、歧视小学生，不体罚或变相体罚小学生。关心小学生的另一层含义是尊重、信任小学生。信任小学生，尊重个体差异，主动了解和满足有益于小学生身心发展的不同需求，是小学教师关爱小学生的最高体现。

3. 增进修养

要做好教育教学工作，教师个人的修养与人格尤为重要。小学教师应该具备的个人修养主要有：富有爱心、责任心、耐心和细心；乐观向上、热情开朗、有亲和力；善于自我调节情绪，保持平和心态等。这是小学教师更好地胜任小学教育教学工作的专业素养要求。

4. 为人师表

教师必须为小学生树立一种美的形象，为人师表是小学教师工作的基本专业素养要求。因此，小学教师应该在学生面前衣着整洁得体，语言规范健康，举止文明礼貌，努力向小学生展示出一种优雅、高尚、纯洁的职业形象，潜在地引导小学生的身心发展与健康成长。

(三) 专业知识

专业知识是小学教师工作的根本条件，形成合理的专业知识结构有助于小学教师的专业发展。在这一方面，小学教师应具备以下四类专业知识。

1. 小学生发展知识

按照《标准》精神，这一知识类型主要包括：了解关于小学生生存、发展和保护的有关法律法规及政策规定；了解不同年龄及有特殊需要的小学生身心发展特点和规律，掌握保护和促进小学生身心健康发展的策略与方法；了解不同年龄小学生学习的特点，掌握帮助养成小学生良好行为习惯的知识；了解幼小衔接和小初衔接阶段小学生的心理特点，掌握帮助小学生顺利过渡的方法；了解对小学生进行青春期和性健康教育的知识和方法；了解小学生安全防护的知识，掌握针对小学生可能出现的各种侵犯与伤害行为的预防与应对方法；等等。

2. 学科知识

在学科知识方面，小学教师应该具备三方面知识：多学科综合性知识，即小学教师应该适应小学综合性教学的要求，了解多学科的相关知识；任教学科知识，即小学教师应该掌握所教学科知识体系、基本思想与方法；学科关联知识，即小学教师应该了解所教学科与社会实践的联系，了解与其他学科的联系等。

3. 教育教学知识

这是小学教师必须掌握的一类专业知识，主要包括以下内容：教育理论知识，即小学教师要掌握小学教育教学基本理论；德育理论知识，即小学教师要掌握小学生品行养成的特点和规律；认知发展知识，即小学教师要掌握不同年龄小学生的认知规律；课程教学知识，即小学教师要掌握所教学科的课程标准和教学知识等。

4. 通识性知识

对小学教师而言，这一知识类型主要包括四类：人文科技常识，即具有相应的自然科学和人文社会科学知识；国情知识，即了解中国教育基本情况；艺术知识，即具有相应的艺术欣赏与表现知识；教育技术知识，即具有适应教育内容、教学手段和方法的现代化信息技术知识等。

(四) 专业能力

专业能力是小学教师开展教育教学工作的实践素养与技术条件。对小学教师而言，这一能力由五个部分构成。

1. 教育教学设计能力

小学教师开展教育教学工作的第一步是教学设计，这是把教育教学工作做好的前期准备，与教育教学效能的提高直接相关。小学教师必须掌握三方面的教学设计能力，即合理制定小学生个体与集体的教育教学计划的能力；合理利用教学资源，科学编写教学方案的能力；合理设计丰富多彩的班队活动的能力。

2. 组织实施能力

在教育教学活动设计完成后面临的核心任务就是实施这些教育教学设计，它是小学教师的一项关键能力，是小学教师专业素养的主体构成。与之相关，小学教师应该具备以下几项能力：师生关系经营能力，即建立良好的师生关系，帮助小学生建立良好的同伴关系；教学情境创设能力，即小学教师创设适宜的教学情境，根据小学生的反应及时调整教学活动；学习指导能力，即调动小学生学习积极性，结合小学生已有的知识和经验激发学习兴趣并发挥小学生主体性，灵活运用启发式、探究式、讨论式、参与式等教学方式，促使小学生的学习活动快乐、高效进行；信息化教学能力，即将多种现代教育技术手段渗透运用到教学中；教学组织能力，即妥善应对突发事件，科学安排课堂教学内容；教学基本能力，如较好使用口头语言、肢体语言与书面语言的能力，使用普通话教学，规范书写钢笔字、粉笔字、毛笔字；开展思想教育的能力，即善于鉴别小学生行为和思想动向，用科学的方法防止和有效矫正不良行为。

3. 激励评价能力

这是小学教师顺利推进教育教学活动时必需的一项重要能力，主要包括：学生观察能力，对小学生日常表现进行观察与判断，发现和赏识每一个小学生的点滴进步；评价能力，即灵活使用多元评价方式，给予小学生恰当地评价和指导，以及引导小学生进行积极自我评价；教学改进能力，即小学教师利用评价结果不断改进教育教学工作。

4. 沟通合作能力

小学教育教学工作实质上就是一项沟通实践，它需要教师具备相应的沟通、交往与对话能力。这一专业能力主要包括：学生沟通能力，主要指使用符合小学生特点的语言进行教育教学工作，善于倾听，和蔼可亲，与小学生进行有效沟通；同行沟通能力，即善于与同事合作交流，分享经验和资源、共同发展；社会沟通能力，即与家长进行有效沟通合作，共同促进小学生发展，协助小学与社区建立合作互助的良好关系。

5.反思发展能力

该能力是小学教师借助工作实践来改良教育教学水平的能力，大致包括：教学信息反馈能力，即主动收集分析相关信息，不断进行反思，改进教育教学工作；研究能力，即针对教育教学工作中的现实需要与问题，进行探索和研究；自我发展规划能力，即制订专业发展规划，不断提高自身专业素质；等等。

三、当代小学教师专业素养的特点

当代小学教师专业素养是基于特定教育时代对小学教育工作者提出的具体要求，因此，这些专业素养具有鲜明的时代性与现实性，与以往教育时代对教师的素养要求具有明显差异。

(一)学生为本

当代教育理论认为，教育教学活动的实质是学生的学习活动，学生是学习活动的主体，教师只是教学活动的促进者、帮助者与指导者而已，因此，以学生为本是当代小学教师专业素养的明显特点，这一点具体体现在以下方面：在专业要求上，强调尊重、保护小学生的发展权益，确保小学生的合法权益不受侵害，不允许体罚、挖苦、变相体罚小学生；在教学活动中，强调以小学生为主体，让小学生扮演课堂教学活动的主人，体现学生作为学习者的主体地位，而教师只是学生学习活动的促进者；在教育教学活动中，强调小学教师要遵循小学生身心发展特点和教育教学规律，严格按照学习的规律来组织教育教学活动，努力提供适合小学生的教育服务，而非让小学生围着教师这个中心旋转；在教育教学活动的目的上，强调小学教师要以促进小学生生动活泼学习、健康快乐地成长为己任，体现教育教学。

(二)师德为先

教书、育人是小学教师的两大主要任务，小学教师专业素养的两大重点是：

师德修养与教学能力。因此，强调师德为先、育德先行，是现行《小学教师专业标准》与教师专业素养结构的首要关注点。在当代小学教师专业素养要求上，教师师德素养集中体现在两个层面。

一个是一般素养要求，主要包括：要求小学教师要热爱小学教育事业、践行社会主义核心价值体系、履行教师职业道德规范，为人师表、教书育人、自尊自律等。这些要求是小学教师培育出合格社会公民的立足点。

另一个是具体素养要求，主要包括三个方面：教师专业资质要求，即关爱小学生，尊重小学生人格，相信小学生的发展潜能；教师专业人格要求，即要求小学教师要富有爱心、责任心、耐心和细心，对待教育教学工作一丝不苟；道德教育要求，即要求小学教师要做小学生健康成长的指导者和引路人，成为小学生精神世界的领航者与引领者。

(三) 能力为重

能力本位是当代小学教师专业发展的现实要求，关注小学教师专业能力的发展，强调培养小学教师的核心专业能力，是小学教师专业素养的根本要求。当代小学教师专业能力建设的三个关注点是：重视小学教师的学科知识结构优化，提高教书育人方面的教育实践能力；强调小学教师要研究小学生，遵循小学生的成长规律，提升他们教育教学活动的专业化水平；要求小学教师要不断实践、反思、总结、提升，不断提高教师的专业能力与自我发展能力等。所以，强化小学教师的教育能力、教学能力、沟通能力、组织能力与发展能力始终是社会、学校对小学教师专业素养的核心关注点。

(四) 终身学习

当代小学教师不仅应该成为专家型教师、反思型教师，还应该是研究型教师、学习型教师，学习素养是当代小学教师专业素养结构的明显特点。当代小学教师专业素养要求教师一定要不断学习了解小学教育教学理论，学习先进班级管理与教学改革理念，了解国内外小学教育改革与发展的先进经验和做法，努力站在国内外小学教育改革的前沿思考问题。同时，当代小学教师还要通过终身学习来不断优化知识结构，提高文化素养，善于向实践学习，向经验学习，创造大量实践性知识与先进改革经验，让学习成为拓展他们实践领域与认识视野的内驱力。总之，当代小学教育事业的发展，要求小学教师一定要具备终身学习与持续发展的意识和能力，具备在工作中学习、在学习中工作的精神，不断创造教育教学改革工作中的新水平、新高度。

第三节　小学教师的专业素养提升自觉

小学教育行业是一个成长中的专门行业，小学教师是成熟中的教师专业人员，教师专业素养的自觉提升正是实现这一转变的必经之路。小学教师专业素养需要在自觉提升中才能保证其向小学生提供的教育服务的专业性与优质性。小学教师专业自觉的表现是多样化的，人格自觉、心态自觉与行动自觉是构成专业素养自觉的"三要素"。

一、人格自觉：高素养小学教师的人格特征

人格是指一个人的整体心理面貌，教师的专业人格特指小学教师在专业实践中表现出来的有助于把教育事业做到最优、做出品质的良好人格特征综合。实际上，教师的专业人格自觉就是教师自觉以理想教师的人格形象来要求自己、督促自己、激励自己、塑造自己，努力改进自身的人格品质，使之更加合乎小学教育事业要求的过程。理想的教师专业人格形象是教育实干家、勤学者、教学探险家与教育思想家，教师的人格自觉就是以此为标杆，自觉培养高素养型小学教师的努力过程。

(一)教育实干家

热情奉献、扎根实践、务实勤勉是小学教师理想人格形象的根本要素，成为一名教育实干家是小学教师的理想人格形象自塑实践的一个侧面。作为一个教育实干家，小学教师就应该脚踏实地、一丝不苟、一心扑在教育教学工作上；就应该苦中求乐、苦尽甜来，把教育工作当作一门能够充分展示个人优势与教育才华的工作来做；就要认准目标、执着前进，向着自己瞄准的专业发展目标不断追求、执着前行。

(二)勤学者

小学教师作为一个专门职业，其内涵之一就是需要从业者不断进行专业学

习才能实现专业化发展的目标，因此，在专业上不懈追求、勤学不辍、终身学习是小学教师专业成长的根本途径，勤学者是小学教师人格形象的另一个侧面。作为勤学者，小学教师不仅需要向自己的服务对象——小学生学习，学习他们学习的方法与思维的方式；要向自己的经验学习，善于总结、筛选优质经验；还要善于向名师学习、向书本学习，学习一线教学名师的改革风范，学习他们先进的教育理念、人文知识，时刻将自己的专业发展建立在持续的专业学习上。

(三) 教学探险家

小学教师还是一个改革家，是一个勇于探索、勇于追求、勇于变革的实践家。而教学探险家是当代教育事业赋予小学教师的崭新的人格形象。在教育教学实践中，作为教学探险家，小学教师应该善于向未知的教学领域挑战，善于开展实验研究，善于创造新事物，善于改进教学常规，让变革与探索成为促使自己教学的方式、思维与理念吐故纳新的内在机制。

(四) 教育思想家

真正成功的教育改革一定是卓越教育思想与科学教育实践合力作用的结果，小学教师只有同时成为教育思想家与教育实践家才能使自己的教学活动始终立于不败之地。教育思想的形态是多样化的，它既有抽象的教育理论，也有在实践中才可能掷地有声的操作性教育理念，还有能够给人以启发、启迪的好的教育观念。小学教师只有成为一名教育思想家，他的教育教学改革才有可能超越平庸、走向卓越，才可能在各方面都成为有造诣的教学改革家。好的教育思想就好似一粒种子，一旦被植入教育实践中，它就可能发芽开花，最终成长为枝繁叶茂的崭新的教育形态。因此，小学教师必须善于立足实践进行总结反思，善于捕捉在实践中生成的新观点，善于提出自己的教育建议，让教育思想生产活动与自己的教学改革实践同步并进。

(五) 个性突出者

优秀的小学教师常常是一个个性突出者，这是理想教师人格形象的又一种表达。优秀的小学教师不仅是教学实力派，还是在教学风格、做人秉性、处事方式等方面独树一帜的教育"人物"，这种个性品质使其人格形象中会散发出富有魅力的"清香"，成为最令人感动的一种教育品格。许多优秀的小学教师或者具有磁性的人品，更容易在业界得到尊重与认可，更容易在课堂上引起小学生的共鸣与喜爱；或者是一个工作狂，把拼命地进行教育工作视为一种嗜好；或者具有独特的做人风格，让人觉得非常富有个性，很容易引起周围同事与学生群体的关注。

二、心态自觉：小学教师实现专业素养自觉的心理准备

心态的自觉是小学教师自觉提升自身专业素养的必备心态，是小学教师专业发展的精神准备。要实现专业的追求，小学教师应该具备以下六种心理准备。

(一)"成名"的勇气

具有成名的勇气是小学教师专业自觉的基础条件，是激发小学教师专业成长自觉的重要力量。作为一名有追求、有梦想的小学教师，他应该清楚：要做教师就要做名师，坚决不做庸师，否则，就难以对得起小学生的期待与头顶的"教师"称号。对小学教师而言，"名"代表的不是名利，不是名义，而是对个人付出的一种自然回报和名声见证，教学名师应成为小学教师专业发展的至高境界，成为他们专业智慧的聚焦点。名师最为关注的不应该是奋斗的结果，而是奋斗过程本身给他带来的快乐与幸福。只要树立成就名师的信心与意志，每一位小学教师迟早会达到行业内成名的至高境界。

(二)"磨砺"的意志

小学教师徒有成名的愿望与信心还不够，他还必须准备经历实践磨砺的过程，必须有准备接受"磨砺"的自觉准备。铁棒磨成针，功到自然成！只有经过小学教育实践的磨练，一位小学教师才可能成长为一位名副其实的教学专家，形成自身独有的教学专长。对小学教师而言，"磨砺"需要他经历反复的修炼和打磨，需要他深入实践基层去摸索与探究，开展更为专业的教改实验、实践探究。不经历风雨，如何见彩虹；不经历磨砺，小学教师就难以在实践修炼中成名。"磨砺"过程需要小学教师自觉去挑战自己的教学常态，挑战自我的平庸人生追求，努力追求更为理想的专业水准。

(三)"揣摩"的习惯

每一种有效教学方式、教育思路的形成都是小学教师反复创造、反复实践的结果，这种反复实践活动就是不断揣摩的过程。在教学实践中，小学教师既要揣摩自己教学活动的科学性水平，揣摩自己教育设计是否合理，还要经常揣

摩自己的专业表现是否得体，是否符合教学规律、学生学习方式的要求。对小学教师来说，揣摩就是一种研究，一种推陈出新；揣摩，就是一种比较，一种创造，一种发现。因此，揣摩是成就小学教学名师的现实行动，是小学教师成名的一门必修课。

(四)"执着"的意念

成就名师注定是一场苦旅，它需要小学教师有一种"咬定青山不放松"的执着精神，需要有一种"不到长城非好汉"的跋涉精神。执着是小学教师专业成长自觉的内在元素。每一个小学教师都有成长为教学专家的可能与条件，到底最终谁会成为教学方面的专家，取决于谁拥有较强的耐力与韧性，取决于谁最执着，谁最能持之以恒。谁坚持到最后，谁就是赢家！这句话非常适合小学教师的专业成长道路。执着坚守自己的志向，始终保有一颗坚韧不拔的心，这是小学教师最终收获成功的精神依托。

(五)"独创"的念头

小学教师的专业成功之路是自己"闯"出来的，是他在实践中独辟蹊径、独立探求与自主创新的结果。因此，独创的念头、变革的想法、创新的举止始终是小学教师成名的有效途径，他们必须自觉树立独创的意识与心态。创新，就是打破常规，就是创新思路，就是别出心裁地开展小学教学实践活动。小学教师应该相信：总有一条不同于当下教学方式的非常规的教学实践之道存在，并能够把小学教学引向成功；面对同一教学问题，总有一种更好的问题处置方式与应对方式。在这种想法与信念的支持下，小学教师终能找到一条更具独创性的教育教学改革之路。在新课程改革的背景下，追求创意、创造、创举应该成为小学教师从事教学工作的常态。

(六)"积累"的意识

小学教师的专业素养发展实际上是有效积累教学经验的过程，经验积累是小学教师成长的基本途径。在教学经验的持续积累中达到"水滴石穿"的效果是小学教师专业发展产生由量变向质变飞跃的路线。同时，在教学实践中，小学教师对工作的体验，尤其是在成功教学实践中所收获的积极体验、愉悦体验、兴奋感与成就感等，都是助推其专业成长的"酵母"。任何积累都是一种质与量互变的过程。一旦小学教师的教学经验与体验积累到了一定程度，其专业成熟、专业成功、专业成名的"质变"迟早会发生。

三、行动自觉：小学教师实现专业素养自觉的实现

小学教师专业素养提升的自觉最需要的是行动自觉，小学教师应该成为专业方面勇于实践且具有卓异表现的行动"巨人"，而非坐而论道、纸上谈兵的语言"巨人"。在具体教育教学实践中，小学教师应在以下四个方面自觉行动，努力践行自己的专业理念与思维，把自己作为教师专业人士的自觉心态与人格理想付诸实践，将教学改革不断推向成功。

(一) 及时更新教育理念

小学教师要实现专业素养的不断提升，首先就必须自觉更新自己的教育理念，让自己的认识在一定的高度上去思考问题、认识实践。在这一方面，小学教师应该主动寻求新理念来支撑自己的教学实践与教学改革，增强自身教学活动的科学化水平。

更新教育理念的便捷方式是参与学术交流与聆听专家报告。小学教师要利用各种培训活动、专家讲座活动、网上专家报告等资源，自觉吸收最新教育教学理念，摈弃陈旧的教育认识，提高自身的教育理论素养水平。另外，著书立说是小学教师借助研究的方式来提高自身教育理论水平的有效方式，它能够促使小学教师去自觉反思、大胆创造，努力形成最适合自身需要的教育理念，为自己教学改革提供理论导航。

(二) 多元化手段的采用

小学教师提高自身专业素养的手段是多样化的，只有综合利用、善于组合才能找到自己的最佳专业素养提升方案。在教学实践中，小学教师最常用的专业素养提升手段有以下六种。一是实践，即开展实践研究、行动研究，自觉反思自己的专业实践，从实践的成败中形成认识、积累经验，这是教师素养提升的基础手段；二是参训，即参加各种专业培训活动，如校本培训、国家培训、专题培训、新课程培训等，这是小学教师专业素养提升的常用手段，是他们更新知识、磨练技艺的有效途径；三是研修，即组织小学教师开展各种研究性进修活动，借助典型教育教学问题研究的方式来推进教师专业发展，是一种深层次的教师专业提升活动；四是观摩，即进入教学名师的课堂开展观课研课活动，

这是能立竿见影地提升小学教师专业素养的一种手段；五是拜师，即老教师与新教师相互结为师徒关系，以此来带动新教师专业发展的一种手段；六是网络学习，英文是 E-learning，这是小学教师参与各种培训、学习、研修活动的现代化和信息化形态，其最大优势是学习资源无限、学习方式灵活，能够满足小学教师个性化的专业发展需求。

(三) 常规教学研究化

用研究的心态对待课堂教学，把常规教学做到非常规化的水平，这是小学教师专业化素养提升的有效路径。面对同样的教学活动、教学问题，转换我们的认识视角、实践心态、主观态度，往往可能得出不同的教学效果，从而实现常规教学、教学研究与教师专业发展的三位一体。为了达到这一目的，小学教师可以从以下两个方面来实现常规教学的研究化转变。

首先是以研究的心态对待每一节课，每一个学生，每一个教学事件。一旦引入了研究的形态，小学教师就可能从普通的教学现象、一般教育对象身上发现问题，并在对该问题的探究中得出崭新的教育认识，形成优质教育经验，以此带动小学教师的专业发展。所以，要把常规的教学做得不寻常，就需要引入研究者的立场与眼光，用研究活动来改变教育实践的状态，让教师收获专业发展的"果实"。

其次是主动配合专业研究机构的研究活动，并扮演积极角色。与教育类课题研究组织主动配合，通过合作研究、行动研究、承担子课题等形式，将研究的力量引入常规教学中，小学教师专业素养提升活动就能获得专业研究力量的推动，最终实现课题研究与教师发展的双赢。

(四) 反思与实践的交互与循环

小学教师专业素养的提升离不开两大基本环节，即实践与反思，因此，波斯纳指出："教师专业发展＝教育实践＋反思"，这是教师专业素养提升的基本公式。应该说，其他教师培训、研修活动都是借助这一公式来生效的，它们必须嵌入教师的实践与反思过程中才能达到预期培训效能。对小学教师而言，在教学活动反思中可以生成教学改革的新点子、新创意。教师倘若善于利用这些点子与创意，开展教学探索与变革，教师的教学素养与教学质量的提升目的就可能同时实现。因此，教师专业发展的一般过程就是：反思、实践，再反思、再实践……教学实践与教学反思循环推进、交互促进，形成良性循环，这是小学教师专业素养提升的基础途径。如果说教学变革是无止境的，那么，教师专业提升的行动也是无止境的，善于利用"实践＋反思"的公式来推进教育教学改革，是当代小学教师实现专业持续、健康发展的良策。

第三章　小学教师专业成长与规划

优秀小学教师是在实践、研究、磨炼中成长起来的，小学教师专业成长及其规律的探究是小学教师专业成长规划形成的基础。在本章中，我们将对小学教师专业成长与规划等问题进行探究，据此为小学教师专业素质提升与自我规划提供更具操作性的理念与建议。

第一节　小学教师专业成长阶段

如何理解小学教师专业成长现象呢？这是我们探究小学教师成长阶段及其规律的入口。小学教师专业成长涉及教师发展的方方面面，需要系统化的思考与整体性的观念来支撑。认识教师专业成长现象是小学教师自觉驾驭自我发展轨迹的起点。

一、小学教师专业成长

"教师专业成长"是"小学教师专业成长"的上位概念，从理解"教师专业成长"概念入手是我们探讨小学教师专业成长现象的一条捷径。

(一) 什么是教师专业成长

教师专业成长，即教师专业发展，指教师作为专业人员，在专业思想、专业知识、专业能力等方面不断发展，促使其综合专业素养不断完善的过程，这是一个教师由专业新手向专家型教师转变的过程。即教师专业成长过程是教师的专业理解、专业能力与专业情感同步发展过程，是教师在成长中不断趋向专业成熟的历程。显然,教师专业成长是教师的自然成熟与自觉努力共同作用的过程:只要身处教育实践中,教师都会发生自然的成长现象,例如,基于经验积累的成长方式,一旦教师有了专业发展的自觉意识、自觉心态与自觉行动,教师的专业成长就可能成为一个自主、自控的过程。

(二) 教师专业成长的三种理解

那么,教师专业成长到底包括哪些内容呢? 不同学者的看法与认识不尽相同,主要观点可以归入以下三类。

1. 教师专业成长即专业知、能、情的同步增长

大部分学者认为,教师专业成长是"三维"推进过程,即专业方面的知、能、情同步增长过程。丰富教师的专业知识、提高教师的专业能力、培养教师的专业情感构成了帮助教师实现专业成长的"三条腿",教育知识、教育能力、教育情感构成了现代教师教育课程的三大基本模块。教师培养活动的实质就是瞄准这三个对象进行重点培养的活动,是小学教师在工作实践场景中发生的"三体协同发展"过程,即教师专业素养的三元素——从事小学教育工作的专业知识、专业能力与专业情意的共同发展过程,如图3-1所示。

图 3-1　小学教师专业成长图示

小学教师的专业成长过程需要三种专业素养——专业知识、专业能力、专业情意的同步协调增长才有可能实现,任何单一素养的发展都不可能造就出一个完整且有实力的小学教师。

2. 教师专业成长即教师的学习指导力的增强

还有一种观点在学界甚至国际学术界都具有一定的影响,这就是将教师专业成长理解为"教师的学习指导力的不断增强过程"。教师的主要任务是指导小

学生的学习活动，学习指导力指教师对小学生的学习、生活、成长等方面进行综合影响与科学干预的能力，它大致包括五个方面，即学习指导能力、学生指导能力、班级管理能力、协调能力和奉献能力。教师的学习指导力的形成是自觉将专业知能付诸实践，生成实际指导力的过程，是教育知识、技能围绕教育实践的一次整合与重组。这一理解超越了传统的教师专业成长观。

3. 教师专业成长即教师专业自我的策略性调适

教师专业发展的实质是教师专业自我的调适与改进，这是第三种教师专业成长观。所谓专业自我，就是教师自身应对教育教学问题的理解、图式、方式等构成的统一体，是教师的专业认识、情感、理念、思维以及其自我意识、自我印象、自我评价、自我经验体验等构成的综合体，它决定了教师应对外界教育问题与情境的独特反应方式。教师的专业自我在基于问题、情境的策略化调适中日渐形成并日趋完善，请参见图3-2。

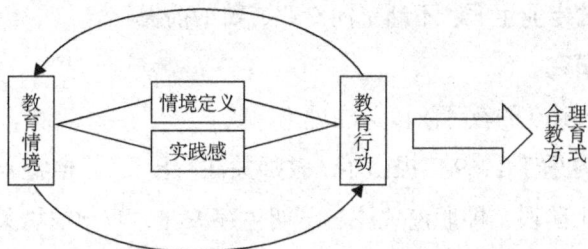

图3-2　自我调适型教师专业成长观

(三) 小学教师专业成长

将学者对教师专业成长的理解引入小学教师专业成长，我们不难得出：小学教师专业成长是一名拟任职小学教师或新手小学教师借助各种自身潜质、外界条件与自我努力来提高自身的专业素养，不断成长为一名合格、成熟的专业型小学教师的过程。这一过程显然是复杂、漫长、曲折的，是教师不断接受实践磨砺与学者点拨的过程。

在专业成长过程中，小学教师要完成的基本任务主要是：

其一，理解小学生的心性特点与学情，调整自己的专业认识与思维，努力形成最合理的教育策略与教育行为，培养自身的教学专长，成就名师的专业追求。

其二，形成并更新自己的小学教育理念，丰富自己的专业认知，提高自己的教育理论修养，形成科学的教育思想与教育立场。

其三，提高自己应对具体教育情境、问题的能力与智慧，形成一定的教育教学实践应变力或教育智慧，实现在教学活动中游刃有余。

其四，培养教师对小学教育事业的情感、信念与情操，努力形成积极的教育人生观与教育价值观，提升自己对教育事业的认识境界。

二、小学教师专业成长的一般阶段

在教师学研究中，许多学者认为：教师专业发展阶段的安排源自对教师专业成长过程及其规律的思考，认识教师专业成长过程是我们科学思考教师专业发展阶段的前提。与一般教师发展阶段相似，小学教师在其专业发展中也会呈现出一系列的阶段，对这些阶段的分析是小学教师自觉掌握自我专业发展进程、筹划自己的专业生涯、不断走向专业成熟的前提。

(一) 国外研究

1. 傅乐 (Fuller) 的教师阶段关注理论

美国学者傅乐于1969年提出了"教师关注阶段论"，他将教师专业成长的过程划分为四个阶段，即职前关注、早期生存关注、教学情境关注和关注儿童阶段。这四个阶段的鲜明差异就是教师关注对象的变化。在职前关注阶段，教师由于没有经历过教学工作，他们没有教学经验，故在发展中只关注自己；在早期生存关注阶段，新教师初次接触实际教学活动，他关注的是自己的生存问题，即自己能否在这个新教育环境中生存下来，故在工作上表现出明显的焦虑与紧张；在教学情境关注阶段，教师更关注的是教学上的种种需要、限制与挫折，关注的是自身的教学表现，他们试图将更多的专业知识、能力与技巧付诸于教学情境之中；在关注儿童阶段，教师真正关注的是学生的学习、品德、情绪需求等，教师需要等到自己能完全适应教学的角色及压力之后才能真正达到成熟教师的要求。

2. 费斯勒 (Fessler) 的教师生涯循环论

1984年，费斯勒在观察、访谈和典型调查的基础上提出了一种整体、动态的教师专业发展阶段理论，即教师生涯循环论。他指出，教师在成长中需要经历以下八个阶段。

（1）职前教育阶段（pre-service）。这是师范生的培育时期，该阶段为新教师提供的是一种准备性教育，一般是在大学或师范学院进行的一种师资培育阶段。

（2）引导阶段（induction）。这是教师初任教师的前几年，是教师尝试进入学校系统和学习每日正常工作的一个过渡性阶段。在此阶段，新任教师会努力寻求学生、同事、督导人员等的接纳，力图使自己的工作得到他人的认可。

（3）能力建构期（competency building）。这是教师努力增进自己的教育相关知识，提高教学技巧和能力，设法获得新的信息教学方法策略的阶段。在该阶段，教师会努力接受与吸收新的观念，参加各种研讨活动，不断提高自身的业务水平。

（4）热情成长期（enthusiastic and growing）。这是教师不断成长的一个重要阶段。在该阶段，优秀教师会热心教育事业，继续追求专业成长，努力寻找新的方法来丰富自己的教学活动。

（5）职业挫折期（career frustration）。这是教师专业发展中的受挫阶段，教师往往容易怀疑自己的职业选择，甚至产生"职业倦怠"，影响自身专业的成长与进步。

（6）职业稳定期（stable and stagnant）。在该阶段部分教师会产生得过且过，甚至是缺乏进取心、敷衍塞责的心态，不会主动追求教学效果的卓越与专业成长。

（7）职业消退期（career wind down）。这是教师准备离开教育岗位的低潮时期，部分教师会被迫离开教育工作岗位，退居二线，放弃专业的追求。

（8）职业离岗期（career exit）。这是教师离开教职以后天涯寂寥的时期。部分教师开始集中考虑如何安度晚年，部分教师可能会继续追求教师生涯的第二春。

（二）国内研究

近年来，国内出现了一些有关教师专业发展的本土教育理论，非常值得我们关注。

1. 叶澜的教师专业成长"三阶段论"

叶澜教授在《教师角色与教师发展新探》一书中把教师专业成长分为三个

阶梯式阶段，即生存关注阶段、任务关注阶段、自我更新关注阶段。在这三个阶段中，教师在专业上的关注重点是有差异的。

（1）生存关注阶段（一般指新教师刚进入工作的阶段）。在该阶段，教师由于专业化水平还很不成熟，他们中多数是刚参加工作的青年教师，所以在工作中很关注自己的教育教学、班级管理、家长工作等在同事和领导中的影响，尤其是关注领导的评价。

（2）任务关注阶段（指度过初任期，任职3~5年后的阶段）。在该阶段，教师对教与学如何体现新课程的精神会进行探索，但对身边的教育教学事件、教学问题缺少研究的热情，容易满足现状，缺乏改进意识和追求专业成长新目标的动力，其专业水平处在中等层次。

（3）自我更新关注阶段。在该阶段，教师在工作中能积极关注学生是否获得发展，能对教学问题提出改进的方案，能从自身的教育实践中寻找研究课题，渴望成为研究型的教师，专业水平较高。

随着关注重点的不断转移，教师专业发展的水平不断提升，见图3-3。

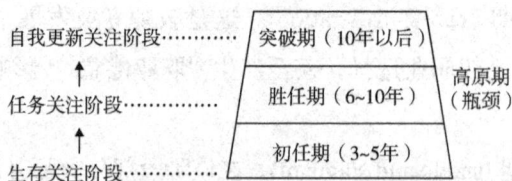

自我更新关注阶段…………　突破期（10年以后）

↑　　　　　　　　　　　　　　　　　　　　　高原期
任务关注阶段…………　胜任期（6~10年）　（瓶颈）

↑
生存关注阶段…………　初任期（3~5年）

图3-3　叶澜的教师专业成长"三阶段论" ❶

2. 连榕的教师专业成长"三阶段论"

连榕老师对教师专业发展的认识也具有一定的代表性，被国内许多学者经常提及。他认为，教师专业成长过程大致可分为三个阶段，即新手——熟手——专家型教师，新手向专家型教师发展过程所必经的关键阶段，即熟手阶段，这是教师专业发展的关节点。同时，这三个阶段中，教师专业生存状态是不一样的。❷

---

❶　资料来源：张水罐：《教师成长关注的阶梯式策略分析》，参见教学与管理（中学版），2007年第7期．

❷　教师专业发展阶段论对教师教育的启示，http://wenku.baidu.com/view/ 38249223192 e45361066 f500.html.

（1）新手型教师阶段。该阶段一般是指教龄在0~5年之间、职称三级（包括三级）以下青年教师的专业发展阶段。本阶段中，教师在教学策略上以课前准备为中心，尚未真正地进行课后反思，处于关注自我生存的动机阶段。此时，他们的职业承诺水平低，一旦遭遇挫折容易出现精神疲惫的状态。

（2）熟手型教师。该阶段是指介于新手与专家之间、教龄6~14年、参加过骨干教师培训班的教师所处的专业发展阶段。在该阶段中，熟手型教师专业发展的主要特征是：教学策略水平较高，能够灵活运用各种教学策略，并能够根据课堂实际情况对教学计划和行为适当地做出调节和控制，成就目标以任务目标为主，处于职业的高原阶段，容易产生烦闷、抑郁、无助、疲倦、焦虑等消极情绪。

（3）专家型教师。该阶段是指教龄在15年以上且具有特级教师资格或高级职称的教师所处的专业发展阶段。本阶段中，教师的教学策略主要体现为课前的精心计划、课中的灵活应变和课后的认真反思，善于通过对教学反思来提高自己的教学能力，具有强烈且稳定的内在工作动机，处于职业的升华阶段，具有良好的职业承诺，职业倦怠感较低，对教师职业的情感投入程度高，职业的义务感和责任感比较强。

(三) 小学教师专业发展的"四时期"

小学教师的专业发展过程一般要经历四个时期，即准备期、适应期、发展期和创造期，这几个时期中小学教师面临的主要问题、发展的主要方式、发展的具体目标存在明显差异。

（1）准备期。在该阶段，小学教师的主要专业发展任务是专业学习，是不断丰富自己的专业知识积累与储备，从中获得从教学所必需的知识与技能。小学教师接受师范教育阶段可以近似地看作这一发展阶段。

（2）适应期。该阶段是从小学教师进入任职单位后开始的，因此，适应小学教师工作节奏与任务成为他们面临的主要任务。在该阶段，小学教师的主要专业发展任务是适应新教育环境，开始自己的入职专业发展阶段，他们的实际专业能力开始形成。

（3）发展期。在小学教师适应新工作环境之后，他们的专业很快转入一个快速发展时期，新的专业经验持续扩展，对教育工作的新认识不断形成，逐步促进专业成熟，教师迎来了专业发展的青春期。

（4）创造期。在经过专业发展青春期之后，小学教师开始结合自己的教育经验、教育思想进行融会贯通式的创新，新的教育智慧与教改风范开始在他们身上形成，教师逐渐形成了一种对教育问题的独特理解与应对方式，教师专业迅速成长并进入成熟时期。如果实现不了这一转变，小学教师的专业发展就进入了瓶颈期，最终终身停留在上一发展时期。

教师的职业理想、教育思想是这一专业发展过程的源泉。在不同时期，教师一旦进入饱和点，职业理想和教育思想都会随之发生明显的变化。

三、教师专业成长阶段对小学教师的启示

教师专业成长阶段论告诉我们：小学教师专业成长是一个终身、持续的进程，对他们的培养也应该是全方位协作与阶段化推进的过程。

（一）小学教师专业成长具有终身性与个体性

教师专业发展阶段论告诉我们：小学教师专业成长是一个持续终身、个体主导的过程，教师培养应该积极关注这一特点。小学教师专业成长的终身性与个体性具有四种含义：小学教师的专业成长不是某一人生阶段的事情，而是小学教师的一项终身事业，必须在持续推进中才可能确保教师专业水平的与时俱进；小学教师专业发展的每个阶段都需要相应的培训与指导，在科学的培训中，培训指导可以帮助教师缩短成熟周期，加速成长进程，而在不合理的培训中，教师的专业成长会因此受阻；教师任职学校是教师专业成长的永恒家园与坚实基地，因为教师职业生活的大部分时间是在任职学校中度过的，课堂是教师专业发展的稳定舞台；不同教师所经历的专业成长阶段是有差异的，有些教师可能会永远停留在熟手阶段，难以实现向创造期的飞跃，而有些教师却能成功实现这一转变，达到至高的专业境界。可以说，决定教师专业发展品质的关键参量就是教师个体的秉性及其努力程度。

（二）教师学习与教师培训应该考虑小学教师专业成长的阶段性特点

小学教师专业成长的规律与特点是科学组织教师培训、安排教师学习活动的依据，小学教师专业发展阶段论的提出为教师培训、学习活动的优化与改进提供了物质依据。基于上述理论，针对小学教师的培训与教师自身的学习活动应该考虑其专业发展的阶段性特点：

其一，在新手阶段，小学教师的专业培训应以熟悉教学情境与工作节奏为主题，与之相应的是，教师培训活动应该是为新教师安排导师或师傅，让他们观摩其他教师的课堂教学活动，迅速融入教师团体，习得大量的教学常识、常规。

其二，在熟手阶段，小学教师培训活动应该以教育理念的输入与反思为主，这是引导小学教师专业发展的有效手段。因此，教师学习与培训活动最好以教师研修、课堂反思、经验提炼等方式为主。

其三，在专家阶段，小学教师培训活动要以高水平教育实践的创造与观摩为主，着力提高教师专业发展的水平与品位。在本阶段，教师培训活动要以促进教师专业发展为主题，通过为他们提建议、想方法的途径进行，切不可让教师照搬他人成熟经验与现成做法。

可见，小学教师专业发展阶段是波澜起伏式的，各阶段都有不同的指导重点与内容形式，教师学习与培训活动的开展必须尽可能满足他们在特定阶段的特殊发展要求，才可能保证各阶段的专业培训活动面对教师投其所需，让教师培训活动处在教师能力、知识与经验的最近发展区内，迅速在学习中获得更大成效。

(三)必须抓住小学教师专业成长的关键期进行精细指导

在小学教师专业成长中，不同阶段中教师专业发展的速度是不一样的，不同成长阶段在小学教师专业发展全程中的地位也不尽相同。因此，抓住教师专业发展的关键阶段和关键期进行集中培养非常重要。

一方面，熟手阶段与发展期是小学教师培训的重点阶段。在熟手期或发展期，小学教师专业成长随时可能会遭遇瓶颈，形成"高原期"。在该阶段，专家型教师的指导对一般小学教师发展而言较有意义。

另一方面，熟手阶段是教学成熟的迅猛期，教师培训应该大力培养小学教师的教学专长，为其教学专长的凝聚与呈现创造条件。熟手阶段与发展期的专业指导应该以教育理论与教育实践的融会贯通为主，教学研修应该成为主要培训形式。

(四)小学教师应科学地规划自己的专业发展阶段

一般而言，小学教师的上述专业成长进程不能压缩或随意删减，这些阶段是一般教师在专业成长中的必经阶段，只能借助某些手段，如学习、培训、研修等活动来加速。应该说，通过对这些发展阶段进行个性化的合理规划，也可能让小学教师自己掌握专业发展的自主权与主动权，从而迅速达到理想的专业发展水平。科学规划教师的专业成长线路能够确保小学教师达到更为理想的专业发展水平，能够让小学教师绕过专业发展的危险区与迷茫区，甚至突破专业发展的"高原区"，达到意想不到的专业境界。显然，在这一过程中，专业发展规划的制定需要专家的指导与个人的担当，但更主要的是教师深入实际的自我分析与提出科学可行的发展举措，后者应该是专家指导教师成长规划的优势与长处。当然，再好的规划也不如脚踏实地的行动。如果小学教师能够在实践中认真落实专业成长规划，该规划就可能有力助推小学教师迅速跨越一个个发展阶段，实现专业的持续、快速与健康成长，体现"规划"的效能与目的。

第二节　迈向名师的小学教师专业成长规划

小学教师专业成长阶段是制定其科学专业发展规划的依托，为教师更好地掌控自我专业发展提供了一盏明灯。然而，专业成长规划到底有多重要，如何具体设计专业成长规划，形成科学、可行、合理、有效的专业成长规划？这是一个极具操作意义的实践难题。因此，小学教师必须掌握一些必要的专业成长规划制定的知识与技能，以确保规划制定活动的顺利展开。

一、小学教师专业成长规划

"教师专业成长规划"一词既可以说是一个名词，也可以说是一个动词，它既指教师专业成长的具体方案，也指制订、形成该方案的过程。理清本概念，明确制定教师专业发展规划的意义，是进入这一探讨的认识入口。

(一) 教师专业成长规划的内涵

教师专业成长规划，即教师职业生涯规划，它是指教师个人根据自身情况和所处的环境，结合个体发展与学校发展的双重需要，对决定教师职业生涯的因素进行综合分析基础上确定个人专业发展目标，并设计出相应的行动计划与策略的活动过程。教师专业成长规划既是一次专业自我剖析的过程，也是一次主动干预自己专业及其发展态势的行动筹划。因此，本书中"教师专业成长规划"主要取动词意义上的理解，而将名词意义上的"教师专业成长规划"表述为"教师专业成长规划书"等术语。

(二) 小学教师专业成长规划

将上述概念具体化到小学教师专业成长这一具体领域中，本书认为：小学教师专业成长规划是指小学教师为了实现专业成功而在综合考虑各种专业成长影响因素的基础上，对自己的专业发展图景、发展目标、发展重点、发展策略、发展路径等进行的一次系统化设计与科学筹划。小学教师没有专业成长的具体规划，他们的专业水平照样在提高着；一旦有了科学、合理的专业成长规划，小学教师的专业成长过程可能会更具有自觉性与可控性，专业提升的过程可能会加速。这正是小学教师专业成长规划的另外一层含义。

(三) 小学教师制定专业成长规划书的意义

制定规划书、自觉实施专业成长规划的目的是为了加速专业成长，引领专业成长，小学教师专业成长规划实践的展开具有其鲜明意义，非常值得每一位小学教师去探究。

(1) 小学教师专业成长规划的展开能够科学协调各阶段间的关系，促进教师专业持续、快速、健康发展，实现终身学习的需要。

影响小学教师专业成长的因素具有多元性，既有社会的、学校的，又有个人自身的，各要素之间既可能相互冲突，又可能协调一致，如果小学教师不自觉利用专业成长规划这一环节来协调，其专业发展极有可能随时受挫，导致发展动力受抑，发展进程失控。

(2) 小学教师专业成长规划的实施有助于小学教师充分把握自我，科学设计自己的专业发展愿景，准确定位自己的专业方向。

整个专业成长规划的制定过程其实就是小学教师进行自我剖析的过程，是他们对自己进行充分把握的过程，该过程有助于小学教师设计出量体裁衣式的针对性发展规划，从而自觉促进自己的专业成长。

(3) 小学教师专业成长规划的实施有助于教师准确分析可能会遇到的挑战与困难，预先准备好相应对策，做到心中有数，确保职业成功。

专业成长规划的制定既要面向教师自己的实情，又要面对教师专业发展的未来，即教师在专业成长中可能会面临的问题、困境、阻力与挑战等。一旦教师明确了这些问题，及时在规划中准备预案、设计对策，小学教师的未来专业发展就可能更有预见性与针对性，其专业发展的前景就可能日趋明朗。

（4）小学教师专业成长规划的实施有助于小学教师及时应对职业倦怠，激发自我发展动力。

职业倦怠是各行各业的从业者都会面临的自然现象与发展问题，它的产生具有多种原因，职业倦怠的发生也具有一定的不可预期性或不可控性。一旦小学教师遭遇倦怠，其专业发展就可能出现暂时停滞，甚至倒退的现象。为了预防这种情形的发生，小学教师进行科学的专业发展规划就显得尤为重要。合理的专业成长规划能够增强小学教师应对倦怠的主动性与力度，确保专业成长进程的顺利展开。

二、小学教师如何进行专业成长规划

小学教师进行专业成长规划的具体过程就是其制定符合自己的教师专业成长规划书的过程，当然，"教师专业成长规划"不等于"制定教师专业成长规划书"，它具有更为丰富的内涵。小学教师专业成长规划的具体表现就是一份高质量、量身定做的专业成长规划书。小学教师如何制定自己的专业成长规划书呢？在此，我们向大家推荐一种便捷的"五步走"专业成长规划形成思路，供大家参考。

（一）自我评估阶段——了解自我状况，开展全方位的专业自我分析

知己知彼，百战不殆。了解自己是小学教师并科学地制定教师专业成长规划书的前提，自我评估正是小学教师科学定位自我，全方面了解专业自我，制定出真正属于教师自己的特效教师专业成长规划方案的基础性工作。在此，我们向大家推荐两种自我分析方法。

1. 自我分析方法一——坐标法

坐标法是小学教师在教师"专业自我坐标系"的导引下，对自己进行一次全方位、多维度的自我分析方法。这是一种较为直观、科学、深入的自我分析方法（参见图3-4）。

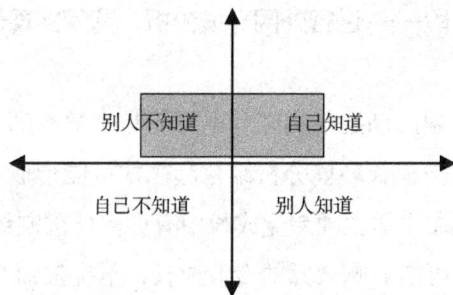

图 3-4　教师自我分析图

还可以参考借鉴 SWOT 分析法（图 3-5）：❶

	优势 S	劣势 W
机会 O	SO 战略（增长性战略）	WO 战略（扭转型战略）
威胁 T	ST 战略（多种经营战略）	WT 战略（防御型战略）

图 3-5　SWOT 分析法

　　小学教师可以据此框架来对自己专业发展的优势与劣势、机会与威胁进行全面分析，并提前准备未来应对这些专业发展困境与威胁的对策与预案。

　　2. 自我分析方法二——反思法

　　小学教师通过自我反诘、自我反思来进行自我分析，也是一种较为可取的专业自我剖析法。为此，小学教师要经常"三问"自己：我是谁？我能干什么？我能干到什么程度？借助这三个问题的自我回答，小学教师就可能对自己的角色、身份、使命、任务等问题进行深入省察与合理界定，就能够对自己的能力阈限与未来发展方向进行准确定位，对自己的专业发展重点进行科学设计与理性规划。在"三问"的基础上，小学教师应该为自己的专业发展进行"三定"，即定目标、定位置（也就是发展水平）、定重点。进而，小学教师就可能借此对自己的专业发展目标、预期发展水平与专业发展重点等进行科学定位，自身专业发展的核心指标就可能由此被确定。同时，借助这些途径，小学教师就能够对个人的智力、能力、兴趣、成就、价值观、学历、资格、经历等进行全面把握。

---

❶　SWOT 分析法 .http://www.baogao8.cn/01020301/dm004_01020301_1.htm.

（二）情境分析阶段——进行外围环境分析，清楚实现规划目标面临的机遇与挑战

教师专业成长规划的制定与实施都不可能是小学教师一厢情愿的事情，它需要教师将自我分析与成长环境分析结合起来才可能形成一种可行、合理、合身的成长规划方案。在小学教师专业成长中有许多外围制约因素值得我们关注，对它们处置不当极有可能影响教师的专业成长，干扰教师专业发展目标的实现。这些因素大致可以分为两类，即可预计可控的因素与不可预计不可控的因素，针对这两种因素，小学教师在成长规划中采取的手段与态度应该有所不同。

首先是可预计可控的因素。这些因素主要包括社会环境、人际关系、学校条件、学习条件、同事态度、国家政策环境等。这些因素显然是直接制约小学教师专业成长的因素，教师必须对这些进行预见性控制，尤其是那些控制性较强的因素，如人际关系、学习条件、同事支持与态度等，小学教师要在规划书中直接把握，并提前做好操作上的准备；而对那些不便控制的因素，如教育政策、教育体制、学校设施等，小学教师要善于利用其积极因素，回避其消极因素，努力做到扬长避短。

其次是不可预计不可控的因素。这些因素主要涉及发展的机会、培训的机遇等。针对这些因素，小学教师要努力去争取，同时做好应对不良后果的心态与行动准备，获得专业发展的主动权。

（三）进程设计阶段——把握小学教师"成长——成熟——成名"的大致阶段

教师专业成长规划的设计应该有阶段性，一般应该按照"成长——成熟——成名"这一大致阶段来设计，力促整个过程的顺利展开。一般而言，小学教师可以按照以下阶段与时段来大致规划自己的专业成长阶段：❶

（1）适应阶段（参加工作1年左右）。

（2）积累阶段（工作开始第3年左右）。

（3）熟手阶段（工作第5年左右）。

（4）高原阶段（工作第5~8年）。

（5）成名阶段（工作第8~12年）。

---

❶ 张恩锋. 如何规划教师职业生涯，http://wenku.baidu.com/view/9ab721343968011ca 3009189.html.

（6）成家阶段（工作第12年以后的一段时间）。

当然，这些阶段只是参照性的，需要小学教师在自我规划时做适当调整，努力形成最适合自己的专业成长规划。

（四）设计个人成长阶段及阶段性发展内容

小学教师专业成长规划拟定的第四个阶段的主要任务是向每个发展阶段框架中填入个人专业成长的具体阶段性发展内容与发展目标。这是教师专业成长规划书制定的核心阶段，是最需要教师去认真揣摩的一个阶段。

在本阶段，我们要求小学教师做好以下两件事情：

1. 阶段设计的具体化

该项工作的具体内容是：确定好个人成长阶段的具体划分，分析要完成这些阶段的发展任务所需要的大致时间。上述教师专业成长阶段只是专家提出的设计建议，小学教师应该在合理归并或个性化延伸基础上形成最适合自己的专业成长阶段设计及推进时间表。

2. 各阶段专业发展具体内容

在阶段性发展内容上，建议小学教师把握好以下四个方面的内容：

（1）提出阶段性发展目标，最好分为最低目标、最高目标两个阶段目标，增加目标设计的弹性。

（2）阶段性发展重点的确定，即按照本阶段的具体任务，设计出合理的发展重点，据此提出各专业发展阶段的中心任务与核心工作。

（3）面临问题分析，即具体分析教师要实现上述任务可能会遭遇的问题、困难与挑战，做好心理准备。

（4）预备性应对策略，即针对上述问题，制定专业发展的现实对策与应对预案，确保整个方案的针对性与可行性。

（5）注意内容设计上的适度弹性，预设一定的弹性专业发展空间，确保阶段性目标与发展内容顺利实现。

（五）制定并实施个人专业成长规划书

制定与实施专业成长规划书是整个规划工作的最后一个阶段，是小学教师需要多方面考虑的一个阶段。

首先是规划书形式的选择。一般而言，小学教师可以利用三种规划书形式，如文本式，即文字化地呈现专业成长规划书的形式；表格式，即利用直观的表格来呈现整个成长规划书的全部内容；图形式，如阶梯式、圆圈式、模型式等，这是利用一系列图例来直观呈现小学教师专业成长规划书的形式。各种规划书形式各有利弊，不一定追求统一化。

其次是严格执行个人专业成长规划书。执行规划是小学教师进行专业成长规划的生命力所在。在专业成长规划执行时，小学教师要从四个方面努力提高规划的执行力，即自己首先要认同、欢迎同事的监督、执行中灵活调整、持之以恒地坚持等。通过这些努力，小学教师就可能将整个规划内容落实在自己的行动中并体现规划制定的实效。

三、小学教师专业成长规划书的案例

案例、实例是帮助小学教师进行科学规划，制定出科学专业成长规划方案的有效依托。在此，我们为大家提供三份教师专业成长规划书供参考。

(一)郑立平老师的教育人生"八五计划"(表3-1)

表3-1　郑立平教育人生"八五计划"❶

发展规划	阶段特征	事业追求	主要任务
第一个五年计划	模仿与创新阶段	定位	正确认识自我，确立职业方向
第二个五年计划	创新与徘徊阶段	立足	扎根教育教学，获得环境认可
第三个五年计划	徘徊与突破阶段	出色	注重创新开拓，拿出优异业绩
第四个五年计划	突破与成熟阶段	成功	提升专业能力，自信面对工作
第五个五年计划	成熟与升华阶段	拓展	丰富教学艺术，寻求理论创新
第六个五年计划	升华与充实阶段	收获	提炼成长经验，形成教育思想
第七个五年计划	充实与超越阶段	新生	快乐读书学习，坚守教育梦想
第八个五年计划	超越与沉醉阶段	完美	享受精神富足，追求幸福人生

❶ 郑立平．规划职业生涯，实现专业发展，http://banzhurenxinyu.blog.163.com/blog/ static/183264 3502011416610328272.

(二) 张华老师的语文名师成长规划 (表3-2)

表3-2　张华老师的语文名师成长规划 ❶

总体目标	1. 成为一名专业知识过硬的好教师，并且要博学广识，在知识上达到让学生仰望的高度。 2. 掌握系统的教育理论，缩短和优秀同行间的距离，向大师的身边靠近，努力做个专家级的教师，摆脱教书的被动状态，多做研究与思考。 3. 掌握一定的教育教学智慧，能机智灵活地处理各种教育教学中的突发事件，做个智慧型教师。 4. 在时下双案导学的课堂改革大潮中，形成有自我特色的教学之路，并起到有效的引领作用。 5. 能走进学生心灵，跨越和学生沟通的障碍，做个永远年轻有活力的好教师，能灵活地掌握各种与学生沟通的技巧。 6. 做个心理健康，心里永远都有阳光的现代教师。能够豁达地面对各种不堪的现状，始终如一的平和。 7. 利用上级部门提供的优越条件，带领出一支本领过硬、师德高尚的名师团队，并且要有一定的影响力。 8. 让工作室与网站成为我的一个代表品牌。
阶段目标	名师有三年的时间来重塑与提升自己。感谢教育局给予的积极广泛的支持。三年内，我打算除了读完教委给我们发的 10 本书外，广泛涉猎本学科及相关领域的书籍 10 本，撰写不少于 15 万字的读书心得、反思、随笔等。 第一阶段 (2011 年 9 月至 2012 年 9 月)，努力学习，潜心积淀自己，组建团队，制定相应的管理措施，制定研究课题，并初步实施阶段。 1. 在干好本职工作的同时，要能够耐得住寂寞，多些时间读书，远离俗世的纷杂与浮华，认真学习，做好读书笔记，丰富自己的学识，完善个人教育理论的积淀。 2. 勤于思考当下的课堂改革，积极探索科学有效的教学方式和方法。 3. 组建工作室，筹建团队建设，充实名师网站，完善团队的管理机制。 4. 开始课题的研究工作，听课摸底，定期汇报工作室研究的阶段成果。 5. 承担送课下乡任务，在推广经验的基础上，扩大工作室成员的影响。 第二阶段，(2012 年 9 月至 2013 年 9 月)，大胆实践，成就特色教师，带领团队潜心研究，踏实工作，活跃团队的精神，形成合力，凝聚向心力。进一步开展课题的研究工作，为第三阶段成果的汇报与推广做准备。

---

❶　张华名师工作室，http://msgzs.jlthjy.com/zh/ShowArticle.asp?ArticleID=6841.

阶段目标	1. 积极参加学校和上级组织的教学研究活动,在活动中充分发挥名师的引领和辐射作用,首先带领本校语文组走出自己的特色。 2. 加强自己的领导组织能力,不断地摸索经验,完善主持人的水平,带好工作室这个团队。 3. 积极探索适合双案导学理念下的有效教学方式方法,形成自己的路子,全面提升学生的水平。 4. 带领工作室成员,积极开展对课题的研究工作。 5. 重视对好课的研究、实践,在探索、感悟、反思中继续丰富自己,使自己成为一个研究型教师。 6. 积极思考,大胆实践,按部就班地开展团队工作,用团队的智慧来引领学科的发展,积淀教育教学智慧,为打造品牌做好铺垫。 7. 通过做公开课,送课下乡,做报告,撰写论文等形式强化课题成果的实施。 第三阶段(2013年9月至2014年9月),回顾反思,不断梳理升华整理阶段。 1. 通过撰写论文,写教学故事等手段,扩大自己的视野和个人的知名度。 2. 专业知识与先进的教育理论相结合,有自己的教学风格和特色。 3. 扩大我所带的团队的影响力,积极地走出去,扩大视野,提升成员自信,让名师引领作用发挥实效。 4. 收集、整理资料,梳理三年来的工作历程,做好总结汇报。 5. 以观摩课、报告等形式推广课题研究成果。
实施步骤	"不积跬步无以至千里,不积小流无以成江海。"在这个日益喧嚣的时代,加之已人到中年,潜心无骛的学习更需要对事业的一份赤诚。 1. 端正思想,充分认识自己肩上的这份使命,有一个打好三年持久战的决心,树立自信心,以极大的热情投入到新的工作、学习中。 2. 把每一个环节做好做细,精心地设计规划今后的成长思路。从眼前入手,放眼于长久,克服推、等、靠的惰性思想,积极主动地投入到新一轮的工作中。 3. 致力于学习,使其成为毕生的责任与义务,树立终身学习的观念,培养读书钻研的良好习惯,读书不是装潢,而是生命的常态。 4. 在广泛的学习中拓宽视野,提升高度。 5. 努力实践,勤于耕耘,带领团队踏实工作。 6. 做好材料的收集、整理、发表工作。 ……

(三) 某教师的语文个人专业成长规划 (表3-3)

表3-3 某教师的语文个人专业成长规划 ❶

一、发展目标

力求由专业型、经验型教师向研究型、学者型教师转变。

二、个人基本情况 (此处省略)

三、教育格言

眼中有孩子，心中有目标，行中有真情，随时有教育！

四、专业发展条件分析

1. 内部条件

(1) 本人热爱教育工作，任劳任怨，恪守职责。在工作中能严格要求自己，认真履行学校的各项规章制度，有高度的责任心，教学质量名列学校前茅，曾被评为"二七区优秀教师"、"二七区教育教学先进个人"等荣誉称号。

(2) 具有较深厚的教学基本功和灵活的教学技巧，所授公开课多次荣获市、区级优质课一等奖。

(3) 虚心好学，积极进取，具有一定的专业研究素质，自参加工作以来已有多篇学科成果、论文、教学设计在市区级评比中获奖，辅导的学生多次在"华杯赛"中获奖。

(4) 能够坚持书写教学反思，连续两次荣获郑州教育博客教学类优秀奖。

2. 外部条件

(1) 在区教体局"多彩教育"理念和"三大主题""六名工程"整体思路的指引下，青年教师专业素养的发展环境良好，学校能够为教师迅速成长提供必备舆论和物质上的支持。上级教育管理与业务指导部门及学校已初步形成和建立起多种教学资源库和网络等服务设施。

(2) 身为二七区小学数学名学科共同体成员，越来越多的优秀教师能够聚在一起，成为合作伙伴，为相互学习搭建了一个良好的平台。

(3) 学校管理宽松、民主，校园人际关系氛围和谐。

(4) 近年来，有更多的机会走出去，学习先进教育地区的好的经验和做法。

五、专业发展目标确定

教师的专业化是一个全面努力、不断前进的发展过程，也是一个内容不断丰富完善的积累过程。为此，近三年，我将从以下四个方面提升自己的专业能力和学科素养。

1. 加强理论学习，加快专业成长步伐。

理论是实践的向导，是专业发展的基础。近三年，我计划每年读2~4本教育教学理论专著，不断完善自身的知识结构。

---

❶ 教师个人成长计划书，http://blog.zzedu.net.cn/user1/mz-wjt/archives/2012/491664.html.

2.转变教师角色，树立服务学生意识。

教育工作是为人类谋求福利的社会公益事业。教师这一职业必须以教育为宗旨，促进人的全面发展，我认为只有树立为学生服务的意识，才能确立学生的主体地位，把课堂和学习真正完整地还给学生。教学中我将通过不断反思、盘点等一系列内省性活动来完善自己的教学行为，获得创新和超越的活力。

3.深入学习研究新课标，以新课标引领自己的教学。

重视对有效课堂的研究、实践，在探索、感悟、反思中不断提高自己的课堂驾驭能力，养成多思多想多写的习惯，从而形成自己的教学风格。争取参与市区级的公开课并参加市区里的比赛。

4.明确专业研修方向，建设专业发展领域。

为了实现专业的深入发展，我将珍惜和把握每一次外出交流学习的机会，学会与同伴合作，向更多的前辈、专家、同行学习，使自己的专业视野更宽广，进而来扩充自己的专业实践内涵，形成自己的专业发展领域，三年内争取被评为名师。

六、实施的具体措施

1.每年撰写1~2篇教育教学论文和案例，并争取在市、区级评比中获奖，以提升理论修养；三年内有1~2篇教育论文在省级评比中获奖。

2.将教育教学反思及时整理成文，向相关教研员、专家请教，以期获得专业引领。

3.每天坚持一小时的读书、阅报、摘抄笔记等学习活动。

4.坚持课堂教学有效性的研究，带头上研究课、观摩课，争取在市区级评课中获奖，形成自己的教学风格。

5.主动开展传、帮、带，积极引领学校青年教师的专业成长，通过"拜师带徒"活动，培养出1~2名校级青年骨干教师。

在今后的教育教学中，我将再接再厉，不断进行学习，提升自身素养。同时注重培养学生自主学习的好习惯，培养学生的创新精神和实践能力。立足根本，放眼未来，为新时期二七的教育事业贡献自己的力量。

第四章　小学教师的专业态度与信念

专业人员的专业性不仅体现在其拥有的专业知识、专业能力上，还体现在他们对待从事工作的专业态度上。尽管专业态度相比于专业知识、能力而言，是一个较为柔性的专业性指标，但其在教师专业人员的发展上却具有潜在而又持久的促进意义。小学教师作为专业人员亦是如此，对待小学教育工作的态度决定着小学教师专业发展的水平与境界。

第一节　小学教师的学生观

小学教师的专业态度基于其专业的学生观，科学、深入、准确的学生观是正确的教师专业态度形成的根源。同时，小学生是小学教师的直接服务对象，是教师工作效能的检验者，小学教师如何认识小学生，如何理解他们的潜能与心理，隐性地建构着教师的教育行动。

一、学生观及其构成

小学教师的学生观实际上关涉着两个问题，即小学教师如何认识学生？如何认识小学生？学生观与小学生观是小学教师科学学生观的两个重要内容。

(一) 学生观

所谓学生观，是指教师对学生在教育教学过程中的属性与地位的基本看法，它支配着教师的教育行为，决定着教师的工作态度与工作方式。学生观的形成基础是学生在教育中的客观地位，学生观的主要内容是教师对待学生的一系列理念与看法；学生地位是客观的，而教师对学生地位的看法却是主观的。在现代学生观中，许多学者与教师通常认为：学生是人，是具有特殊社会性与精神性需要的"社会人"；学生不是一般人，而是发展中的人，相对其他年龄段的人群而言，学生具有较强的可塑性与超强的学习力；学生作为"特殊人"，他们具有一定的独特性，如独特的思维方式、独特的生活方式与发展需要；学生是有血、有肉、有感情的人，而非一个机器或一个冷血动物；学生是有创造力、爆发力与成长力的人，学生时代是人的想象力、创造力与成长力最强的时代；学生是以学习间接知识为己任的专职学习者与教育活动主体，学习是他们真真正正的主业等。

(二) 学生观的基本构成

一般来看，完整的学生观具有一个立体结构，它涉及各个方面的内容，直接与他们在教育教学中的地位关联。应该说，学生观的基础构成是教师对学生地位的看法，教师如何在心目中摆正学生的地位是学生观的实质内容。在此，我们沿着这一线索把学生观分析为四个组成部分：

（1）生命地位观，即教师如何看待与学生生命的存在和发展直接相关的因素，如学生的身心健康、安全等的重要性以及教师对这些因素重要性的认识水平。

（2）法律地位观，即教师如何看待学生在法律上享有的相关权益，如何从法律的角度思考教师与学生间的社会关系问题。

（3）个体地位观，即在学校生活环境中，教师如何看待学生作为社会个体应该享有的待遇与权利，如何认识作为独立个体意义上的每个独特的学生。

（4）教育地位观，即教师如何看待教育环境，尤其是课堂教学环境中师生之间的主从关系、教育关系与交往关系等。

教师的学生观是上述四个维度，即生命地位观、法律地位观、个体地位观、教育地位观等构成的统一体。其中，教育地位观是决定教师教育行为的核心观念，是教师的学生观的内核构成，其他三种学生观间接影响着教师的具体学生观样态。

(三) 小学生的特点

在小学教师的生活中，小学生是教师的工作对象，他们如何认识、理解、对待小学生是其专业态度形成的基础。在我国一般认为，小学生特指6~12岁且在小学教育机构中就读的学习者或学龄儿童。这是一个特殊的年龄段，小学生在身心上会表现出以下一些发展性特征：

1. 体质特征

在体质上，小学生总体而言体质较弱，肌肉、骨骼、生理、神经等系统及其机能正处在形成与发育中，他们需要教师特别的呵护与关怀才可能顺利成长，促进他们身体的健康发育、不受伤害是小学教师的重要任务。

2. 认知特征

在认知上，小学生的思维方式以直观形象思维与具体形象思维为主，他们的无意注意、机械记忆、不随意想象等占优势，其学习活动容易受到好奇心、兴趣、即时动机等因素的干扰，学习活动的自觉性、自控性与自主性较弱。

3. 人格特征

在人格上，小学生活泼好动，好奇心强，容易冲动，比较好学，求异求新，易受暗示，好胜心强，对父母的依赖性强，自我意识正处在形成中，稳定、独立、自主的人格系统还没有在他们身上形成。

二、小学教师的科学学生观

作为小学教师，他们应该树立哪些科学学生观呢？依据上述学生观结构，结合《小学教师专业标准》精神，本书认为当代小学教师应该自觉树立以下四种科学学生观。

(一)"生命第一"的生命地位观

小学生的身体脆弱，自我保护意识弱，身体发展迅速，易受外界诱因诱惑，因此，小学教师的首要学生观是小学生"生命第一"的生命地位观。这一学生观主要包括以下含义：在工作中，教师要重视小学生的身心健康，时刻将他们的身心健康记在心上，时刻关注他们的身心发展状况；在学校生活中，教师要时刻把小学生的生命安全放在首位，安全警钟长鸣，及时教给小学生必要的安全知识与自我保护知识，为小学生身心发展创造一个安全的环境；在教育教学工作中，教师要精细地关心与保护学生，尽可能杜绝学校时间中的安全漏洞，教给他们用眼用脑卫生知识，将学生安全工作视为长期任务，坚持常常抓、事事抓、时时抓，将确保小学生生命安全作为第一要务。

(二) 平等尊重的法律地位观

尽管小学教师与小学生在知识上、年龄上有差异，但在学校生活中，师生在人格、法律上是平等的关系，小学教师必须自觉尊重小学生的合法权益与独立人格。

一方面，教师要尊重小学生的独立人格与合法权益，不允许自己在言行上出现逾越《教育法》《教师法》规定的不合法行为。小学教师不仅要尊重小学生的独立人格和合法权益，尊重小学生的学习权与发展权，还要坚持"两不原则"，即在教育教学中坚持不讽刺、不挖苦、不歧视小学生的原则，坚持不体罚或变相体罚小学生的原则，把小学生真正放在平等的地位上来对待。

另一方面，教师要平等对待每一个小学生，对所有学生一视同仁，不允许从个人情感或私人恩怨出发过于偏袒部分优等学生而冷落其他学生，如后进生等。当然，教育平等绝非平分秋色、平起平坐，而是在树立必要教育权威，特别关乎"两极学生"，即后进生与优秀生的基础上尽可能让每个小学生在课堂中获得自己最大化、最优化的发展。

(三) 承认差异的个体地位观

在教育活动中，我们必须承认差异，承认小学生之间存在智力、学力、知识、经验、能力等方面的客观差异。在学校中，每一个小学生都是独特的"那一个"，都有自己的独特性，即个体差异性，小学教师只有切实尊重这种差异，才可能让所有小学生在学校课堂中实现各得其所的发展。在教育教学活动中，小学教师要尊重学生间的个体差异，必要时还要主动了解和满足有益于小学生身心发展的不同需求，力求做到既照顾他们的客观差异，又照顾他们的主观差异。小学教师尊重学生差异还包括信任每个小学生个体的潜力，相信他们通过自己的努力可以缩小彼此间的知识差异与能力差距。因此，通过因材施教来促使小学生实现个性化的发展，积极培育小学生的特长，是小学教师工作的重要任务。

(四) 学生主体的教育地位观

在教学中，小学生是学习活动的主体，是学习活动的直接承担者与学习效果的直接责任人，尊重小学生的教育主体地位是小学教育活动顺利推进的客观要求。为此，小学教师要和学校一起积极创造条件，让小学生扮演起学习主人的角色，让他们去拥有快乐的学校生活。同时，小学教师还必须相信"教育即服务"的教育观，将满足小学生的学习需要视为自己的重任，主动为小学生的学习活动提供便利、搭建平台。最后，小学教师还应该认识到：师生之间是主体间的交往与对话关系，小学教师要在课堂上与小学生深入、全方面地开展交流与沟通，尽可能摒弃灌输式、填鸭式的教学理念，促使小学生自主、活泼、快乐地参与到课堂活动中来。

三、小学教师树立科学学生观的意义

小学教师树立科学的学生观具有多方面的意义，无论是在教学活动的开展、教育方法的选择上，还是在教师角色的确立、教学活动的变革上，都具有积极的意义。

(一) 树立科学的学生观有助于小学教师正确确定教育教学活动的起点与目标

小学教育教学活动的起点与终点都是小学生，促使小学生在教育教学活动中发生较大、积极、正向的转变是小学教师工作的价值所在。然而，小学生的发展起点如何？学生在教育活动中能够实现哪些发展变化？小学生身心发展中的哪些积极因素有助于促使这一发展目标的实现？这都需要小学教师树立科学的学生观才行。现代学生观告诉我们：小学生是具有较强发展力、创造力的学习者，小学教育教学活动的开展是将他们的这些发展力、创造力呈现出来的重要舞台与环境条件，因此，小学教师的工作就具有了科学性与方向性。

(二) 树立科学的学生观有助于小学教师形成正确的教育态度与教育方法

小学教师的专业工作态度直接来自学生的期待、学校的要求与教师的使命，间接来自小学教师的学生观。如果一个小学教师认为小学生只是知识的容器、教师的听筒而已，那么，其所认同的教育态度就可能是自我中心、消极应付式的；如果一名小学教师认为小学生在课堂中是知识的积极建构者，是具有很强智慧爆发力的特殊学习者，那么，他就可能尊重小学生的学习需要与发展方式，一种民主、科学的教学观念与工作态度就很容易在教师的身上形成。所以，科学的学生观对小学教师工作态度的形成并非一种"捕风捉影"式的关联，而是具有内在关联的实质关系。

(三) 树立科学的学生观有助于小学教师更好地设定自己的教育角色

小学教师如何认识小学生，就会有意无意地采取相应的方式来对待自己的工作；小学教师如何看待小学生，就会无形中选择自己在教育工作中的角色定位。作为一位优秀的小学教师，他绝不会把小学生视为自己的影子或"跟屁虫"，不会把小学生视为"毫无生活经验的学习者"，而会相信小学生具有无穷的创造力与能动性，进而自觉地在小学生面前甘当"小学生"，自觉向他们求取教学的真经。实际上，学生怎么学，教师就应该怎么教；最先进的学习理念、教学理念是由小学生无形掌控的，是潜藏在小学生的学习需要与学习方式之中的，而非小学教师的头脑中。一旦小学教师以学习者、引导者、助学者的角色出现在课堂中，其教学的效能、德育的效果就可能大大提高。

(四) 树立科学的学生观有助于促使小学教师的教育教学活动发生专业化、科学化、针对性的转变

科学的学生观不仅是小学教师的角色导航、态度导航，还是其教育教学活动的导航仪。小学教师如何开展教育教学活动，不仅需要依靠其所掌握的教育理念、教育知识、教育能力，还要依靠他们"心中的学生"，即学生观。从根源上看，学生观是教育观的母体，教育观念是教师的教育活动样态的母体，一个教师的学生观从根源上决定着他的教育教学活动。教师的教育教学活动是否科学，表面上要看这些活动是否符合教育教学的规律、常识与道理，根本上要看这些教育教学活动中折射出来的学生观。只要小学教师秉持的学生观是科学的，他就可能从根本上确立起科学的教育教学目标，选取科学的教育教学方式，达到长效性的教育教学活动效果。所以，小学教师科学学生观有助于教师从根本上确立、校正自己的教育教学活动方式，促使其教育观念与教育行为发生科学化、合理化的转变。

第二节　小学教师专业态度的培养

小学教师的专业态度在是科学的学生观指导下形成的。自觉培养并改进其

专业态度，形成现代小学教育事业需要的专业态度体系，是小学教师专业发展的重要一环。本节中，我们将围绕教师专业态度的内涵、内容及其意义等问题做探讨。

一、小学教师的专业态度

科学认识教师的工作态度与专业态度之间的区别是我们展开小学教师专业态度探寻的认识基础。小学教师的专业态度源自其工作态度，并超越了他的工作态度，二者之间存在着一种直接关联。

(一) 教师的工作态度

正确的工作态度是教师投入到工作中去的主观条件，积极的工作态度能够提高教师的工作效率与质量。所谓工作态度，是指教师对教育情境中的人、事、物、情景、观念或个人所持有的积极或消极地并准备采取行动或选择规避的心理倾向。工作态度一般由认知、情感和意向三个因素构成，三者耦合构成了教师工作态度的"三维结构"。

在教师工作态度中，上述三个要素间存在着相互作用、相互支撑的关系：工作认知是教师工作态度形成的基础，对工作属性、内容、重要性的深入认识能够加深教师的工作态度形成；工作情感对工作态度的形成具有调节作用，对工作的热爱与执着是教师的工作态度始终保持积极水平的支撑；工作意向是指与态度一致的行为准备状态，是教师积极趋向工作目标，完成工作任务的心态基础，是促使教师把工作态度转变成为行为的重要内驱力。

(二) 教师的专业态度

工作态度是一般教师都会产生的一种态度类型，只要教师面临教育工作，进入教育情境，就必然会对教育环境中的人、事、物产生一定的主观态度与倾向。专业态度则不一样，尽管它是建立在教师的工作态度基础上的，但这种态度的水平与品质显然是优于一般教师的工作态度的。所谓教师的专业态度，即教师专业的工作态度，是教师作为专业人员对待教育教学工作应有的正确态度与积极心态，是教师在专业追求中伴生的各种倾向与心态，具体包括两大方面——教师的教育态度与教学态度。教师的主要工作是教书育人，即"思想道德教育＋知识技能教学"，故"教师的专业态度＝专业的教育态度＋专业的教学态度"。

(三) 小学教师专业态度的实践表现

在教育教学工作中，小学教师的专业态度体现在各个方面，如工作追求、工作状态、工作心态、工作质量等。小学教师在这些工作方面的专业性体现就是其专业态度。在此，我们对这些专业态度做以下简单的列举。

1. 对工作追求上进、精益求精

工作的目标决定工作的追求。在一般教育教学工作中，教师追求的是完成任务、履行职责，而在专业的教育教学工作中，小学教师追求的是卓越的教学效果，追求的是专精的教育教学方式，追求的是创造性的卓越工作表现，如此即教师的工作态度就达到了专业性的水平。在这一层面上，教师专业态度的表现就是追求上进、精益求精、志向完善。具有专业态度的小学教师就好似一颗"钉子"，他能够在小学教育教学阵地中勤学不辍、研究不辍、奋进不辍，不断向一种更为理想的专业境界迈进。没有最好，只有更好；始终在超越，从未止步过，从未满足过。这就是小学教师专业态度的具体体现。

2. 对工作兢兢业业、一丝不苟

在专业态度的支持下，小学教师对待工作的态度是勤勉、严谨的，是全身心投入的。教师在工作中关乎每一个教育教学细节的精华，无论大事小事都抱以认真、钻研、完善的心态，他们的工作状态始终处在持续改进中。在教育教学实践中，不放过每一个细节与环节，不忽略每一个教学工作的节点与内容，从细微之处提升教育教学工作的品质，是小学教师专业态度的直接体现。

3. 对工作脚踏实地、严谨务实

小学教师专业态度的另一重要体现是"实"，即实实在在地做事，踏踏实实地工作，务实求实地实践。在日常工作中，没有任何虚饰与浮夸，始终抱着谦虚、学习、谨慎的心态对待工作。求实、务实、尚实是小学教师专业态度的重要内容。实实在在地推进教学改革，实实在在地提高教学效能，实实在在地推进各项工作，是小学教师专业态度的实在内涵。

4. 对工作爱岗敬业、尽职尽责

小学教师的专业态度还体现在它的岗位责任意识上，体现在它的职责意识上。岗位是小学教师的各项具体工作、事务的集成，对待岗位职责的态度是小学教师专业态度的集中体现。对具有专业态度的小学教师而言，忠于职守是因为他们对教育事业的无限热爱，而非出自各种外来制度性要求的规约与强制。这些小学教师具有极强的工作责任意识，他们把自己的职责看得高于一切，牢记教书育人是自身的使命与追求，勇于担当职责、努力有所作为是教师专业人员的卓异品性。

二、现代小学教师专业态度的基本内容

那么，当代小学教师到底要去自觉培养哪些专业态度呢？这是每一位当代小学教师必然会去积极关注的一个问题。小学教师的专业态度不仅表现在他们对教书育人工作的专业态度上，还表现在他们对待工作对象、教育理念等的专业态度上。在此，我们将之分为五个方面加以阐述。

(一) 育人意识

教书育人是教师的天职，相对而言，"育人"比"教书"更为根本，毕竟每个小学生不一定成才，但一定要"成人"。促使小学生成长为一个道德过关、心灵纯洁的好公民、好国民，是小学教师全部教育教学工作的立基点。小学教师的专业态度首先体现在他的育人意识上，即能否坚持育人首位原则，能否将育人工作落到实处，能否坚持全面育人的教育理念。小学教师专业的育人意识主要体现在三个方面：育人为本、德育为先的意识，具体体现在落实德育的地位、把握育人的规律、追求育人的实效等方面；"三维"育人，立体推进的意识，具体表现为将学生的知识学习、能力发展与品德养成三位一体，落实全方位育人的理念，整合德育活动、课程教学、班集体活动、课外生活、总务后勤、社会实践等的育人功能；全人教育、全面育人，即对人的思想、道德、精神、人格、智力等进行全面培育，努力提高教师的育人观念，把小学生真正作为一个"全人"来培养，而非仅仅关注他们的成绩、知识与应试能力。

(二) 科学意识

育人意识关涉着小学教师的工作方向问题，科学意识关涉的是小学教师的工作方式、工作水平问题。科学的理念、科学的方式是小学教师专业性的核心内涵，它主要涉及的是小学教师的教育教学工作艺术与方式的问题。科学性的基本含义是按照事物发展的规律来开展实践，因此，小学教师的科学意识主要

体现在他能否按照教育教学的相关规律来组织教育教学工作。小学教师的科学意识主要包括：教师要尊重教育规律，按照教育规律办事，将教学工作的推进建立在科学的教育教学理念之上，尽可能减少工作的经验性与随意性，提高教育教学工作的科学化水平；小学教师要尊重小学生的身心发展规律，教学工作目标的达成要关注小学生的身心发展可能性，教学工作方式的选择要考虑小学生的身心发展方式，严格按照小学生的身心发展规律、学习规律来组织教学；教师在教育教学工作中要坚持求真、求精、创新的精神，因为对规律的遵循不是墨守成规，不是夸夸其谈，而是要利用规律，联系实际，尽可能实现教师工作的能动性与教育规律的客观性之间的复合。

(三) 生本意识

以生为本、关注学生是现代小学教育教学发展的要求，是小学教育教学规律的体现，树立以生为本意识是小学教师把工作做好，做到专业化水平的客观要求。在工作中树立"以生为本"意识要求小学教师从以下五个方面自觉践行这一理念：

其一，小学教师要为每一个小学生提供适合的教育教学服务，坚持为小学生的身心发展提供优质服务与动力支持。

其二，小学教师要引导小学生深度参与学习活动，体验学习的乐趣，把学习尽可能当作自己的事情，而非把学习活动当作一项别人强加的苦差事。

其三，小学教师要善于保护小学生的求知欲和好奇心，让他们在学习中体验成长的快乐，收获学习的成就感，感受到学习对他们成长的真实促进功能。

其四，小学教师要自觉培养小学生的广泛兴趣、动手能力和探究精神，增强小学生学习的主动性与自觉性，不断增强小学生的学习内驱力。

其五，小学教师要相信：学生是最重要的课程资源，发动学生、利用学生、依靠学生、服务学生、成就学生是当代小学教育理念的精髓。

(四) 导学意识

落实教师生本意识的关键是强化教师的导学意识。在现代教育教学工作中，小学教师与小学生之间是主体间平等对话关系，教师的主要功能是在教育对话中引导小学生的学习活动，促使其知识、思维、精神、行为等发生积极的转变。换言之，只有在学习发生的地方，教师的教学活动才可能生效，没有小学生学习活动，尤其是心灵、精神等参与的课堂，教师的教育教学活动根本不可能生效。因此，导学者是小学教师的课堂角色，导学是小学教师的核心任务，导学意识是教师专业意识的重要构成。在教育教学活动中，小学教师要善于引导小学生学会学习，让小学生成为学习活动的专家；要自觉养成小学生的良好学习习惯，帮助他们树立"三学"统一的教学目标，即让小学生在"学会——会学——乐学"中构建学习活动良性循环，让学习活动成为小学生的自主过程，尽可能减少小学教师对整个学习活动过程的主宰与控制；小学教师必须时刻清楚自己的身份，即"助学者"身份，不可过分夸大自身在小学生学习中的功能，以免影响小学生学习效果的形成。

(五) 积极心态

在教学活动中，小学教师还必须具备积极的心态，这是小学教师专业态度的必需内容。这不仅因为小学教育工作的对象——小学生是活泼可爱的学习者，他们自身具有阳光的心态与精神，还在于教师的积极心态是提高教师工作效果，助推小学教师专业发展的一股重要力量。小学教师的积极心态体现在许多方面，如对待事业上，有乐教的心态，把教育事业当作一件快乐的事情，以育人为乐，以教书为乐，是培养小学教师工作情趣的需要；对待学生时，始终保持一颗阳光的心态，始终用乐观、开朗、宽容、理解等心态对待小学生，对待身边的其他人，让与他相处的每一个人感受到积极心态的感染；对待工作上，始终保持一种追求上进的心态，把研究、学习、创新、变革当作自己教育生活的主题；在教育教学实践中改变自己、发展自己、提升自己，不断超越自己的现状，迎接更为辉煌的未来；对待学习时，小学教师要把求精意识列入自己的追求，精益求精、追求上进，把平凡的事情做得不平凡，始终用"精心、精细、精品"的理念来要求自己，来指导自己的工作方式，努力把每一项工作都做到最优化的水平。

三、培育小学教师专业态度的积极意义与现实道路

对小学教师专业发展而言，培育小学教师专业态度具有多重现实意义，它实际上是小学教师专业发展的发动机与导航仪。只有在积极专业态度的导引下，小学教师的专业行动才可能具有更为明确的方向与力量，专业态度是决定小学

教师专业发展水准的重要因素。

(一) 积极意义

小学教师专业态度培育的积极意义主要体现在它对教师工作行为、价值取向与思想观念的多方面影响中。

1. 专业态度是小学教师专业持续快速发展的精神支撑

小学教师专业发展不是瞬间就可能完成的，它需要长期、持续、深入的专业学习与专业实践才可能完成，终身性是小学教师专业发展的明显特征之一。在这一过程中，教师用什么态度对待自身专业发展问题，决定着他们能否将这一发展过程进行下去，决定着他们能够将此项活动坚持多久。在一名对小学教育事业充满热诚与爱心的教师身上，这种热忱与爱心能够给其专业发展实践注入不竭的精神能量，进而支撑起教师一生的专业成长进程。

2. 专业态度是小学教师做好教育工作的基本条件

态度决定成功。教师用什么态度面对教育教学工作，就决定了他能够把教育工作做到何种专业化水平。专业态度从许多方面决定着小学教师的工作状态与工作效果，甚至决定着其个人专业发展命运。从直接意义上看，小学教师的专业态度能够决定他的专业行为，一种相对科学的教育态度能够促使教师做出专业的决策与思考，进而生成专业的行动，提高教师的教育行为成功率；反之，非专业的工作态度会使小学教师的工作效能大打折扣，阻碍教师专业的深入发展。同时，教师的专业态度还直接决定着他们对教育工作的价值取向：当教师用积极、健康、科学的教育态度来审视教育实践，思考教育问题，他们就可能对教育活动形成更为积极、正向的价值倾向，直接助推小学教师的专业价值系统重构。最后，小学教师的专业态度还影响着他们教育观念的形成。一个热爱小学教育事业、对工作满腔热情的小学教师，在他身上我们看到的教育观念始终是具有实践变革力的。人的观念与态度之间其实存在着一种交互影响关系：正确的教育观念有助于教师的科学工作态度形成，而执着、积极的工作态度也有助于小学教师改进自己的教育观念，毕竟教育事业是一项人文性色彩非常浓厚的事业，罗森塔尔的"期待效应"证明了教师的工作态度与其教育观念、教育行为之间存在的微妙呼应关系。

3. 专业态度是小学教师职业成功的主观保障

专业的工作态度就是把一项工作做到最优、做到极致、做到精专境界的态度，具备专业的态度是教师职业成功的精神保障。态度的力量就是一种精神的能量，就是激励人不断上进、勇于求索的力量。在教师专业态度的影响下，教师的平凡教育生活会变得不再寻常，因为这种积极的工作态度彻底改变了他们对教育工作的看法、理解与价值基调。在教育工作中，小学教师如果能够用育人的目的、积极的心态、助学（即帮助学生学习）的意识来看待教育工作中的一切问题，他的整个教育世界可能会充满阳光，由此激起小学教师的不竭发展动力，催生他的专业卓见，促使他不断迈向专业成熟与成功的发展目标。

(二) 现实道路

小学教师专业态度培育的现实道路是多样化的，无论是吸收新理念、接触新案例、体验职业生活，还是开展教育研究、改变职业情趣，都能够改变小学教师的专业态度，达到净化、升华教师专业态度的目的。

1. 学习先进教育理念

实践证明：人的认知是能够改变其态度的，美国心理学家埃利斯创建的"ABC 态度模型"正说明了这一点。该理论认为：态度是由感情（affect）、行为反应倾向（behaviour tendency）和认知（cognition）三种成分组成，人的态度学习的标准线路是："认知→感情→行为"。❶费斯廷格的认知失调理论也证明了这一点。因此，小学教师不断接近、学习、了解新教育理论、新教育观念，就能够不断改变其对待教育工作的专业态度。当前，随着教育理论研究专业化发展趋势的日益明显，大量科学教育理论被生产出来，人类正步入"教育理论爆发"的新教育时代。在这种情况下，小学教师必须经常利用各种途径，如网络课堂、专业培训、专家讲座等来学习新教育理论，学会用教育理论来武装自己。目前，先进教育理论改变教育实践的案例有很多，如建构主义教育理论、生活教育理论、新基础教育理论（叶澜）、生本教育理论（郭思乐）等，它们已经彻底改变了当代我国教育世界的面貌，随着先进教育理论魅力与实力的日益暴露，先进教育理论将成为改变教师工作态度，助推其专业态度形成的一把利器。

---

❶ abc 态度模型 .http://baike.baidu.com/view/5567430.htm.

2.聆听学习者心声

现实地看，最能够转变小学教师工作态度的应该是其亲身教育实践了，尤其是教师在教育实践场景中的切身体验与感受，那才是真正能够改变教师工作态度的教育力量。在教育情境中，对教师工作态度转变最有效果的应该是小学教师聆听到的来自小学生的各种"声音"或"心声"。小学生对理想教师的看法与期待，他们对好教师的见解，他们对教师工作态度的评价与回馈，他们对教育工作的各种认识等，都是能够潜移默化、实实在在地改变小学教师工作态度的力量。应该说，小学生的种种心声是助推小学教师工作态度改变、专业态度形成的核心力量，是撼动小学教师整个心灵世界的强大力量。

3.反省成功教育案例

案例是最直观的一种实例，教育案例就是指在教育世界中展现出来的各种可见、可闻、可感的真实真切的教育故事或教育活动实例。教育案例中记载的是在教育生活中发生的一件件生动感人的教育事件，其最大特点是：真实性、具体性与完整性。每个教育案例都有真实生活世界中的对应人、对应事、对应物，故聆听、欣赏教育案例的教师能够从中获得一种切身感受与切身影响，能够实实在在地转变案例聆听者的工作态度。因此，让小学教师接触一定数量的精品成功教育案例，让他们从真实的案例中感受到教育世界中正在发生的变革、变化，必然有助于小学教师专业态度的形成。

4.体验教职角色生活

对许多教育行业的"业外人士"而言，他们不可能形成对小学教育工作的专业态度，因为他们不相信教育工作中的许多道理与事实。耳闻不如见面，让小学教师亲身体验教师职业生活，感受小学教育工作的方方面面，接受教师职业生活的感染与洗礼，必然是促使小学教师专业态度转变与形成的现实力量。为此，小学教师可以通过体验其他教师，尤其是优秀教师的职业生活，让他们代替优秀教师工作一天，走进他们的教育生活世界，这些小学教师的工作态度可能会发生真正的转变与改进。

5.积极投身教育实验

先进教育理念的孕育者之一是教育实验，先进教师工作态度的形成也必然源自教师立足实践的教育实验。在教育实验中，小学教师能够自觉不自觉地改变对教育事业的认识与体验，其工作态度也会被教育实验的进程与结果所悄然改变。因此，鼓励小学教师参与教育实验，开展课题研究，将教学活动与行动研究合二为一，这是促使小学教师专业态度形成的有效途径之一。教育实验是探究先进教育理念的舞台，进行教育实验研究与改变教师专业态度完全可能实现一体化。小学教师在参与教育实验中一定能够实现个人专业发展与教育研究成果生产的兼顾、同步与双赢，教师专业态度的形成就发生在教育实验过程中。

6. 培养职业情趣

职业情趣是指教师在教育教学工作中形成的独特的生活品位与工作情调。带着一定的职业情趣开展教育工作能够改变小学教师的个人工作体验与生存感受，淡化或超越小学教师的功利化职业追求，强化他们对待教育工作的积极专业态度。所以，具有职业情趣的教师一定是对教育生活有着特殊感受与生活体验的教师，这种感受与体验有助于教师专业态度的形成。当一位小学教师从事教育工作的意图不是单单为了获取薪水或报酬时，他的教育工作价值观会变得更为纯洁、高尚，教师更容易从功利世界中解脱出来，形成一种积极、深刻、单纯的专业态度，促使他实现由一般工作态度向专业态度的飞跃与质变。

第三节　小学教师专业信念的树立

小学教师专业态度的最稳定形态是专业信念，把专业态度固化为专业信念是小学教师将工作做到专业化境界的必由之路。教师专业信念由多方面教育因素构成，小学教师专业信念的培育须从其各个构成要素入手，逐步催生出高水平、专业化、较稳定的专业信念。

一、教师专业信念

从信念到职业信念，再到专业信念，构成了小学教师专业信念形成与升华的谱系与线路。在此，我们从小学教师专业信念的上位概念——信念与职业信念的探究入手来导入对该问题的思考。

(一) 信念与职业信念

所谓信念，是指人们坚信自己所干的事、所追求的目的是正确的，并且打算在任何情况下都毫不动摇地为之奋斗并保持着追求的意向与动机。信念不同于观念、理念，其明显特征是稳定性、牢靠性、坚持性最强，相对而言，一种观念、理念则可能会随着人们认识的深入与教育情境的变化而发生改变。

将"信念"这一概念具体化到职业领域，就形成了"职业信念"这一术语，它是人们在特定职业领域中形成的有关职业价值、职业生活、职业行动等方面的稳定看法。职业信念是指某一职业领域中的从业者认为可以确信并愿意将之作为自身行动指南的相对稳定的职业认识或职业观念。例如，农民的职业信念可能是改良土壤，科学生产，提高生产率；网络管理员的职业信念可能是相信网络管理的必要性，坚决改善网络性能，维护网络安全等。当然，每一个职业人的职业信念不只是一个，它可能在不同的工作环节上提出不同的信念。

(二) 专业信念与教师专业信念

对职业人而言，把一项工作做到最优化、最卓越水平，即专业化水平，最需要的是专业信念，而非一般职业信念。或者说，专业信念是职业信念的升级版与更高级形态。所谓专业信念，就是指特定专业领域中的从业者在对本专业的价值职能、存在意义等的深入认识基础上形成的一些有关专业实践的确信如此、相对稳定的价值观念。相对职业信念而言，专业信念指涉的对象更为具体，指涉的范畴更为狭隘，它仅仅指特定职业领域中最为专门性、独特性、卓异性的职业观念和职业价值观等。

在本书中，我们更为关注的是"教师专业信念"，这是我们探究的主题。教师专业信念是指教师自己确信如此并执着信奉的有关教育教学活动、教育对象、教育价值等方面的思想观点，是根植于自身教学经验、体验并为教师所认可的教学理念，是教师对教育活动认真思考、长期践行后形成的对教育事业的价值判断和坚信不疑、持续坚守的专业信条。对小学教师而言，专业信念特指小学教师在小学教育教学实践中形成的相对稳定、确信如此的教育理念、教育价值观等。例如，相信小学生有超强的学习潜能，教师的任务是为这种潜能的释放创造机会与条件；相信教师应该热爱小学生、爱岗敬业；相信教师能够为小学生发展提供更好的专业服务；等等。

(三) 小学教师专业信念的特点

小学教师的专业信念不仅具有一般专业信念的特点，还具有自身的特殊性。小学教师的专业信念具有以下五个明显特点。

1. 稳定性

稳定性是小学教师信念的首要特点，只有当一种教育观念在教师心目中达到相对稳定的水平，它才可能被称之为教师专业信念。否则，这种观念、价值、思想观永远不可能上升到信念的水平。一旦一种教育信念在教师身上形成，它很可能在教师身上存续多年，甚至终生不变、永不褪色，成为该小学教师教育观念系统的稳定性与其他教育观念形成的牢靠支撑点。

2. 执着性

从时间上看，小学教师的专业信念体现为稳定性，但从动力特征上看，它则体现为执着性，它是教师在相当长的一段时间内执着信守、一贯坚持与持续追求的专业理念。一种科学的教育信念一旦确立，并不代表着这一教育信念的最终形成，它还需要教师在持续坚守与不断践行中才可能将这种信念在自己的精神系统中固定下来，最终成为教师一生不变的专业信念。

3. 专一性

小学教师专业信念的另一明显特点是专一性，即在某一特定问题上会长时期地，甚至一生不变地坚守某一教育立场，教师不会被其他同类教育信念所迷惑、所撼动、所冲击。专一性是小学教师专业信念在发展过程中表现出来的一个重要特点。一旦这种专业信念对教师的吸引力或教师对它的认同感不够坚定，教师随时都可能放弃这一专业信念，转而选择其他信念，导致这种专一性的弱化或消失，最终从教师的专业信念系统中被删除或自然消失。

4. 长效性

一种教育观念或理念对教师工作态度、工作方式、工作效能的影响一般是即时或短效的，而教师专业信念对其工作实践产生的特殊影响常常是长期有效，甚至持续某一专业发展阶段或教师的教育人生的。在特定时期，即便是教师的教育观念与思想发生了明显变化，他的专业信念很可能继续保持不变。因此，长效性是小学教师专业信念在功能上体现出来的特点之一。

5. 内隐性

从表现来看，教师专业信念一般比较内隐，它深藏在教师的精神系统中，一般人很难察觉。即便有时小学教师自己将之表述了出来，那也不一定是他真正信服并现实坚守的专业信念，"说出来的信念"与"真实运转生效的信念"之间是有差距的。在通常，小学教师对自己的专业信念全然不知却在始终不渝地坚守着它，换言之，只有教师自己在感觉中能够隐隐约约或部分察觉到自己的专业信念。可以说，对小学教师而言，真正的专业信念是只可意会而不可言传，或难以言传的。这是教师专业信念的内隐性所致。

二、专业信念的构成及其对小学教师专业发展的功能

小学教师的专业信念到底是由哪些因素构成的呢？这是我们认清它对小学教师专业发展的现实功能的基础。一谈到"功能"，我们常常探讨的是某一事物对其他事物发展所产生的正向、积极的影响。每一种专业信念都可能对教师专业发展产生各种影响，这些影响中那些相对积极、正面的影响就构成了专业信念的功能。将内涵认识与功能分析放在一起来分析，有助于我们从内、外两个方面形成对小学教师专业信念的全面认识。

(一) 小学教师专业信念的构成

专业信念一般由观念、情意与个性等因素构成，与之相应，小学教师的专业信念是由教育观念、教育情意与教育个性等因素构成的。

1. 教育观念

专业信念的前身是教师的专业观念，那些被教师认可并在他们身上慢慢积淀下来的教育观念就成了教师专业信念的构成要素。教育观念是人们对教育及教育过程中重要问题的基本认识和看法，反映了教师对教育问题的价值取向与价值选择，体现着教师关于"教育应该是怎样"的价值追求。在小学教师专业信念中，教育观念变得日益稳定，成为教师解释身边教育现象、理解周围教育事物的稳定认识。在小学教师的专业信念中，他们的教育观念主要涉及学生观、教育观、教学观等，这些对教师、学生、教学所持有的稳定认识制约着教师的教育行为与教育思想。

2. 教育情意

小学教师专业信念的基础层是教育观念，其内隐层面则是教育情意，即教师在教育教学实践过程中所形成、积累、稳定下来的一种情感倾向，它包括教

师对待教育的意识、态度、情感、情操等。教育观念决定着小学教师看待教育问题的基本看法，而教育情意决定着教师的教育行动方向。当然，在小学教师的专业信念系统中，它所涉及的教育情意绝非一般性、易变动的教育情感与教育意向，而是在长期教育生活中形成的一系列较为稳定的情感与倾向。例如，对待教育工作的热心、对待小学生的爱心等，这些教育情感与意向稳定地塑造着教师的教育活动方式。小学教师专业信念中经常会涉及的教育情意主要包括教师的专业意识、专业态度和专业情操等。

3. 教育个性

专业信念是有个体性特点的，这种个性来自教师的教育个性或秉性。教育个性是指小学教师在稳定的教育理念的驱动下，为实现自己认同的教育理想，实现教师的社会价值与个体价值，在教育教学实践活动中逐步建构起来的个性特征。每一个教师都是有自己的独立教育个性的，它塑造着教师的特色教育方式，影响着教师的教育习性，形塑着教师的专业信念。教师的教育个性主要表现在教师自身的个性品质及其教学风格等方面，特定教育个性的形成是小学教师专业信念形成的标志。

(二) 专业信念对小学教师专业发展的功能

专业信念的确立与培养对小学教师专业发展具有显著功能，一位具有稳固、坚定、科学专业信念的小学教师与一位没有稳固、坚定、科学专业信念的小学教师相比，他们之间教育教学综合素养差距悬殊并会被不断拉大。应该说，小学教师之间专业信念差异是根本上的差异。

1. 提供教师教育行为的持续动力

专业信念的形成能够为小学教师的教育实践提供持续的动力支持，这是因为：一方面，信念就是个人奋斗的目标，教师的专业信念中蕴含着他们自身对好教师、好教学、好学生的理解，这种"好"的观念一旦确立，它会有形无形地改变小学教师的教育教学行为，诱导着他们的教育活动；另一方面，教师专业信念的特点是稳定性，它是贯穿在小学教师各个专业发展阶段上的一条红线，能够一以贯之地引导教师专业发展实践。专业信念的确立能够持之以恒地引导教师迈向专业成熟。

2. 弥补教师专业道德方面的不足，确保教师专业价值与功能的充分发挥

促进小学教师专业发展的力量主要来自两方面：一个是道德的力量，它能够确保教师遵守教书育人的底线，做好自己的本职工作；另一个是专业的力量，它能够促使教师把教育教学工作做到更好的水平。因此，遵循专业的道德同样是促进教师专业发展的力量，它提供给教师的是一种价值导向力。在科学专业信念的引导下，小学教师能够自觉地导正自己的教育教学行为，树立专业的教育价值观，从心灵深处践行"好教师"应有的价值观念，自觉克服自身的道德缺陷。因此，专业信念是辅助教师专业道德形成的一股重要力量。

3. 能够唤醒教师自我成长的自觉性，不断追求专业卓越

如前所言，专业信念始终是具有个体性的，它是助推小学教师教育个性的体现，某种意义上，它代表着小学教师的专业状况。无疑，教师的专业观念、专业信念是辅助小学教师专业成长的重要资源，但这些观念、理念都必须在小学教师的理性意识的配合下才可能真正践行，如若这些观念、理念沉淀为他们的一种专业信念，那么，教师专业成长的自觉性与坚持性必然会大大增强。教师专业信念实际上是部分教育观念、信念的固化，它的形成与稳固是促进小学教师专业自我的自觉成长与稳步更新的物质依托。

4. 激励教师不断超越专业缺陷，坚定职业意志

信念其实是一种追求自我完美的精神意志力，专业信念的形成与确立有助于小学教师自觉克服自身专业发展中的缺陷，把教师导向一种更为完满的专业发展境界。专业信念的形成有助于小学教师确立不断发展、不断追求、精益求精的职业志向，有助于他们找到一种自我发展的稳固意志支撑点，由此将其专业实践不断引向成熟与成功。

5. 内在规定着教师的职业理想

专业信念实际上就是教师专业发展的一种愿景规划与精神支持，它所认定的科学观念、科学理念、科学方式都可能成为教师专业发展的职业理想。教师的育人意识、教育情意与教育个性一旦在教师专业自我系统中整合、沉淀、升华为一种专业信念，其职业发展的前景就大致被规化了下来，成为小学教师的一种稳态职业理想。可以说，小学教师一般有两种职业理想：一种是自己用语言表达出来的理想，另一种是自己认可并默默去奋斗的职业理想。后一种职业理想实际上就是教师的专业信念。

三、小学教师应该树立的专业信念

时代是变化的，不同教育时代对小学教师提出的专业信念的要求也不同，对当代小学教师而言，最应该树立的专业信念包括以下内容。

(一) 教育观念层面的专业信念

从教育观念层面来看，小学教师应该树立以下专业信念：树立全体发展、全面发展、主动发展的素质教育信念，把促进小学生综合素质提升与终身可持续发展视为自身的专业追求；树立小学生为本、承认差异性、关注发展、鼓励创新的现代教育信念，努力创造最适合小学生的小学教育；树立主体性、公平性与效益性兼顾的教育过程信念，努力实现教育过程的科学化与最优化；树立人人可以成才、成功的教育目标信念，善于欣赏小学生，把学生的成才与成功视为自身专业的使命；等等。

(二) 教育情意层面的专业信念

从教育情感、教育意向方面来看，小学教师亟须确立的专业信念主要有：树立教育改变人生、变革社会、服务生活的专业信念，全心投入到崇高的小学教育事业中来；树立终身从教、乐教勤业、成就教育家梦想的专业信念，把热爱教育事业、从事教育事业视为自身的终身职业；树立立德树人、幸福人生、育人为乐的专业人生信念，把小学生的幸福人生视为自己的职业责任；树立"一切为了孩子，为了孩子的一切"的专业信念，从心底里热爱孩子，关怀儿童，全心全意服务于小学生的成长与发展；等等。

(三) 教育个性层面的专业信念

从教育个性培育的角度来看，小学教师应该确立的专业信念主要有：树立教育创新的专业发展信念，把上好一节节有创意、有个性、有品位的课视为自身的日常工作目标；树立彰显个性、追求卓越、崇尚变革、开拓进取的信念，不断追求专业自我的创造与变革，在精益求精中趋近更为完满的专业境界；树立塑造独特专业自我的信念，努力提高专业自我在教师社群中的区分度与个性化水平；树立主宰自身专业命运的信念，树立"学习改变命运、研究成就事业、奋斗扮靓人生"的崇高职业理想。

第五章　小学教师的专业修养

　　本章主要探讨的是小学教师的专业修养问题，这一修养主要涉及教师专业精神、教师专业道德与教师专业人格。

　　有些教师天生适合教书，这是与人身上存在的某些合乎教师的人格秉性直接相关的；有些教师尽管没有成为优秀教师的天性，但却能通过后天学习来改变自身的素养结构，他同样也可能成长为一名优秀教师。前者是教师的专业禀赋，后者则是教师的专业修养。专业修养与专业禀赋相对应。一般认为，教师身上那些可以培育的品质与素质构成了教师的专业修养，后天可塑性是这些素养的根本特点。对教师专业成长而言，最具有塑造价值与培育意义的是教师的专业精神、专业道德、专业人格与专业知能。在本章中，我们将重点对前三种教师专业修养进行重点探讨。

第一节　小学教师的专业精神

　　把一件事情做到尽善尽美、无与伦比的精神其实就是专业精神。在不同行业中，专业精神的内容与指向是不同的，教师专业精神具有独特的内涵与特点，它是教师专业修炼的重要对象与内容，非常值得小学教师去揣摩、去精心培养。

一、专业精神与小学教师专业成长

　　专业精神是引领教师专业发展的一股重要的精神力量，这股力量为何能够深刻影响教师专业发展的品质与水平，这是一个很有意义的话题。这里，我们从"教师专业精神"这一概念开始进行探讨。

(一) 教师专业精神

教师专业精神是指教师执着于用专业的规范、要求、品质来对待教育教学工作的精神气质，是教师在专业技能的基础上发展起来的一种对教育教学工作极其热爱和无私投入的精神品质，具体表现为教师对教育工作形成了一种近乎疯狂地热爱、近似忘我的追求境界。教师专业精神是教师把教育教学工作做好，做到至高境界的一种神奇力量，应该说，只有某些优秀教师在经历相当长的教育实践磨炼期之后在其身上才可能形成这种专业精神。

(二) 教师专业精神的具体内涵

教师专业精神的具体内涵是什么呢？我们在此做以下大致的梳理，它们主要包括以下内容：

首先是对教育工作深沉的感情与高度的热爱。这是教师专业精神形成的情感基础，它们构筑着教师在专业上精益求精的情感驱动力，是教师将工作干到出类拔萃水平的情感力量。

其次是对教育工作精神的学习与深入的探究。这是教师专业精神形成的行动基础，是教师的专业精神与其专业行动之间的结合点与转换点。有了深沉的专业感情，但如果缺乏具体的行动与磨炼，教师的专业精神同样难以体现，难以彰显。

再次是对教育艺术精益求精、不断创新、超越常规的渴望与期待。这是教师专业精神的内在实现机制。教师专业精神的核心是教师在教育教学工作中体现出来的工作艺术化追求，即在工作中精益求精、不断创新、超越常规、追求卓越的要求。

最后是执着地追求社会、家长、学生对其工作的极高满意度，这是教师专业实践精神的目标追求。社会、家长、学生是教师专业实践的服务对象，是教师专业实践的直接目标，能否获得他们的最高评价至关重要，而追求这种至高评价正是教师专业精神的无限内驱力。

(三) 小学教师具备专业精神的意义

小学教师具备专业精神对其个人专业发展而言意义重大，尤其是对教师专业自我完善、教育教学追求、学生学习活动而言意义明显。

1. 专业精神是小学教师完善专业自我的深层动力，是应对事业与功利冲突的利器

专业精神是教师孜孜追求、至高无上的一种精神，是教师永不自满的精神，是教师不懈追求的精神。这种精神是教师专业持续发展的不竭动力，而且这种动力是外来制度压力、一般职业发展动力所难以比拟的，它具有无限内能可以发掘。

同时，专业精神还是小学教师有效克服事业与功利之间冲突的一把利器。在教育教学工作中，小学教师始终会面临一些物欲或利益的诱惑，它们可能成为阻断教师专业发展进程的绊脚石。教师能否经得住这种诱惑并在事业与功利之间求得一种平衡，直接关系着小学教师专业发展目标的实现。具有专业精神的教师，就可能轻易克服这一诱惑，坚定地选择事业的一端，不断把自己的事业推向成功。

2. 专业教师是促使小学教师把教育工作做到极致、成就他们教学名师追求的精神引擎

一方面，专业精神是小学教师把教育工作做到极致的坚实依托。最专业化的水平就是最极致的工作水平，专业精神则是促使小学教师把教育教学工作做到极致水平的有力推手。在专业精神的驱使下，小学教师对自己的教学水平、教学表现始终难以满足，他们始终处在一种奋进状态中，这就构成了其继续追求更高教育教学境界的潜在动力。

另一方面，小学教师也只有在将教育教学工作做到一定专业水准时，才能拉近他们与教学名师之间的距离。成就教学名师是每一位有进取心的小学教师的专业追求，专业精神正是助推教师专业成长的精神引擎与深层动因。在专业精神的指引下，小学教师能够在教育教学工作中精益求精、勤学不辍、奋斗不止，不断上出一节节名课、好课，逐步逼近成名成家的目标，成就他们的教育家梦想。

3. 专业精神是小学教师专业生命的灵魂与操守，是小学教师教育小学生成长的感人教材

小学教师的专业生命力来自其对专业精神、专业操守的秉持，来自其对教育工作的使命意识与追求意识。教师的专业精神恰恰是支撑这种生命力，并促

使这种生命力日益强劲的营养物质，教师专业精神中的求精精神、不满精神与奋斗精神正是维系教师专业生命力的强大内核。

同时，鲜活、高尚的专业精神是小学教师用以教导小学生的一部感人教材。只有教师具备了乐学、勤学、钻研的精神，小学生才可能在教师人格楷模的召唤下喜欢上学习、爱上学习，并在学习活动中不断用心使力。教师的乐学、勤学、钻研精神的集结点就是他的专业精神。这种精神正是小学生乐于向教师学习的生动素材，是小学生在学业上不断精专的生动学习资源与榜样示范。

二、小学教师专业精神的特点与内容

与专业信念、专业理念等相比，小学教师专业精神具有自身的鲜明特点，这些特点标志着在小学教师身上自觉培育这种精神的重要意义。专业精神是比专业信念更为内隐的一种教师专业品质，应该说，它几乎难以被清晰地表述，在许多情况下，专业精神更多表现为教师在专业工作中体现出来的一种精神气质。

(一) 小学教师专业精神的特点

小学教师专业精神具有五个明显特点，即服务性、专门性、长期性、创新性与自律性。在此，我们对之逐一做剖析。

1.服务性

在专业精神的驱动下，小学教师为社会、学生、家庭提供服务的目的大于功利性的意图，教师所有工作的焦点是力图为社会提供一种独特、优质、卓越的专业服务，服务性决定了教师对教育教学工作持有的是一种清纯、高洁的动机，它也决定了教师会甘为自己工作品质的提升而舍弃一切顾虑与利益。进而，教师专业精神的服务性直接体现为教师乐于从事教育教学工作的精神状态，体现在他们能够在工作上做到不计物质待遇、不重个人得失的程度，体现在他们在工作上更加重视自己对服务对象——小学生的贡献，这是由小学教育工作的专业性特点决定的。同时，为学生、社会、家庭提供专业的教育服务是小学教师的专业职能，具有专业精神的小学教师会牢记使命、自觉担当，热心服务、精益追求，努力达到最理想的工作水平。

2. 专门性

专业精神是教师在专业的教育教学工作中体现出来的精神气质，这就决定了教师对自己工作的态度是一门心思、专一专注的，他们会一生执着于教育事业，将自己所有的精力、智慧与心力聚焦在这项工作上，不惜一切代价地做好此项工作。因此，小学教师的专业精神是"咬定青山不放松"的精神，是"不为任何外物所诱惑"的执着精神，这种精神是将教师的各种能力与水平推向精深、精专水平的巨大精神能量。其实，从事一项工作应接受专门训练，具有专业知能，这是小学教师专业精神形成的基础，教师专业精神也是在这一专门方向上持续前进、钻研的结果。同时，专门性也决定了小学教师的专业精神只会局限于某一教育教学专长的形成与发展，这是一个一心一意投身教育教学工作的专业发展历程。

3. 长期性

只有教师长期执着于自己所从事的教育教学工作之中时，这种专业精神才可能形成，长期性是检验小学教师专业精神是否已经形成的标尺。小学教师只有意志坚定、长期坚持，达到终生以从教为乐的时候才可能形成并领会这种专业精神。也就是说，当教师具有了终身从事这项事业的意愿且与所属的机构团体之间产生一种休戚与共的情感时，这才证明他具有了教师专业精神。长期性是小学教师的专业精神与专业态度之间的根本区别，是小学教师专业情感、专业信念、专业体验积累到一定程度后的产物。

4. 创新性

专业精神一定含有个人创造性的成分，维持在机械重复水平上的专业行为或思维不可能实现从专业理念、思维向专业精神的飞跃。一个人长期机械地从事一项工作无需专业精神的支持，只需要教师具有一定的耐力与体力即可；当教师始终以求新、求异，追求更完美、更合理、更灵活的工作艺术而坚守教育教学岗位时，他就具有了生成专业精神的可能。所以，有革新创造精神，不墨守成规，并有高度使命感，这是小学教师专业精神的核心特点。专业精神是引导小学教师突破常规、追求创造、迈向卓越的一种精神能量，小学教师专业精神的指向就是教师借助于专业方面的创新来实现教育教学工作上的卓越与飞跃。

5. 自律性

在教师专业精神中，创造与自律是相互依存的关系，某种意义上看，专业上的自律与创造具有同等的重要性。这是因为若教师没有办法对自己的不良教育教学表现、不妥教育思路、不当教育做法进行主动的自我抑制、自我规限，那么，小学教师的专业发展就可能走向多点开花、焦点泛化、实力耗散的状态，其专业发展的合力与焦点难以形成。应该说，责己严、待人宽，以身作则，爱护团体荣誉，坚守专业方向，严格自我约束，是小学教师专业精神的应有之义，是这种精神开花结果的科学轨道。对小学教师而言，具有较强的专业精神是他之所以能够实现自我成长驱动，并自觉遵守业内基本行动规则的精神力量，是教师之所以能够出类拔萃、专业卓异的精神支持。

(二) 小学教师专业精神的内容

在当代，小学教师只有自觉培育以下专业精神，才可能不断迈向精神上的自主与完善，为自己专业发展提供取之不尽用之不竭的精神动力。

1. 学无止境的专业学习精神

专业精神的要义之一是学习精神、吸收精神与发展精神，这就要求小学教师深入认识专业学习的重要意义，自觉强化自己的专业学习精神。教师的专业学习精神包括三个具体内涵：其一，不断学习、海纳百川的精神是小学教师专业精神的首要特点，是教师专业精神的内核；其二，自觉地进行专业学习是小学教师专业精神的实质内容，是教师专业精神的活力所在；其三，专业学习是教师专业自我常变常新的基本手段，不断进行专业学习是修炼教师专业精神的坚实支柱。

2. 热爱教职的专业敬业精神

爱，是教师专业精神的情感依托，具有深沉、执着的教育爱是教师专业精神体系中最为璀璨的一颗明珠，热爱教职、献身专业是教师全部专业追求的情感聚合点。该专业精神具体包括两方面的内涵：一方面，乐教是教师不断追求的专业情感元素，是教师心系小学教育事业、一生执着追求的情感动因，是教师在教育教学工作中爆发出强大精神内能的原因；另一方面，乐教能够激发出小学教师的无限工作潜能、工作热情与工作内力，对小学教育事业的热爱是教师专业精神升华的情感助推器。

3. 精益求精的专业进取精神

小学教师专业精神的主体内容是精益求精的专业进取精神，这是小学教师在工作上不断追求、不断创新、不断变革、不断突破的精神原因。进一步讲，教师专业精神的实质是进取精神、超越精神、变革精神，是追求更为完美的课堂形态、教学模式、教学理念的精神力量，在不断追求中教师专业精神的活力才能显现出来。可以说，专业进取精神能够助推小学教师的工作、课堂、生活、职业不断走向完美，最终迈向尽善尽美的至高境界与水平。

4. 推陈出新的专业创新精神

教师专业精神中最感人的成分是创新精神，推陈出新的专业创新精神体现着小学教师专业精神的内核与精华。在日常教育教学工作中，专业的创意、创举与创造是教师专业精神的亮点与关节，是教师之所以能够把一项工作做得更加完美、完善的步骤与行动。只有突破教育教学工作的常规才可能实现专业的成长与成熟，只有一步步的专业创造才可能把教师工作导向专业的境界。专业创新精神是小学教师专业实践的焦点，是小学教师专业精神培育的意义与价值所在。

5. 献身教育的专业奉献精神

在专业精神中，小学教师的献身精神同样重要，它是教师能够放弃一切外在利益追求，一心扑在教育教学工作上的精神基础。对小学教育事业的献身精神是小学教师专业精神的最高境界，是小学教师精心、全心、耐心做好教育教学工作的精神力量。

6. 兢兢业业的专业负责精神

小学教师的负责精神有两种：一种是对小学生学习生活以及对教育教学工作秩序的一般性负责，如确保小学生的身心安全，确保小学生能够安心投入到学习活动中去；另一种是对小学教育教学质量与品质的负责，它建立在一般负责的基础上却又高于一般性负责精神，因为这种"负责"只有优秀教师才能做到，只有专业品质卓异的小学教师才能承担起来，这就是专业负责精神。兢兢业业的专业负责精神是小学教师专业精神的内在要求，是他们在教育教学工作上敢于担当、热情付出、勇于自批的精神支柱。

三、小学教师专业精神的培育

小学教师专业精神的形成一般要经过三个阶段，即所谓教师专业精神形成的"三部曲"："乐业——勤业——敬业"。对小学教师专业精神的培育也要遵循这一节奏，依次推进小学教师专业水平的不断提高。对小学教师专业精神的培育而言，乐业是小学教师专业精神形成的情感条件，培育教师的教育爱是专业精神培育的第一环；勤业是小学教师专业精神形成的工作要求，培育教师勤勉的工作态度与表现可以不断趋近教师的专业精神；敬业是小学教师专业精神形成的实践指向，是小学教师将专业的工作态度、观念、行动升华为专业精神的最后一环。按照这三个阶段循序展开、梯次推进，小学教师专业精神的培育就可能做到有法可循、有序可依。

(一)"教育梦"的确立

如果小学教师具有了自己的"教育梦"，专业精神的培育就有了可靠的抓手与至高的目标。"教育梦"就是教育理想，即小学教师对理想教育状态与专业发展目标的预期与设定，是诱导小学教师专业精神确立的诱因。"教育梦"是教师确立的一种工作愿景，是提升教师工作水准的一股向上的力量。在"教育梦"的推动下，小学教师能够克服各种诱惑与障碍，向理想的教育境界前进、努力、奋斗。因此，"教育梦"是教师确立专业精神的入手点，是小学教师启动专业精神培育进程的起点，激励教师的"教育梦"对专业精神的培育而言具有先导意义。

(二) 鼓励教师的专业认知

加深小学教师对自身作为专业人员的角色、使命、责任的认知是助推其"教育梦"落实、腾飞的辅助工作，鼓励教师对自己的专业工作展开专业认知、专业思考、专业体悟对其专业精神培育而言非常必要。首先，学校、教师教育者应该自觉引导小学教师体认自己的专业人员角色，认识到自身专业角色的内涵及其岗位职责，进而清楚自己作为专业人员理应肩负的专业职责，提高专业的自觉意识。同时，学校与教师教育者还应当引导小学教师感受社会对教师专业人员的职业期待，如聆听社会对小学教师的呼声，聆听家长对小学教师的专业期待，感悟小学生对教师的心声等，进而从侧面感受到自己肩负的社会使命与职业责任。

(三) 专业情怀的激发

在"教育梦"与专业身份认知的驱使下，小学教师专业情怀的培育就具有了支撑，教师乐业敬业的教育情感就更容易产生。在教师专业精神培育中，首先，我们应该坚持以爱为中心来培养小学教师的积极职业情感，让他们从心底喜欢上小学教育事业，对教育教学工作富有热心，对小学生富有爱心。其次，我们还应培育小学教师执着追求、自强不息的专业情怀，激发他们对小学教育工作的满腔热情，早日形成对小学教育事业的专业信心与专业情怀。最后，我们还应该培养小学教师关怀"众生"，关怀全体小学生的职业抱负与专业胸怀，让助推小学生快速、健康成长的课堂成为他们施展自己专业抱负的舞台。

(四) 激励教师勇于探索的专业勇气

教师专业精神的核心内容是引导小学教师在教育探索、教学创造中获得专业发展的动力支持，因此，激励小学教师的探索勇气是促使小学教师把乐业精神转变成为勤业、敬业精神的入手点。在教育教学实践中，小学教师应该自觉对未知教育领域进行探索，在探索中积累成功的经验、进取的信心与专业的精神；要用研究、实验、钻研的心态对待工作，努力突出教育教学工作的研究性，将教学与研究合二为一，用研究精神来诱导专业精神；小学教师还要有挑战自我的胆量，在教育探索与教学研究中积淀专业的工作精神。

(五) 培养教师专业创新的举动

要培育小学教师的专业精神，我们还应该自觉培养他们专业创新的举动，让他们在日常教育实践创造中锻炼自我，逐渐磨炼他们的专业精神。在实践中，首先，我们要鼓励小学教师从专业的视角、用专业的立场来看待教育工作，自觉克服消极教育经验、教育习惯的负面影响，把每一节课都上出光彩、上出亮点、上出专业水准。其次，我们要引导小学教师学会并坚持用专业人员的思维来处置教育工作，面对具体教育问题做出专业的回应与回答，拿出有特效的解决方案，体现专业人员的优势。最后，我们还要鼓励教师始终按照专业的方式来变革教育生活，创新教育活动样式，形成富有创意的教学活动方案，促使其早日达到"精业"的工作水平。

(六) 终身持续的专业学习

教师专业精神的形成最需要的是终身持续的专业学习与专业积累。铁棒磨成针，功到自然成。不经历艰苦的磨炼、持续的积累与不倦的学习，小学教师专业精神的形成就可能成为一句空话。专业学习是小学教师专业素养全面提升的舞台，是其专业精神不断积累的方式与途径。终身学习对教师专业精神培养具有三重意义，即有了专业知识，才可能专业地做事；有了专业意识，才可能专业地思考；有了专业追求，才可能专业地去创造与实践。终身专业学习是促使小学教师把每件事都做到极致、达到专业水平的必需修炼，教师的专业精神就孕育在不断、持续、深入的专业学习中。

第二节　小学教师的专业道德

教师的主业是教书育人，教书主要靠的是教师的教学艺术，而育人主要靠的是教师的专业道德修为。教师专业道德的前身是教师职业道德，教师专业道德不仅是教师从教的资本和资格，而且是教师育人的生动教材与有效手段。教师专业道德是构成教师综合职业实力的关键构成要素之一。

一、什么是小学教师的专业道德

教师职业道德不同于教师专业道德，二者之间存在着许多微妙的差异与区别，理清二者之间的这些差异是我们深入认识小学教师专业道德内涵及其功能的入手点。

(一) 教师职业道德

教师职业道德，简称"师德"，是教师在从事教育活动中必须遵循的行为准则和必备的道德品质的总和。教师职业道德是教师行业对每个教师提出的特殊道德要求，从道义上规定了教师在教育活动过程中应该以什么样的价值、感情、态度、风范与立场去待人接物、处理问题，做好相应教育教学工作。人类道德主要包括三种，即公德、私德与职业道德。作为一个具体道德类型，教师职业道德是教师所遵循的外在规范与必备的相应内在品质的统一，是由道德行为方式与内在道德品质构成的有机体。

(二) 教师专业道德

在教师专业化的背景下，建立教师专业道德的意义明显，它是升华教师职业道德、提升教师行业整体道德水准的必然举措。教师专业道德是在充分考虑教师行业的专业特点、专业要求、专业发展规律基础上对教师职业道德的一次微调与深化，它的提出有力克服了社会道德向教师职业道德的简单推演现象，有力地提高了教师职业道德的专业性内涵。因而，教师专业道德是指在教师职业专业化过程中教师所应具备的专门道德素养及其相应规范性要求的统一，是教师作为专业人员所应具备的专门道德品质与相应道德行为规范的总和。与专业知识、专业人格等一样，教师具备一定的专业道德是教师行业专业化进程必备的社会条件与专业资质之一。

(三) 小学教师专业道德

小学教师的专业道德是小学教师在专业地从事教书育人工作时所应遵循的专业规范、履行的专业职责、肩负的专业使命，是小学教师有效参与教育生活，科学处理教育领域中的人际关系、事际关系所应遵循的专门性规则与所应具备的专门心理品性的统称。小学教师专业道德的特殊性有两点：其一，它是针对小学教育行业的从业者——小学教师提出的特殊要求，不一定全部适合其他教师行业；其二，它所提出的各项针对性道德要求一定高于普通教育行业，这是由小学教育的工作对象——小学生的强烈模仿性、"向师性"等特点决定的。对小学教师专业道德的要求需要做到事无巨细、精专严谨，以期更好地发挥小学教师自身的专业道德对小学生道德学习的示范性功能。

二、小学教师专业道德的构成

小学教师专业道德的具体构成如何呢？这是我们系统分析小学教师专业道德，将小学教师专业道德要求进一步具体化的理念基础。这里，我们试图用系统化的思想对小学教师专业道德系统进行一次全面的透视与分析。

(一) 教师专业道德的结构

一般而言，教师专业道德是指教师行业、社会对教师这一专门性职业提出的某些特殊化要求，其最主要的特征是教师的专业道德自觉，而不像普通教师职业道德那样，较为关注教师所应遵循特定的一系列教师职业道德规范。教师要实现专业道德自觉，就需要两大支撑点，即专业的道德情怀与专业的道德责任，前者偏向主动的一端，后者偏向被动的一端，二者共同构成了教师专业道德的心理品性，都是教师对自身提出的专业道德要求。同时，教师不仅生活在个体教育生活世界中，还生活在同事同行的教育生活世界中，这就决定了教师不仅需要坚持自律的道德准则，还需要在专业团体中倡导专业协作的道德准则。

(二) 小学教师专业道德的构成

基于上述分析，结合《小学教师专业标准》，本书把小学教师专业道德结构概括为以下五个方面，即专业自律修养、高尚专业情怀、专业责任意识、专业成长自觉和专业协作美德。

1. 专业自律修养

专业自律修养是教师专业道德自觉的基础，小学教师也只有在专业自律的基础上才可能实现专业自觉。教师用相关教育制度、法规、规则来严格要求自己，是其更好地完成本职工作的条件。这一修养包括以下内容：遵纪守法，这是教师对社会、国家、学生应该承担的专业责任，是小学教师科学履职的一般性规范；为人师表，这是社会、教育行业对教师提出的道德要求，是确保教育教学效果的教师自身所应具备的道德资质要求；廉洁自律，这是教师应该遵守的另一自律性要求，是确保教师人格清纯、清廉、高洁、和美的要求。

2. 高尚专业情怀

高尚专业情怀是教师专业道德的特殊要求，它是促使小学教师在教育教学工作中不断奋进、永葆激情的重要专业道德品质。这一道德品质具体包括：爱岗敬业，即对自己的工作岗位情有独钟、真心热爱，这是教师应有的专业情感；热爱学生，即对自己的学生富有爱心、童心、关心，就好似关爱自己的孩子一样；心系社会，这是教师对社会的积极性情感要求，是教师作为社会模范公民应有的道德素质。

3. 专业责任意识

专业责任是教师专业道德的重要内容，专业责任意识是教师职业使命在其身心上沉淀的结果。专业责任意识是小学教师把工作干出质量与水平的必然要求，是教师对自身职业角色意识的内在反映。这一道德品质主要包括：尽职尽责，这是教师职业责任的基本要求，是教师做好自己的分内事，扮演好教师角色的一般性要求；教书育人，这是教师专业道德的核心要求，它强调教师在教育工作中要给学生既做"经师"，又做"人师"，努力将二者结合起来，更好地承担起知识传授与道德教育双重责任；严格要求学生，这是教师专业责任意识的高度体现，是教师把本职工作做好的保证，将严格要求学生、尊重学生与对他们的热爱、关爱结合起来，这是教师工作艺术的最佳体现。

4. 专业成长自觉

专业成长自觉，尤其是专业道德自觉是教师专业道德的最高要求，是小学教师不断突破现状，追求更高专业境界的自觉修养与专业行动。专业成长自觉是教师专业素养不断扩展，专业品性日益纯熟的一般渠道，是小学教师实现专业上不断突破的秘诀。这一专业道德品质又包括两部分：一个是终身学习，这是教师的专业美德，是教师更好地发展自我、引导学生的具体行动；另一个是严谨治学，它主要涉及教师对待专业学习的态度，决定着教师专业学习的质量，是教师更好地驾驭自我发展的条件。

5. 专业协作美德

教师的工作是一种协作性工作，绝非一个人所能为，在这一意义上，开展专业协作是优秀小学教师理应具备的一项专业美德。该项道德素质包括两条内容，即协作进取与专业共同体意识。协作进取要求教师自觉与同课教师、班级其他任课教师之间开展专业协作，形成教育合力，最大化地提高学生培养质量；专业共同体意识要求教师把自己归属于一个专业共同体中，善于在协作中开展专业探究，优化协作渠道，努力探究教育教学工作中的道理与经验，为教育教学工作改进提供强大智囊支持。

拓展阅读

中小学教师职业道德规范（2008年修订）

一、爱国守法。热爱祖国，热爱人民，拥护中国共产党领导，拥护社会主义。全面贯彻国家教育方针，自觉遵守教育法律法规，依法履行教师职责权利。不得有违背党和国家方针政策的言行。

二、爱岗敬业。忠诚于人民教育事业，志存高远，勤恳敬业，甘为人梯，乐于奉献。对工作高度负责，认真备课上课，认真批改作业，认真辅导学生。不得敷衍塞责。

三、关爱学生。关心爱护全体学生，尊重学生人格，平等公正对待学生。对学生严慈相济，做学生良师益友。保护学生安全，关心学生健康，维护学生权益。不讽刺、挖苦、歧视学生，不体罚或变相体罚学生。

四、教书育人。遵循教育规律，实施素质教育。循循善诱，诲人不倦，因材施教。培养学生良好品行，激发学生创新精神，促进学生全面发展。不以分数作为评价学生的唯一标准。

五、为人师表。坚守高尚情操，知荣明耻，严于律己，以身作则。衣着得体，语言规范，举止文明。关心集体，团结协作，尊重同事，尊重家长。作风正派，廉洁奉公。自觉抵制有偿家教，不利用职务之便谋取私利。

六、终身学习。崇尚科学精神，树立终身学习理念，拓宽知识视野，更新知识结构。潜心钻研业务，勇于探索创新，不断提高专业素养和教育教学水平。

三、小学教师专业道德建设

推进小学教师专业道德建设，大力提高小学教师的专业道德修养，是国家、社会提高小学教师行业综合竞争力与发展力，促进小学教师行业专业化建设的现实举措。当前，我国小学教师专业道德的整体水平还不容乐观，加快小学教师专业道德建设是我国未来一段时期面临的一项艰巨任务。

(一) 小学教师专业道德建设的现实意义

小学教师专业道德建设的任务之所以艰巨，是因为我国小学教师专业道德成长的环境还较为复杂，教师专业道德建设的紧迫性异常强烈。当前，我国小学教师专业道德建设的主要阻力来自以下几个方面：

1.应试教育的取向

当前，尽管国家三令五申要求摒弃应试教育的做法与倾向，消除应试教育对社会发展、小学生成长造成的恶劣影响，但实际上，我国还很难短期内消除这些影响，这就决定了应试教育将在未来一段时间内持续存在。在应试教育取向的影响下，教师考核唯分是从，专业道德要求不被重视，导致教师专业道德建设工作被软化、弱化，小学教师行业的专业道德建设进程异常缓慢。这就要求教育行政部门与学校、教师必须携手，为小学教师专业道德成长提供全方位的支持与呵护。

2. 课堂教学的状况

目前，我国许多小学中教师的教学水平令人担忧，技术化、模式化、形式化的课堂教学状况普遍存在，"教育性教学"（赫尔巴特）不被重视，大大抑制了专业道德的生存空间。教师专业道德崇尚的是专业创造、专业艺术、专业自主，关注的是师德力量对小学教师教学效能提升的潜能释放，强调的是教师专业学习与专业道德相得益彰的良性专业发展路径，而在这种技术化、模式化的教学环境中，小学教师的专业道德没有用武之地，专业道德建设因而受挫。

3. 专业发展指导体系落后

教师专业道德建设需要科学的工作体系来推进，需要相对完善的教师专业发展机构，如教师专业发展学校、教师进修学校等的建设来支撑。然而，在我国，这种理想的教师专业发展指导体系处于相对缺位，即便是国家已经建立了一些小学教师专业培训机构，但这些机构的教育理念还相当保守，教育实力还相当脆弱，需要长期的转型时期才可能有效支持小学教师专业道德发展实践。这种状况的存在直接制约着小学教师专业道德的进化与培育。

4. 行政权力配置失衡

同时，膨胀的行政权力也在抑制着教师专业道德的自由生长。例如，在教师管理机构，如教师人事管理部门中，行政管理的权力相对较大，导致忽视学校、教师的专业发展权利的保护与释放，没有给教师专业自主权的发挥提供足够的施展空间，促进小学教师专业发展的理想行政管理体制尚未建立。这些状况的存在决定了我国教师专业道德建设所需要的宽松、自主、理解的制度环境还不成熟，非常需要借助教师专业道德建设来有力制衡过于膨胀的行政权力。

(二) 小学教师专业道德建设的方向

面向未来，我国小学教师专业道德建设工作刻不容缓，有待于进一步聚焦重点、有条不紊地推进各项建设工作，不断提高教师专业道德建设的力度与效能。在当代，随着教育改革的不断推进，教师专业化进程的加速，小学教师专业道德建设的原则、宗旨、主题与途径日益明朗，勾画出了我国未来小学教师专业道德建设的大致蓝图。

1. 专业至上的建设原则

未来小学教师专业道德坚持必须秉承一个原则——专业至上，即整个师德建设活动要体现两点要求：其一，凸显教师行业道德的专门特点，将"教书育人、为人师表、爱生尊师"等内容视为教师专业道德建设的重点，彰显小学教师专业化建设的时代性、专门性、特殊性要求；其二，适应教师行业道德建设的专业化要求，把小学教师行业所需要的特殊道德规范与道德品行列入重点建设对象，全面适应小学教师行业的针对性道德要求，真正把小学教师行业建设成为师德卓异的高素质人才集群。专业至上原则客观上要求教育行政部门要坚持教师专业道德优先、专业发展为本的原则，努力提升小学教师专业社群的整体道德素质。

2. 教师为本的建设宗旨

在专业道德建设中，教育行政部门必须将"教师为本"作为师德建设的宗旨，落实教师的专业自主权，释放教师的专业创造力。"教师为本"的师德原则有三条含义：其一，小学教师渴望过上一种道德的专业生活，这是他们专业深入发展的要求，教师专业道德建设要尽可能满足教师的这一要求，为教师专业生活的优化与改进提供全面支持；其二，教师专业的自主、自觉与自律、自控是教师专业道德建设的依靠性力量，在教师师德建设中必须充分利用与自觉培养这种专业力量，落实小学教师在专业道德建设中的主体性地位，激发他们的道德自觉与道德自主意识；其三，整个教师行业建设要走教师专业共同体自律自强的专业道德建设方向，坚持依靠教师专业团体自身的力量来推进师德建设，充分利用教师行业自身的师德培育功能，充分利用小学教师协会、小学教师联盟等专业组织的行业自律机制。

3. 教书育人的建设主题

教师专业道德建设的主要使命是帮助教师更好地进行教书育人工作，教书育人是教师专业道德建设的不变主题。教师专业道德建设的根本目的是增强小学教师的教学艺能与教育能力，是助推他们提高教书育人工作的质量与品质。

因此，小学教师专业道德建设的直接使命促使教师自己学会用专业师德来要求自己，用专业道德标准来提升自己，让自己卓异的德行、卓异的才艺成为小学生的一本活生生的"道德教材"，对小学生道德学习、知识学习与个人成长提供强大的榜样力量与示范教材。

4.实践反思的建设途径

师德建设离不开教师的专业实践与专业反思，引导教师在专业道德原则指导下开展教育教学工作，并对自己的专业道德实践进行反思、领悟，从中获得专业道德的智慧与体验，提高教师专业道德的自主发展能力，这是教师专业道德建设的主要途径。教师专业道德的形成不能单靠外来教育制度、道德规范的约束与警示，最重要的，它需要教师这一专业人员自身自觉参与道德实践，自觉开展道德反省来实现。这正是教师的"专业道德学习"与"专业道德教育"之间的根本差异所在。因此，坚持让小学教师在实践中借助自省自悟与内省慎独的力量去完善自己的师德，将教师自身的道德潜能激发视为小学教师专业师德建设的主线，促使他们把慎独、反省、自省作为教师专业道德建设的主要途径，是未来小学教师专业道德建设的方向。

5.多轨并进的建设策略

教师专业道德的形成是多种力量配合的结果，只有多方面入手、多角度使力、多主体参与，才可能达到满意的师德建设效果。其实，在教师身边的一切事物、事件、人物等都在直接或间接地参与着小学教师专业道德的形成，只有全盘考虑、多角度入手，小学教师师德建设才有可能真正生效。因此，我们应该坚持多角度、全方位、多条腿走路的师德建设策略，将教师专业道德渗透在各个实践领域中去，应该坚持道德知识、情感、能力并重的策略来建设教师专业道德，力促小学教师专业道德建设全面开花、效能聚焦，从而达到专业师德建设的各项指标。

第三节 小学教师的专业人格

对小学生而言，小学教师的人格类型有喜欢与不喜欢之分；对小学教育事业而言，小学教师的人格类型有合适与不合适之分。因此，小学教师专业人格发展与培育问题也是小学教师专业修养的重要构成。努力塑造自己的专业人格，适应小学教育事业的特殊要求，是小学教师专业修炼的一项内容。

一、小学教师的专业人格魅力

教师人格是教师专业人格的底色或底座，理解了教师人格的内涵，小学教师专业人格的含义就一目了然。因此，我们先从教师人格开始对小学教师专业人格魅力的探讨。

(一)教师人格及其特点

教师人格，即教师在教育生活世界中形成的整体心理面貌及其行为倾向性，是一个教师相对稳定而又独特的心理结构与行为模式，它是教师的工作动机与社会环境、工作环境交互作用的结果，教师专业实践是小学教师人格形成的具体过程与孕育土壤。教师人格具有一些独特的心理特点需要我们关注。

1. 整合性

教师专业人格是自身的精神信念因素、教育生活方式与自身先天禀赋耦合作用而成的产物，是教师的工作态度、工作理念、工作风格、工作方式等在具体教育教学实践中不断磨合、相互适应，最终生成的一种以教育教学工作风格为外显，以教师专业自我为内核的人格结晶。因此，教师专业人格的形成是有其整合中心的，这就是教师的工作实践与专业自我。

2. 独特性

每一位教师的教师人格形态都具有一定的独特性，即一定程度的不可复制性、独一无二性，这种独特性体现在多个方面，如独特的人格构成要素、独特的人格形态、独特的人格魅力等。这些人格特征将不同教师相互区分开来，成为教师专业自我的核心构成要素与存在标志。

3.稳定性

教师人格一旦形成，就具有一定的稳定性，而且，这种稳定性是较为持久、不易改变的。应该说，教师人格是教师在自身一般人格面貌基础上，基于自己的教育工作经验与工作要求形成的，教师人格最难改变的是先天禀赋人格特征，容易改变的是那些与教育工作直接相关的具体人格特征。

4.可塑性

尽管教师人格也具有一定程度的可塑性，但这种可塑性是相对较小的。教师在深入理解教育生活特点与需要的基础上并适度转变自己的人格构成要素与构成方式，就可能促使这一人格类型发生缓慢的改变与微调。这种可塑性是教师人格培育具有一定可行性的依据。

(二)小学教师人格魅力的形成

不同教师人格形象，其对小学生的吸引力是不一样的，这就是教师人格魅力的差异。具有强烈人格魅力的小学教师具有开展小学教育教学工作的独特优势。小学教师人格培育的重点是增强其专业人格魅力，提高教师人格的教育效能，增强教师专业人格的亲和力与教育力。因此，探明小学教师人格魅力的来源是一个很有意义的课题。

小学生的"向师性"是小学教师人格之所以能够吸引小学生的心理基础，这种人格类型无形中投合了小学生的人格期待，这是一个小学教师的人格魅力之所以能够吸引小学生的直接原因。这种人格类型富有教育效能，它是小学教师的一种教师人格类型能够助推教学质量提高的现实原因，是教师人格魅力的直接来源。教师仪表对学生的吸引力，这是小学教师人格魅力的直接引力来源；这一人格类型成为学生人格的标杆，成为小学生争相模仿的对象，这是小学教师的教师人格能够打动小学生的原因；教师的人格赢得了社会的肯定与尊重，这是小学教师的教师人格之所以具有社会影响力与魅力的根源。当然，小学教师人格魅力形成的来源还有很多，需要教师在实践中不断揣摩、探究、摸索，以期不断增强自身的人格魅力，增强自己教育教学活动的吸引力。

(三)小学教师的专业人格

小学教师的教师人格与专业人格之间具有直接关联，二者之间具有一种层次关系。所谓小学教师的专业人格，它是指小学教师作为一名专业教育工作者所应具备的人格面貌，是他们在小学教育教学工作中形成的有助于提高工作效能的独特行为模式与心性倾向的统一体，它主要包括小学教师作为专业人员应该具有的人格形象、人格特征、人格品性等。小学教师专业人格的具体构成主要包括：教师独特的工作态度、个人外表、教育艺术、处事方式等。要确保小学教师具备专业的人格魅力，我们既需要通过小学教师遴选环节来实现，又需要借助于小学教师自身的自觉学习来促成。

二、小学教师专业人格魅力的基本内容

在小学教师人格形象中，到底是哪些人格特征与外显要素在吸引着小学生呢？这是一个很有意义的话题。借助于对这一问题的探讨，我们就可能找到不断增强小学教师专业人格魅力的入手点，有效地提高教师的课堂教学与道德教育的效能。结合其他学者研究，我们把小学教师专业人格魅力的主要内容与直接要素集中呈现于此。

（1）友善、亲和的待人之道。小学生比较喜欢具有一定亲和力的老师，待人友善、注重情谊、容易相处是好教师的公共人格特征。

（2）仁慈、宽容与公正的人格秉性。仁慈、宽容、公正的人格能够赢得大多数小学生的欢迎，这种教师人格容易增强师生间的融洽关系，容易被小学生所接纳。

（3）活泼又有耐性。小学生天性爱动，他们喜欢活泼的小学教师，喜欢与他们性格相投的小学教师，尤其是在他们产生疑惑的时候，他们期待老师具有一定的耐心与耐性。

（4）幽默并兴趣广泛。幽默，是所有人都喜欢的一种人格特征，对小学生而言也是如此。作为专业人员，小学教师人格中如果具有一定的幽默成分，他们对小学生的人格吸引力会增强。

（5）关注、尊重他人。小学生与其他人一样需要他人，尤其是自己老师的关注与尊重，这种关注与尊重是小学教师专业人格魅力的闪光点，是对小学生很有吸引力的一种人格因素。

（6）坦诚、开放、豁达且情绪稳定。人与人之间如若能够做到坦诚相待、将心比心，相互间的人际关系就很容易建立起来。坦诚、开放、豁达的教师人

格特点是小学教师之所以能够赢得小学生的认可与接纳的原因之一。

（7）积极向上、欣赏他人。小学生喜欢上进心强的老师，他们期待与老师共同进步，也希望自己的进步也能够被他人，尤其是自己的老师注意到、察觉到，并得到他们的欣赏。

三、小学教师专业人格魅力的来源及培养

小学教师专业人格魅力的来源在哪里，对他们专业人格的培养起点就在哪里。小学教师专业人格魅力的培养是对其进行专业培育与训练的内容之一，引导小学教师从各方入手来增强自己的人格魅力是提高他们教育影响力的途径之一。

(一) 小学教师专业人格魅力的来源

小学教师的专业人格魅力具有多元性，一般来看，以下因素的增强与培养都有助于增进小学教师的专业人格魅力。

1. 高尚的师德修养

优秀的师德对小学生而言是有磁力的，一个具有卓异师德的小学教师能够用自己的高尚道德、爱心热心打动小学生，从而赢得他们的关注、喜欢与热爱。从高尚师德入手来培养小学教师的专业人格魅力具有一定的科学性。

2. 广博的文化知识

广博的文化知识是小学教师专业人格魅力的主源之一。小学生对外界事物充满了好奇心，他们喜欢对这些新鲜事物进行探究，喜欢提出各种各样的问题。如果小学教师博闻广识、见多识广、上知天文下知地理，对这些问题能够及时给出答案或提供帮助，他们就很容易在小学生心目中树立起相应威信。

3. 深厚的教育理论修养

深厚的教育理论修养尽管不能直接增强小学教师的专业人格魅力，但却能够间接地作用于教师的教学活动，改进他们的教育方式，提升他们的专业水平，进而间接地增强小学教师的教学魅力与人格魅力。

4. 高超的教学艺术

高超的教学艺术是教师专业人格魅力中的核心因素，这是因为小学教师与小学生会面、交流与互动的主要方式是课堂教学活动，教师为他们提供最多的教育服务形态就是教育教学服务。如果小学教师能够把高超的教学艺术奉献给

小学生，他们一定会把老师视为非常有才气、有能力、有才艺的人，其专业人格的魅力就越容易形成。

5. 深切的人文关怀

小学教师有无强烈的人文关怀意识至关重要，它决定着小学教师的专业人格有无人文的内涵与底蕴。优秀教师专业人格的轴心是教师对学生浓浓的关怀意识，是教师对小学生满腔的人文情怀，是教师对小学生人性的尊重与培养。把小学生当"人"看，用感情、精神、心灵打动他们，这是小学教师专业人格魅力的源头之一。

6. 强烈的创新精神

时刻追求教育教学活动的创意与创新，不断变换自己的教学方式，更新自己的教育内容，是小学教师的人格形象之所以被小学生所喜欢的重要原因之一。小学生喜欢常变常新的教学，喜欢有创意的教学设计，这些教学创造容易得到小学生的注意与喜爱。因此，具有创新精神的小学教师是小学生热捧的对象。

7. 高雅的仪表形象美

高雅的仪表、美丽的仪态、雅致的妆容等始终是小学教师专业人格魅力的诱因之一。小学生是爱美、求美、尚美的，小学教师适当注意一下自己的仪表形象，整饰好自己的装束，才可能成为小学生心目中最喜爱的教师。

(二) 小学教师专业人格的塑造

结合上述分析，我们应从以下六个方面来自觉培养小学教师的专业人格，不断增强小学教师在学生心目中的人格魅力。

1. 积极人格品质的自然迁移

小学教师的专业人格部分来自他的一般人格特征，因此，如果一位小学教师具有积极、健康、上进、乐观的人格特征，就可以利用一般人格迁移的方式来实现对其专业人格自觉塑造的目的。在实践中，我们可以引导小学教师在课堂教学中自然表现出自己的人格特点，自由展示自己在生活中的人格类型，以期把其的一般人格特征顺利导入、迁移到教育教学活动中来。

2. 内在精神修养的自觉历炼

教师人格魅力的根源是教师内在精神修养的提升，如高尚的师德、高洁的人品、强烈的人文情怀等。因此，小学教师可以通过体验教育生活、修炼道德品性、培育高尚人格等途径来提高自身的内在精神修为，借此不断增强小学教师专业人格魅力的内涵与底蕴，进而达到对其教师专业人格塑造的目的。

3. 才艺、学识的自觉学习与丰富

才艺、学识的自觉学习与丰富是小学教师自觉塑造专业人格的又一途径。实际上，魅力型教师人格的培育也需要专业知识的支持。小学生喜欢的专业人格形态是有共通性的，这些共通性的特点就构成了专业人格魅力提升的实践性知识。小学教师如若能够在这些实践性知识的学习或启示下自觉修正或改进自己的专业人格，其专业人格魅力的形成与培育就变得更为轻松。

4. 教师风度的审美化

教师的仪表风度是其个性形态、心性类型与外在仪表、精神风貌等的综合体现，小学教师风格的审美化自然能够提高其专业人格魅力。教师风格审美化的实质是小学教师自觉用美的要求与标准来塑造自己的人格形象、精神气质与个性类型，这是一场提升小学教师专业人格吸引力的内在修炼。爱美之心，人皆有之。教师风度的审美化必然有助于小学教师专业人格内涵的扩充与深化。

5. 与小学生的深度交融与交往

小学教师专业人格的魅力还来自他与小学生之间心灵、精神的融合度，取决于他与小学生之间交往的深度与水平。因此，鼓励小学教师多与小学生交往，多与小学生谈心，小学生就可能更容易发现教师的专业人格魅力。不仅如此，在长期接触中，小学教师可能被小学生的言行与思维所改变，进而增加了许多与小学生之间的交集成分，其专业人格塑造的效果也可能向有利于小学生喜欢的方向发展。

6. 涵养精益求精的专业品格

小学教师专业人格的魅力还在于其执着的学习精神、上进精神、奋斗精神，因此，涵养小学教师精益求精的专业品格不仅有助于增强他的人格魅力，而且还有助于对其积极专业人格的塑造。对教师精益求精品格的涵养需要小学教师在实践中善于揣摩、关注细节、细心体察，养成在工作细节上提升教育教学工作的品位与品质，努力达到"品"教学的专业水平。只有达到这一水平，教师专业人格的魅力才能凸显出来。

第六章　小学教师专业知识结构

小学教师是专业人员，其含义之一就在于只有具有一定专业知识的人员才能胜任，合理的专业知识结构是小学教师跻身教育行业的首要资格与条件。当今时代是一个知识化时代，小学教师所需要的知识构成是复杂的，只有当教师具有合理的专业知识构成才能顺利胜任小学教育行业不断发展的需要。

第一节　专业知识的内涵及其实践意义

现代生活是知识导航下的生活，知识是改变人的生存样态，提升生活品质的途径之一。对小学教师而言也是如此。脱离了专业知识的学习，他们的专业生活就可能徒有其名，失去应有的意义与功能。在当代，小学教师专业知识具有特定的内涵，对其结构进行科学优化是培养优秀小学教师的通常思路与有效做法。

一、小学教师专业知识的内涵

教师专业知识到底是指教师工作中的哪些知识？小学教师专业知识的内核是什么知识？对于这些问题的理解与认识是我们科学导引小学教师专业发展的前提。这里，我们拟对小学教师专业知识的内涵问题做以探究。

(一)教师专业知识

教师专业知识，即教师从事教育教学这一专门工作时所必需的，在一定范围内相对稳定的一系列、多层次、多样态的知识的总称。教师专业知识是促使教师把教育教学工作做到专业化水平的条件，教师专业知识的有无对于教师自身专业发展而言意义重大。当然，具备一定的专业知识只是教师胜任教师工作的必要条件，而非充分条件；具备一定的专业知识能够加速教师专业成长，促使教师专业迅速成熟，但不一定会带来教师专业成熟的发展成果。

(二) 小学教师专业知识

小学教师作为专业人员，同样需要具备一定的专业知识才能胜任。所谓小学教师的专业知识，是小学教师胜任小学教育教学工作所需要的一系列专门、稳定、系统化的工作知识的总称。小学教师专业知识是由小学教师的工作内容、特点与方式决定的，在教育行业内尽管不一定具有通用性，但对小学教育工作而言却具有特效性与针对性。小学教师专业知识实际上包括两部分内容：其一是教育行业中通用的专业知识；其二是小学教师行业独有的专业知识。这两部分的叠加构成了小学教师专业知识的系统。

(三) 小学教师的核心专业知识

当代社会是一个"知识爆炸"的时代，是"专业知识超量"的社会，故此，把握小学教师行业中必需的"核心知识"，降低教师在低效专业知识上投入的学习成本非常必要。一般情况下，小学教师专业知识一般特指其狭义上的理解，即小学教师行业中的核心专业知识，它是小学教师工作知识体系中相对稳定、持续再生、教师必备、工作必需的那些教育知识，是教育实践者在教育理论修养与教育实践素养两个层面上不可或缺的知识构成。小学教师必备的核心专业知识学习是促使其专业发展的"高级营养品"，能够对小学教师发展产生事半功倍的学习效能，可以说是最有价值的小学教师专业知识。小学教师应该具备的核心专业知识具有以下几个鲜明特点与属性：

(1) 必需性。小学教师的核心专业知识是促使小学教师专业成长的重要知识资源，是他们在专业发展中急需的专业知识类型，能为小学教师成长提供充分的智力支持。

(2) 阶段性。在不同教师成长阶段中，小学教师所需要的核心专业知识有所差异，例如，在入职前，小学教师最需要的是常识性教育知识；在发展初步阶段，小学教师最需要的是案例性知识；在发展关键阶段，小学教师最需要的是教学策略知识；在发展成熟阶段，小学教师最需要的是实践性知识与教育理论知识。

（3）层级性。小学教师专业知识一般呈圈层状分布，核心专业知识就位于这一圈层的核心部位。从重要性程度来看，这些核心知识是有层级的，那些最前沿的核心专业知识就处在教师专业知识的顶端，而那些通识性专业知识则位于该圈层的低端。教师应具备的专业教育知识包括公共核心专业知识与局域核心专业知识，而后者又包括行业核心专业知识（如小学教师核心专业知识）与不同教育阶段的核心专业知识（如小学低年段的教师核心专业知识），见图6-1。

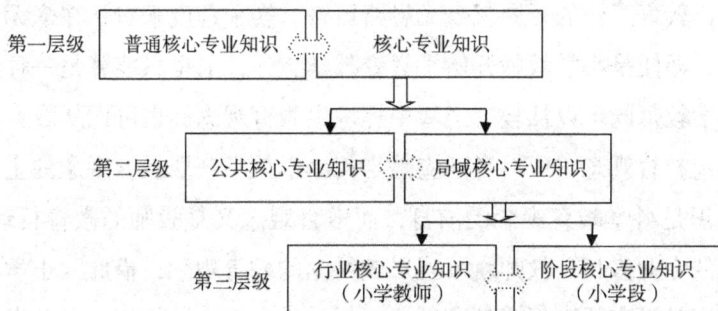

图6-1　小学教师专业知识层级图

（4）主题性。小学教师的核心专业知识其实是由一根主线或一个主题贯穿起来的，即如何提高小学教师的教育教学实践效能或教学质量。可以说，教师的所有核心专业知识都是从不同侧面对这一问题给出的答案。

（5）多数性。小学教师的核心专业知识具有多种效能，例如，它既能够促进小学教师专业道德的形成，也有助于小学教师教学方式的转变，甚至还有助于小学教师专业情感的净化与升华。而且，许多核心专业知识是在小学教师走向专业成熟的过程中不断生效的，这些专业知识逐步促进小学教师的专业发展进程。

（6）统领性。小学教师的核心专业知识其实就是小学教育领域中的横断教育知识，即所有小学教师需要、难以绕开的教育教学知识。这些知识统领着小学教师的所有其他专业知识形态，它们构成了小学教师专业知识体系的统摄者。

二、专业知识对小学教师专业发展的意义

小学教师为什么要学习一定的专业知识呢？专业知识是小学教师顺利胜任专业职位的基本资质要求，是他们干好小学教育教学工作的前提条件，是教师专业能力提升的坚强依托。具体而言，专业知识对小学教师专业发展的意义体现在如下四个方面。

(一) 专业知识是小学教师专业教育观念形成的源泉

小学教师要顺利开展教育教学工作，就必须具备一定的教育观念、教育认识，否则，教育工作的开展就毫无思路可言。换个角度来看，在毫无专业知识的情况下，即便是小学教师开始了教育教学工作，那也只能算是一种经验复制而已。小学教师既可以从教育经验中提炼出教育观念，也可以从教育知识学习中获得一定教育观念，而后者理应是当代小学教师获取教育观念的主源。专业的教育知识是科学教育观念的前身，而教育观念又是教师的教育行动的前身。有了科学的专业知识，教师就可能形成科学的教育观念，借此，小学教师就能够矫正教育教学实践中形成的各种非科学认识，在专业知识、专业观念的引导下理性地认识教育世界，自觉改变自己的专业关注点，抓住小学教育教学的核心问题与关键问题，有针对性地施教。因此，小学教师习得大量专业知识是催生、改变其教育观念系统的重要途径。

(二) 专业知识是小学教师专业能力形成的前提

专业知识是小学教师专业能力形成的前提，在专业知识习得的基础上培养职业能力是当代小学教师专业发展的一条捷径。无疑，知识与能力之间是相互转化、相互催生的关系，合理的知识结构、科学的知识教授方式有助于教师专业能力的形成。专业知识与教育情境结合的过程就是其被"活化"的过程，就是教师将知识与情境、自身相结合生成专业能力的过程。对小学教师而言，专业知识助推其专业能力生成的途径是多样化的，如专业知识借助于影响教师教学方式、教育情境判断等方式形成教师的专业能力；专业知识是教师专业智慧的结晶，专业知识的情景化再现本身就是一种专业能力；专业知识是教师分析教育问题、应对教育问题的认识资源，利用教育知识来顺利解决教育问题的过程正是教师专业能力形成的过程。应该说，不掌握一定的专业知识，小学教师

要想形成相应的专业能力，难度非同一般。

(三) 专业知识是小学教师专业情感升华的"润滑剂"

专业知识还有助于教师专业情感的形成与升华，堪称小学教师专业情感升华的"润滑剂"。显然，小学教师的专业情感是建基于科学的专业知识之上的，专业知识对教师专业情感起着一种诱导作用，例如，教师一旦明白了热爱学生的道理，就很容易产生热爱学生的专业情感；小学教师有关专业情感的知识能够自觉控制其对教育事业的情感生成方向，增强小学教师情感形成的理智性，从而克服教师情感的随波逐流；专业知识还是小学教师强化专业情感的信息材料，许多专业情感的形成都是在教育情境中自然发生的，而一旦小学教师认识到了这些专业情感产生的内在道理，了解了相关专业知识，他的这种情感就可能因此被强化，使教师专业情感的深刻性程度大大增强。因此，教师专业知识与专业情感之间存在着一种相互催生、相互强化的关联性。

(四) 小学教师专业发展的实质是专业知识的增值与管理

小学教师专业发展的主题是专业知识的补偿或拓展，其他专业学习实践都是在这一基础上展开的；离开了教师专业知识习得与更新，教师专业发展实践就缺乏了专业内涵和专业水准。其实，小学教师专业发展有两条路径可循，即专业增权与专业增智，专业增权是通过国家、社会对小学教师专业自主权的授予来实现的；专业增智则是小学教师通过自身的专业学习来完成的。专业知识的丰富与习得是小学教师改变其专业发展方式的关键变量，是促使小学教师专业发展变轨的重要影响因子。小学教师专业发展的起因、机制、结果都离不开专业知识的吸收、运转，生产、拓展，优化、改进，在这一意义上，我们有理由认为：小学教师专业发展的实质就是其专业知识的增值与管理。

三、小学教师专业发展与其专业知识获得间的互动反哺关系

小学教师专业发展的成果不仅仅是他在专业上的成熟或成功，而且还会促使他获得大量的实践性知识与理性教育认识、教育思想；反之，教师专业知识的习得与提炼又会改进小学教师的专业发展状态与品质，进而体现出专业知识导引教师专业发展的特殊功能。因此，小学教师的专业发展与其专业知识习得之间具有一种反哺互促关系，利用好这一教师专业发展规律，我们才可能动态

地理解教师专业知识的功能。

(一) 小学教师的专业发展既要利用已有专业知识，又要自觉生产专业知识

小学教师在专业发展中如若单单求助于现成的专业发展知识，不仅可能会把教师发展带入死胡同，而且可能导致教师对这些专业知识理解的僵化，致使这些专业知识无法助推教师专业发展。因此，小学教师必须以生产、创造新专业知识的心态，即研究、求知的心态来开展教师专业发展活动，努力实现专业发展与专业知识生产之间的双赢。小学教师专业发展的良性发展模式是：在专业发展实践中不断总结教育经验，凝练专业知识，实现专业发展的自觉与自由，超越具体专业发展进程的限制与制约。我们有理由认为：没有专业知识支撑的专业发展是盲目的、低效的，没有形成专业知识的教师专业发展过程是非反思性的，教师专业发展的理想状态是让教师带着专业知识自觉地、反思性地投入教师专业发展实践，努力提高自身的发展能力。

(二) 小学教师专业发展的两大专业知识来源：反思性实践与专业学习实践

其实，小学教师专业发展的两大知识来源，一是借助反思自身的专业实践而形成的理性教育认识、专业知识与借助专业学习实践而获得的感性教育经验，即实践性教育知识，二是基于实践反思的自我学习、反思性学习与基于他人实践经验的专业知识学习、经验借鉴式学习。在反思性实践中，教师获得的是个体性专业知识，而专业学习实践中教师获得的是公共性专业知识或他人间接经验。当然，外来习得的专业知识需要转化成为小学教师的个体性知识才可能生效，这是一个将专业知识适用于具体教育教学实践场景，使之具体化、实践化、个体化的过程。没有这一转化过程，小学教师即便是在脑中储存了大量的专业知识，也只是死知识而已。教师专业发展的这两大知识来源恰恰说明了教师的专业发展与专业知识形成之间的动态循环关系。

(三) 小学教师专业发展与专业知识的生成和运用是同一个过程

从存在形态上看，小学教师专业发展过程与现成专业知识的运用、实践性专业知识的生成是合二为一的过程，二者互为同体性，它们统一于同一个过程。二者在教师专业过程中实现了相互统一、互促共生，如果教师将二者割裂开来，对之进行单项的强化或学习，反而不利于提高教师专业发展效能。可以说，专业知识运用、生成与教师专业发展是一体两面的关系，二者难以截然分开。专业知识的品质能够提高教师专业发展的水准与质量，教师学习大量优质的核心专业知识有助于小学教师专业发展进程的优化；教师专业发展是教师突破自身专业知识框架的武器与契机，在实践中获得的新教育教学知识能够促使小学教师突破既有知识结构的缺陷与僵化，由此催生他们在专业实践上的新突破。

第二节　小学教师专业知识的构成

优良、合理、丰富的教师专业知识结构是教师专业发展的基石，专业知识结构的缺陷极有可能成为教师专业发展的短板。小学教师专业知识的合理结构应该是怎样的？小学教师知识结构的特点有哪些？这些是我们开展小学教师培训、完善小学教师专业发展制度时需要首先考虑的问题。

一、小学教师专业知识的构成要素

针对教师专业知识结构的构成要素这一问题，国内外许多学者都做过大量的研究与探索，相关的研究成果较为丰富。在此，我们罗列一些比较具有代表性的研究成果，供广大教师学习者参考。

(一)林崇德的分类

北京师范大学林崇德教授关于教师专业知识的研究较具有代表性，堪称教师专业知识构成的经典研究成果。他认为，教师专业知识结构包括"五要素"，即本体性知识、条件性知识、背景性知识、实践性知识和工具性知识等。

（1）本体性知识，即教师所教学科的知识，如小学语文教师必须懂得一定的儿童文学、现代汉语、文学史、诗歌等知识。

（2）条件性知识，即教师开展教育教学实践所需要的教育学、心理学、学科教学法知识，它们是教师知识结构的特殊构成。例如小学数学教师，他们不仅要掌握一定的数学知识、算术知识，而且还要掌握一定的小学教育学、儿童心理学、小学数学教学理论知识。

（3）背景性知识，即教师开展教育教学活动所必需的时代性知识，如社会知识、人文知识、自然科学知识等。

（4）实践性知识，即针对教育实践而言非常有用的经验性知识，这些知识的最大特点是情境依存性、个体性等。

（5）工具性知识，即教师在教育教学活动中必需的关于知识传授工具的知识，如多媒体、现代教育技术等。

（二）舒尔曼（Shulman）的分类

美国学者舒尔曼对教师专业知识构成的研究堪称国外教师专业知识结构中的经典范例，该教师知识结构被国内外许多学者转引、借鉴、欣赏。显然，这一知识结构也适用于小学教师的知识结构。舒尔曼认为，教师专业知识包括一般教学知识、关于学习者的知识、学科教学知识、教学内容知识、背景知识、关于课程的知识、教育目标知识七类。这一知识构成中最为重要的是学科教学知识，即 PCK，它构成了教师专业知识结构的内核。（如图 6-2 所示）。

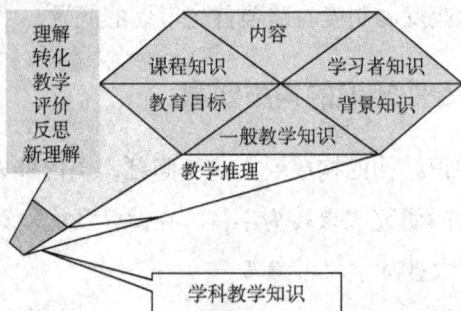

图 6-2　舒尔曼的 PCK 知识图示 ❶

（三）叶澜的分类

华东师范大学叶澜教授对教师专业知识的分类也较为著名，叶澜教授是按照层级化思路来理解教师专业知识构成的，她将教师专业知识分成了三个层级：

（1）基础层，即教师专业知识的根基，它主要涉及教师必须掌握的有关当代科学和人文两方面的基本知识，以及工具性学科的扎实基础和熟练运用的技能、技巧。

（2）第二层，即教师专业知识的中层，该层级要求教师应该具备 1~2 门学科的专门性知识与技能，它是教师胜任教学工作的基础性知识。

---

❶　蒋选亮. 学科教学知识 PCK, http://scpx.cersp.com/article/browse/318427.jspx.

(3) 第三层，即教师专业知识的顶层，主要涉及教师必须掌握的教育学科类知识，它由帮助教师认识教育对象、教育教学活动和展开教育研究的专门知识构成，是教师开展教育教学活动中经常会用到的专业知识类型。

(四) 其他分类

当然，还有其他学者对教师专业知识结构也进行过阐述，如袁宝菊认为，教师专业知识的构成主要是：科学文化知识、学科专业知识、教育学理论知识、实践性知识和行动研究中的科学方法知识。❶

这一分类的主要特点是重视教师专业发展方面的知识，如行动研究中的科学方法知识；整个教师知识类型的"理论——实践"谱系更为清楚，从关联较远的科学文化知识到与教育实践关联较近的科学方法知识，教师专业知识的层级线路较为清晰，值得我们借鉴。

(五)《小学教师专业发展标准》中的分类

无疑，新颁行的《小学教师专业发展标准》(以下简称《标准》) 中提及的小学教师专业知识构成更具权威性，具有较强的普及意义。在《标准》中，小学教师专业知识体系被剖解为四个组成部分。

1. 小学生发展知识

本部分涉及的教师专业知识主要包括五个：

(1) 法规知识，即关于小学生生存、发展和保护的有关法律法规及政策规定等方面的专业知识。

(2) 学生心理知识，即不同年龄及有特殊需要的小学生身心发展特点和规律，掌握保护和促进小学生身心健康发展的策略与方法等专业知识。

(3) 学习心理知识，即不同年龄小学生学习的特点，掌握小学生良好行为习惯养成的知识；幼小和小初衔接阶段小学生的心理特点，掌握并帮助小学生顺利过渡的方法等方面的知识。

(4) 心理健康知识，即有关对小学生进行青春期和性健康教育的知识和方法。

(5) 学生安全知识，即小学生安全防护的知识，以及掌握针对小学生可能出现的各种侵犯与伤害行为的预防与应对方法的知识。

---

❶ 袁宝菊 . 教师专业发展的知识基础研究 [J]. 平原大学学报，2005(1) .

拓展阅读

小学教师的知识结构 ❶

一是小学生发展的知识。小学教师如果仅仅了解小学生的身心发展特点和规律、学习特点和规律是不够的，还应了解小学生生存、发展和保护的有关法律法规及政策的规定，了解小学生安全防护的知识，以及各种侵犯和伤害行为的预防和应对方法，了解幼小和小初衔接阶段小学生的心理特点。

二是学科知识。除了熟练掌握所教学科的知识体系、基本思想与方法外，强调小学教师要了解多学科的知识，积极关注所教学科与社会实践的联系，与其他学科的联系。

三是教育教学的知识。要求小学教师掌握小学教育教学基本理论，小学生品行养成的特点和规律，不同年龄学生的认知规律，新课程标准和教学知识。这是现行小学教育的"短板"，大部分小学教师还是十几年或几十年前的教育教学观念，对新课程标准了解甚少，对新形势下小学生的特点认识欠充分，特别是新课程标准，亟待贯彻、学习、执行。

四是通史知识。小学教师应具有相应的自然科学和人文科学知识，艺术欣赏与表现的知识，现代化的信息技术知识。这些知识，是新形势下小学教师必须掌握的知识，是教师作为专业人员必须具备的素质。

2. 学科知识

本部分涉及的教师专业知识主要包括：

（1）相关学科知识，即适应小学综合性教学的要求，了解多学科方面的专业知识。

（2）本学科知识，即所教学科知识体系、基本思想与方法。

（3）学科延伸知识，即所教学科与社会实践的联系，了解与其他学科的联系等方面的知识。

3. 教育教学知识

本部分涉及的教师专业知识主要包括四个：

---

❶ 王巧丹. 小学教师的专业知识, http://www.wlteacher.org/main/note/view?projectId=740158&noteId=813306.

（1）教育理论知识，即小学教育教学方面的基本理论知识。

（2）德育理论知识，即有关小学生品行养成的特点和规律方面的知识。

（3）认知理论知识，即关于不同年龄小学生的认知规律方面的知识。

（4）课程标准知识，即有关所教学科的课程标准和教学知识。

4. 通识性知识

本部分涉及的教师专业知识主要包括四个：

（1）科学人文知识，即具有相应的自然科学和人文社会科学知识。

（2）国情知识，即有关中国教育基本情况方面的知识。

（3）艺术知识，即相应的艺术欣赏与表现知识。

（4）工具性知识，即具有适应教育内容、教学手段和方法现代化的信息技术知识。

二、小学教师的专业知识结构

关于教师专业知识结构的具体形态问题，许多学者给出了自己的诠释与认识。所谓"结构"，就是事物的各种组成要素之间构成的复杂联系，如果我们能将之用图示方式直接呈现出来，这就是教师专业知识结构图。无疑，这些教师专业知识结构图同样适用于小学教师的专业知识结构分析。我们把这些专业知识结构图在此做集中介绍。

（一）同心环型知识结构

教师知识结构是显性化的教育知识与不可显性化的背景性、实践性教育知识、是"是什么"的知识与"怎样做"的知识构成的统一体，二者之间构成了一种同心环型的结构（图6-3）。

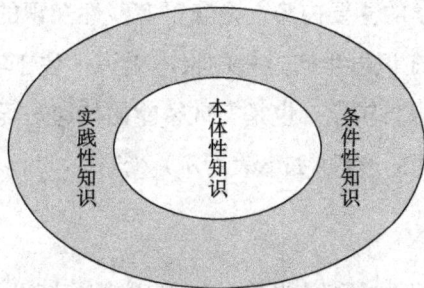

图6-3　同心环型教师知识结构

(二)"I""一""T""π"型知识结构

还有学者梳理出了四种教师知识结构类型，即"I"型、"一"型、"T"型和"π"型，❶这四种教师知识结构类型各有特征。"I"型知识结构的特征是：强调知识的纵向深度，但知识面较窄，只专不博，既不适应当今学科既大分化又大综合的趋势，也不利于全面提高学生的综合素质；"一"型知识结构的特点是：这类结构知识面较宽，各种知识都懂一点，但均不渗透，缺乏专业知识，它就像一把钝刀，在实际工作中缺少解决问题的力度，不能很好地支持新形势下的教学工作；"T"型知识结构的特点是：倡导"博"与"专"相结合，以博养专，以专促博，具有这种知识结构的教师拥有比较大的潜力，能更出色地完成教学任务；"π"型知识结构的特点是：在"T"型结构基础上又精通一门以上专业知识，即在广博的知识基础上精通两门或两门以上的专业知识，也就是我们通常说的"一专多能"的知识结构。结合当前教育形势发展的需要，我们认为，一线教师必须实现从"T"型知识结构向新知识结构，即"π"型知识结构过渡，"π"型知识结构才是一种合理的教师知识结构。

(三)"有机化"型知识结构

还有一批学者提出了教师知识结构的有机化模型。他们认为，教师的知识结构可以划分为四个层面——基础层、辅助层、中心层和实践层。知识要素是根据层次结构进行固化建构，进以形成教师的知识结构。不同知识层次的组成不同：位于基础层的是背景知识，它为教师的教学活动提供了必要的知识储备，教师可以随时从其中汲取信息丰富的条件性知识和本体性知识，促进知识的实践化；位于辅助层的是条件性知识，它是保障及优化教学的原则和方法论的知识，同时也为解决教育、教学中出现的问题提供方向；位于中心层的是本体性知识，它是教育、教学的主要内容，是获得实践性知识的理论依据，是背景知识、条件性知识实现知识再生产过程的根本渠道；位于实践层的是实践知识，它是对所有知识的校验与转化，也是实现智能的传递与再生产并将产生的新知识补充入其他三个层面的过程（如下表所示）。❷

---

❶ 李春密，徐月.新课程下中学物理教师的知识结构 [J].教师教育研究，2005(3).
❷ 王群，张泽民，袁苗."有机化"教师知识结构专业化的新要求 [J].教书育人，2007(8).

教师"有机化"知识结构的层次与要素的关系

层　次	种　类	知 识 内 涵
实践层	实践性知识	实验知识、实践知识
中心层	本体性知识	专业知识
辅助层	条件性知识	教育理论、综合跨学科知识、计算机知识、外语
基础层	背景性知识	自然科学知识、社会科学知识、哲学

　　上述对合理教师知识结构的研究具有一定的代表性和典型性，它们直观地反映了教师知识结构的构成及其内在关联方式，能够为我们深入探讨合理教师知识结构的形貌提供参考。

(四)"树形"知识结构

　　小学教师需要建立一种什么样的知识结构才能适应新形势下教育工作的需要呢？这是我们回溯前人对教师知识结构问题研究成果的归结点。在前三种教师知识结构类型中，"π"型知识结构强调教师知识的专博结合性，同心环型知识结构强调教师知识结构的知行结合性，而"有机化"知识结构强调教师知识的多层次性及内在互动性，它们各有所长，各有侧重，从不同角度阐明了社会发展对教师知识结构的多种需要。不过，当代社会是一个瞬息万变的社会，"唯有不变的是变化"，合理的教师知识结构绝非一个固定值，一个常量，一个静态的知识系统，而是一个动态发展中的变量，一个需要与时俱进、及时更新的暂时性知识体系。因此，发展性是小学教师知识结构的一个根本特征，围绕教育工作的需要而不断更新是教师知识结构以变应变、以一应百的一块基石。为此，小学教师的合理教师知识结构应该是"树形"的，"树形"知识结构才是当代教师知识结构的理想形态。

　　合理的教师知识结构应该是一个不断生长、向前发展的系统，各种知识类型密切关联、相互支持、协调配合、有机统一，进而构成了一个从基础知识层——核心知识层——边缘知识层不断生长、延伸的树形图。在教师知识结构中，每种知识都拥有一个合理的位置，都发挥着一定功能，它们在相互协作中共同服务于教师教学活动的开展。具体而言，在教师知识结构中包括四个重要环节：

（1）小学教师知识结构的基础是本体性知识，即"教什么的知识"。本体性知识是教师知识结构大厦的根基，是教师之所以能够胜任教师角色的基本条件，是一切其他教师知识类型赖以生存之"根"。教师工作的实质是通过教人以知识来服务于社会，来促进年轻一代的成长，故教师的专业知识、任教学科知识是确立其在教育行业中的社会地位的一块基石。缺乏一定学科专业知识，教师的其他知识，如条件性知识、工具性知识、背景性知识就没有存在的必要；而教师的其他知识类型只有着生于、附着在教师的本体性知识基础之上才能展示其存在的价值和意义。

（2）小学教师知识结构的核心是条件性知识，即"如何教的知识"。有一定知识的人不一定就能够胜任教师工作，只有具有一定的教育专业知识，他才可能懂得怎样教书，才可能胜任教育工作。因此，条件性知识是教师的特色知识，是教师知识结构的特殊性所在。进一步讲，条件性知识是教师知识结构中的特殊构成，是教师知识之树的"干"，是支撑其工具性知识、实践性知识和背景性知识的梁柱。当然，条件性知识是为本体性知识的传授服务的，是建基于、生长于教师的本体性知识之上的，故它必须积极适应本体性知识的特征才可能顺利发挥自身功能，实现对学科知识的传递。

（3）小学教师知识结构的重要构成是"教学相关知识"，即工具性知识、实践性知识和背景性知识。在教师知识结构中，工具性知识、实践性知识、背景性知识显然处于边缘地位，它们构成了教师的"教学相关知识"，在教师的知识传授过程中发挥着辅助性功能。应该说，没有这些知识，教师的知识结构必然是残缺的，教师是无法顺利实施其教育教学工作的。其中，工具性知识是教师知识传授过程的辅助性媒体，实践性知识是教师准确应用条件性知识、教育理论的重要桥梁；而背景性知识是教师理解、认识教育活动过程的辅助性信息。有了这些知识的配合，教师利用条件性知识对本体性知识的传递过程才可能是一路无阻的，教师的教育工作也才可能实现顺利推进。

（4）小学教师知识结构的统合部是"学会教学"。在小学教师的知识结构中贯穿着一条主线，那就是：所有知识都服务于教师"学会教学"这一实践目的，都以服务于教师发展为归宿。所以，帮助教师"学会教学"是所有教师知识类型的统合部，是将所有教师知识融为一体、关联一起的纽带和隐线。帮助教师

"学会教学"不仅是将所有教师知识以结构化的形式连接起来的主轴，而且还是推动教师知识结构实现开放式增长的动力，是赋予教师知识结构以开放性、动态性特征的根源。换句话说，正是由于教师有"学会教学"的意图与目的，教师才会不断去学习新的教师知识，拓宽教师知识的广度和深度，从而使教师知识结构时刻处在动态性地增长、延伸之中。如果说教师知识结构之树是"长青"的，是不断生长着的，那么，支撑这一"生长"活动的动力源就是教师"学会教学"的热情和冲劲。也正是基于此，本书认为，小学教师的知识结构应该是动态开放的，发展性是其根本特征，"树形"是直观地描述教师知识结构的一个最佳图式。为了胜任未来的教育工作，每位小学教师应该以之为参照，努力完善和改进自己的知识结构。

三、理想的小学教师专业知识结构的内容特点

上述教师专业知识结构图为小学教师知识结构的塑造与完善提供了参照，在此基础上形成理想的小学教师专业知识结构是小学教师专业发展的重要内容。因此，厘清理想小学教师专业知识结构的特点，并以此为方向进行针对性培养，是助推小学教师专业迅速成熟的科学路径。从静态意义上看，理想的小学教师专业知识结构在内容上应该具有以下六个特点。

(一) 博

小学教师职业是以知识授受为主业的专门职业，教师只有具备广博的知识，包括自然科学、人文科学、社会科学、历史科学等各方面的知识才能适应小学生多样化的知识需求，满足小学生不断增强的求知欲。小学教师至少应该具备以下四个方面的广博知识：广博的文化知识，如社会文化、历史文化、人类文化、科技文化等方面的知识；广博的各学科基础知识，如自然科学基础知识、人文科学基础知识与历史学基础知识等；广博的文体知识，如文艺、体育、娱乐等方面的广博知识；广博的人际交往知识，如人际沟通知识、社会交往知识等。这些广博的知识从侧面辅助着小学教师对学科知识的掌握，可以说，这些知识就是帮助小学生溶解、吸收所教学科知识的"溶剂"。

(二) 专

小学教师必须具有专门性知识，专博结合才是理想的小学教师专业知识结

构特点。这种专门性主要表现在三个方面，即专门的教育教学知识，这是小学教师开展教育教学活动必需的知识构成；专门的教育技术知识，这是辅助小学教师传递学科知识的知识形态；小学德育与智育知识，这是帮助小学教师完成好自己的主业——教书育人工作时所必需的专业知识内容。

（三）精

博与专分别强调的是教师专业知识的广度与深度，而"精"则主要强调的是小学教师专业知识结构的熟练程度。小学教师专业知识结构的"精"主要体现为：精深的教学艺术知识，即在教学实践中能够精炼地使用这些知识；精细的学生观察知识，即教师能够细致入微地了解小学生，据此形成教育教学对策的知识；精确的任教学科知识，即对所教学科知识的理解与掌握达到了高度精准的水平，能够确保小学生所学到的学科知识准确无误。

（四）杂

小学教师职业的特殊性决定了它需要芜杂的专业知识构成，小学教师就是掌握多种专业知识的"杂家"。小学教师起码应该具备以下各类知识结构类型，如小学生生理健康知识、学校生活安全知识、相关教育法律知识、学习科学方面的知识、小学教育教学知识、小学生心理特点与健康知识、中国教育情况知识等。这些知识难以用一个学科统合起来，"杂"的特点一览无余。

（五）统

小学教师的理想专业知识结构还应该有"统"的特点，即统合性、统整性。小学教师具备的上述知识具有一些统一的线索，并借助这些线索被关联了起来。小学教师的专业知识具有三条"统一"的线索，即统一于小学教师专业发展的需要、统一于小学教师一身、统一于小学教育工作的任务与目标。有了这三个"统合点"，小学教师复杂的知识类型就不会显得杂乱无章。

（六）变

理想的小学教师专业知识结构还必须具有"变"的特点，即与时俱进、动态发展的特点。仅仅具有静态、僵化的知识结构是难以永续支撑小学教师工作需要的。小学教师专业知识结构的多变性、应变性体现在三个方面，即小学教师必须因地制宜地更新专业知识，以适应新教育环境、教育对象、教育时代的需要；小学教师必须与时俱进地塑造知识结构，努力使自己的专业知识结构与外在教育环境的需求相契合；小学教师必须顺应教育改革形势变化及时发展自己的专业知识，借助教育实践的反思与磨炼来完善自己的专业知识结构。

第三节　小学教师专业知识结构的完善

动态性、发展性是小学教师专业知识结构的显著特点，这一特点要求小学教师要不断地完善、发展、优化自己的专业知识结构，方能保证自身专业发展进程的顺利推进。在本节中，我们将从小学教师专业知识结构的发展性特点出发来探讨如何促进其专业知识结构完善这一问题。

一、小学教师专业知识结构的发展特点

从动态的角度来看，小学教师专业知识结构的发展性具有多样化的内涵与表现，它们构成了小学教师专业知识结构的发展性特点。

(一)兼容并蓄性

小学教师职业是一个涉及知识面较宽，实践性较强的专门性行业，因此，几乎人类社会产生的各种知识形态、知识成果都有可能在小学教育实践中被涉及。小学教师专业知识结构的兼容并蓄性就是对这一专业属性的反映。兼容并蓄性在小学教师专业知识结构发展中具有以下三个含义：

首先，小学教师工作是一种知识密集型工作，教师必须具有丰富多样的知识才能够履行其工作职责。一个善于积累专业知识、拓展专业知识领域、对新知识充满好奇心态的小学教师才是一名优秀的小学教师。

其次，小学教师的专业知识结构具有多元性、综合性和复合性，教育工作需要一种具有复合性知识结构的教师，因此，小学教师必须积极吸纳新教育知识，善于将这些繁杂的知识类型及时吸纳进自己的专业知识构成中去，以期有力应对复杂多变的教育情境需求。

最后，小学教师只有对各种专业知识兼容并蓄，才可能形成一种相对完美的专业知识结构。仅仅求助于职前教师教育的知识积累，仅仅依靠个人经验基础，一个小学教师是难以适应多样化的教育变革要求的。小学教师只有"眼观

六路、耳听八方"，才能够保证自己的专业知识结构与外界教育环境保持一致。

(二) 动态关联性

小学教师的专业知识结构中，各种专业知识构成要素之间是相互沟通、密切关联的，它们既相互协作，又相互催生，共同服务于小学教师的专业成长进程。具体而言，小学教师的五类基本专业知识之间的关联方式是：以条件性知识为核心，将教师的其他四种知识类型关联起来，形成了知识间的复杂网络关系。也就是说，在小学教师专业知识发展中，本体性知识是条件性知识的基础，而工具性知识、实践性知识与背景性知识又是小学教师的条件性知识正常运转的外围条件。在实际运作中，小学教师专业知识结构的完善是以帮助教师"学会教学"为中心，将教师的五种知识类型动态关联起来。所有教师知识类型存在的最终使命是服务于教师"学会教学"这一目的和过程，服务于教师的发展与成长。离开了"学会教学"这一实践目的，教师的知识结构可能会被肢解为零散的知识碎片，各种知识之间的联系由此会化为乌有，知识间的互促共生关系随之解体。实际上，教师专业知识构成之间形成的每一种关联都是相互沟通、互动的通道，是各种知识之间信息、智慧互通的渠道。

(三) 立体开放性

小学教师专业知识结构的另一个关键特征是立体性与开放性，以立体性为基础的开放性是现代教师知识结构的应有品格。小学教师专业知识结构的开放性是一种"立体的开放"，即向各个维度，如知识的深度、广度与精度的全面开放，而非"平面的开放"。所谓"开放性"，就是指教师的知识结构不是封闭的，其所包含的知识类型不是固定的、静态的，而是随着社会的发展和教育工作的需要而不断被加入新的内容，并在各个维度上不断深化，以此满足小学教育实践对教师专业发展的各种要求与素质期待。其实，教师的专业知识结构始终是因应时代的变化而不断变化的，例如，在古代，教师知识结构中根本不可能有信息化教学媒体知识；而在当代，它已成为教师知识结构中不可缺少的元素。可以想象，在未来教师知识结构中，机器人辅助教学等知识极有可能会成为教师知识结构中的一个必备成分。

(四) 发展不均衡性

在教师知识结构中，不同知识类型的发展速度、时间、快慢是不均衡的，从而呈现非同步性的特点。例如，研究表明：1~10年教龄的教师其条件性知识与实践性知识之间呈现出较明显的同步发展趋向，10~20年教龄的教师开始出现不同步但尚属同向发展的趋势，这是因为教师的教学实践能力要以条件性知识作为其理论支撑，它是教师成功教学的重要保障之一，而在20年教龄以后，教师的这两类知识表现出相反方向的发展趋势。同时，其他教师的知识类型也不是随着教龄的增长而同步增长的（见图6-4）。❶实践也表明：教师的本体性知识的增长是迅速的，而教师的实践性知识的增长则需要以一定的教育经验为支撑，其增长速度则是缓慢的。显然，小学教师专业知识结构在发展中同样具有这种不平衡性特点。

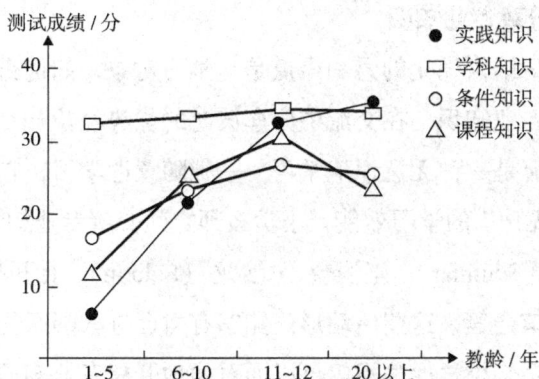

图6-4　不同教龄教师4类知识得分变化趋势图

二、小学教师专业知识结构优化的一般渠道

小学教师专业知识结构只有在不断优化中才能更加符合小学教育实践的多样化需要与多变性特点，知识结构优化是小学教师的必修功课之一。在当代教育实践中，小学教师专业知识结构优化的常见渠道是：学习、交流、实践、研究与反思。综合利用好这些渠道是小学教师专业知识结构不断趋于优化的出路。

（一）学习：丰富专业知识

学习是人从外界吸取新信息、新经验、新技能的过程，专业学习是小学教

❶　孙自挥. 课改背景下中学英语教师知识结构状况及特点研究 [J]. 中国教育学刊，2007(5).

师获取丰富专业知识的基础路径。在教育实践中，小学教师总会遇到新问题、新情境，总会遇到已有知识结构难以应对的问题。在这种情况下，小学教师必须借助学习活动来处置这些实践难题，及时适应教育环境的需要。在教育实践中，教师既可以向教师同行学习，也可以向教育对象——小学生学习，学习他们理解学习问题的方式、提高学习效能的经验；教师既可以在课堂中学、在实践中学，还可以在生活中、在反思中学，不断弥补自身专业知识上的不足与缺陷；教师既可以创造条件进行自学，还可以主动向他人学习，尤其是向教育专家、优秀同事学习。应该说，教师学习的对象应该不拘一格，"学者无常师""知高即可为师"，这就是小学教师专业学习的开放性内涵。

（二）交流：分享专业知识

教师专业知识结构优化的另一渠道是与学习对象，如优秀教师、教育专家共享各自拥有的专业知识，在交流中分享彼此的优势经验与专业卓见。在实践中，师生间的交流是一种无意识地学习，一种随意性学习，它能够在互动交流中产生"润物细无声"的学习效能。小学教师之间交流专业知识的形式有很多，例如举办研讨会（Seminar）、座谈会、"沙龙"（Saloon），召开教学经验交流会，举办优秀教师联谊会等，这些活动形式能够有力促进教师间优势经验的流转与分享。在现代社会，小学教师不仅可以面对面地开展专业知识交流，还可以在网上利用虚拟社区这一平台开展"空中交流"，如小学教师可以利用网上虚拟社区、QQ 和微信群、教育博客、中国教师网站等平台共享实践经验与研究成果，方便拓展自己的专业知识。

（三）实践：摸索专业知识

相对其他专业知识习得渠道而言，参与教育实践才是小学教师获取专业知识的常规舞台与根本渠道，基于教育实践的探索与反思是小学教师专业知识扩展的途径。课堂就是学堂，任职学校就是教师专业发展学校。鼓励小学教师走进实践，走进校园，走进中小学课堂，走进一线教师的教育生活中，利用好教育实践自身的专业发展功能，是小学教师专业知识结构优化的重要渠道。实践证明自己缺什么，就在实践中研究什么，就补充哪种知识营养。这正是小学教师专业实践的专业知识生产职能。一旦教师在实践中发现自己知识结构的缺陷，他在实践及其反思中就可能自觉去生产这些知识内容，例如从教的相应实践性知识，扩充教育活动的情景性知识，理解教材内容的背景性知识等。可以说，教育实践是小学教师专业知识量的总库存，也是小学教师获取专业知识的储备库。

(四) 研究: 创生专业知识

教学即研究，教师即研究者，这是当代教育理念的重要内容。第一种是边搞教学活动，边开展行动研究、课题研究，小学教师就能够创生出大量的专业知识，满足自己专业知识的现实需要。在教学实践中，小学教师开展研究活动的形式有很多，如参与各种课题，尤其是各种紧密结合教学实践开展的小课题研究，这是教师获取专业知识的最佳途径，它能够有效克服教师自己做研究与专门配合专家课题研究这两种研究方式的缺陷，帮助小学教师获得教育教学实践最需要的专业知识。第二种是校本研究，即"基于学校、为了学校"的研究活动，它是解决学校面临的共同教学难题与发展难题的有效手段。第三种是教师开展自主研究。借助这种研究方式，小学教师可以根据自己的知识需求，借助教学与研究相结合的方式，及时解决自己面对的专业发展问题，满足自身个性化的专业知识需求。

(五) 反思: 提取专业知识

所谓反思，即教师在工作一段时间之后，对自己的教育教学工作状况回过头来思考，从中发现自己的教育教学问题，积累成功的教育教学经验，提炼出实践需要的专业知识。其实，反思就是一种"元认知"，是他们省视自己的学习活动，回顾自己的教学实习、实践，建构实践性知识的重要途径。因此，反思本身是小学教师获取自身亟需专业知识、优化自己知识结构的有效渠道之一。在实践中，小学教师值得反思的实践内容很多，如对自身知识结构的反思，探明自己专业知识结构优化的方向；对自己的教学实践进行反思，吸取自身实践中积累的专业知识；对自己的学习过程进行反思，吸取自身的教师专业发展知识，增强对自身专业发展全程的监控能力。

三、小学教师专业知识结构优化的统整原则

对小学教师而言，专业知识结构的优化不能修修补补、各自为政，而必须坚持统整的原则，确保优化的最终效能。所谓统整原则，就是指小学教师在专

业知识结构优化中应该按照整体统筹、局部整合、融会贯通的原则，努力提升其专业知识结构的整体效能，提高教师知识结构针对小学教育教学实践而言的适应性。具体而言，小学教师的专业知识结构统整原则包括以下具体内容。

(一) 自我统整：自我发展为本

在专业知识结构优化中，小学教师一定要坚持自我发展为本的原则，针对个人专业发展的缺陷与需要，及时确定知识结构优化的方向与重点，促进教师自身的专业自我优化与改善，提高教师专业发展的复合效能。为了体现这一原则，小学教师在知识结构优化中要强调三条：其一，以专业自我为核心，这是因为完善专业自我是教师知识结构优化的中心目标，教师的专业成熟主要体现为专业自我的成熟与完善；其二，以自我审视为入手点，因为教师只有及时开展自我审视，才能够发现自己的专业知识结构的优劣，明确自身专业知识结构优化的方向；其三，以自我调整为实践途径，这是因为针对实践需求的自我调整是教师专业知识结构优化的主要途径，它能够确保小学教师专业知识结构调整与实践需要之间的充分吻合。

(二) 实践统整：实践需要导向

教师知识结构优化中主要涉及两大内核，一是教师的专业自我这一中心，二是教育教学实践这一中心，小学教师专业知识结构的优化实际上是"双核驱动"式的。实践统整的原则实际上就是坚持实践需要为主的教师知识结构优化思路，努力体现教师专业知识结构优化服务于教育实践需要的宗旨。小学教师是反思性实践者，实践反思是教师知识生产的重要渠道，它能够为小学教师生产出自身目前所不具备的专业知识内容；实践是检测教师知识结构质量的标尺，它能够判定出教师专业结构的质量，为教师专业知识结构改进提供建议与思路；从教师专业知识结构优化的价值诉求来看，为创建优质教学而不断完善知识结构是教师改进知识结构的最终目的，坚持实践需要导向这一教师专业知识结构改进原则具有科学性。

(三) 阶段统整：迈向名师之路

在知识结构优化中，小学教师要坚持统整原则，还应该做到阶段性统整，即为每一个职业发展阶段确定好知识结构统整的任务，确保各个阶段在顺次推进中达到教师专业发展的最终目的——成为一名好教师。在不同专业发展阶段，小学教师专业知识结构统整的重点应该有所差异：职前准备阶段，小学教师的专业知识结构统整应该以教育理论知识与学科理论知识为主，努力形成合理的理论教育知识结构，满足教师未来持续发展的需要；在教师入职阶段，专业知识结构统整应该坚持以经验性知识为主，促使新入职小学教师从各个维度整合经验性教育知识，如班级管理经验、课堂教学经验、教学研究经验等，以求顺利完成入职任务；在职成熟阶段，小学教师专业知识结构统整应该坚持以创造性、案例性、策略性知识为主，促使教师收集和创造出优质、典范的教育教学案例，及时组织、整合教学创造方面的专业知识，为酝酿教师专业实践效能的历史性突破，助推教师专业上的超常规发展提供充分准备。

第七章 小学教师的专业能力建设

专业能力是小学教师专业素养中的"硬指标"，能力本位的教师专业能力观在当代小学教师教育实践中尤为流行。作为一名小学教师，要想在小学课堂上、小学生心目里与小学教师同事中站稳脚跟，就必须具备过硬的专业能力修养。推进小学教师专业能力建设，提升小学教师专业能力水平，是当代小学教师培养实践的攻坚环节。在本章中，我们将围绕小学教师的专业能力内涵、要素及其建设途径等问题进行探究。

第一节 小学教师专业能力建设的意义

与专业知识相比，"能力比学历更重要"，教师专业能力建设是小学教师专业发展中最具挑战性、实质性的内容。什么是教师专业能力？教师专业能力建设的意义在哪里？小学教师专业能力建设的举措有哪些？搞清这些问题是我们进入教师专业能力问题探讨的起点。

一、小学教师专业能力及其建设

教师专业能力是教师专业资质的核心构成。认清这一专业资质的具体内涵，有助于小学教师灵活驾驭专业能力建设进程，达到预期的建设目标。

(一) 教师专业能力

教师专业能力的有无是检验一位教师专业水平的核心指标。所谓教师专业能力，就是教师胜任、做好教育工作所必需的各种专门能力的综合，例如语言表达能力、教学设计能力、课程实施能力、教学评价能力、教育媒体应用能力等。现代教师必备的两种基本专业能力是教育能力与教学能力，它们构成了教师专业能力的基本内涵。只有具备一定的教育教学能力的教师才有资格成为一名小学教师，教师专业资质的基本内涵是教师专业能力的发展状况与程度水平。

(二) 教师专业能力建设

教师专业发展的主要内容是提升教师的专业能力，教师培养的根本目标是发展教师的各项专业能力，教师专业能力建设就是教师教育相关机构或教师自己对其开展教育教学工作所必需的各种专门能力进行有针对性地培养、训练、提高，使之更加适合小学教育工作特殊需要的过程。教师教育是教师专业能力建设的常规途径，但教师专业能力建设不等于教师教育，它包括比教师教育更为宽广的内容，例如，教师自我的自觉专业修炼、教师参与各种教师专业素质拓展训练、建设完善的教师专业发展制度、组建教师专业共同体等，它们都属于教师专业能力建设的内容组成。要全面理解教师专业能力建设，我们应该从以下几方面考虑：

首先，教师专业能力建设是教师素质提升工程的核心环节。教师专业素质提升工程的目标很多，如提升教师的专业道德、专业知识、专业情感，相对而言，教师专业能力提升才是其核心内容。

其次，教师专业能力建设是多管齐下的过程。这一过程的展开不仅需要相关教育政策制度的配合、教师培训机构的积极参与、教师任职学校的自觉培养，更需要教师自身的实践反思与不懈努力，多管齐下、紧密配合是教师专业能力建设达到预期目的的有效出路。

再次，教师专业能力建设的效能取决于教师的积极参与。只有在教师愿意参与、认真对待的情况下，教师的专业能力建设实践才可能达到预期效果。反之，一旦教师不认可专业能力建设这一做法，甚至无形中抵制专业能力建设要求，教师的专业能力建设活动就可能变得低效，甚至无效。

最后，教师专业能力建设离不开一定的政策与制度环境的支持与配合。教师专业能力建设是外部环境与教师自身努力相统一的过程，教师只有在科学、有利的政策环境与制度配合下才可能达到预期的理想建设效果。

(三) 小学教师专业能力建设

将教师专业能力建设工程具体到小学教师专业发展实践中，我们可以认为：小学教师专业能力建设是小学教师在教师管理机构的配合下，在相关教育理念的引导下，积极开展相关专业训练、专业实践与专业学习活动，促使其教育教学专业能力不断提升的过程。相对于其他学龄段教师而言，小学教师需要的专业能力更强、专业要求更高，小学教师只有着力提升自己的各种教育教学能力，才能够使自己的实践活动达到预期的专业标准。当代研究者认为：小学教师专业能力建设是一个持续、逐步、多管齐下的过程，它需要教师在一定专业积累、自觉学习与实践参与的过程中才能实现，小学教师只有善于积累、勇于实践、不断磨炼，他们的专业能力建设才可能出成绩、见效果。

二、专业能力建设对小学教师专业发展的意义

在当下的教育时代，教师专业能力对小学教师专业发展而言意义尤其重大。小学教师如若不能对教师专业能力建设的现实意义形成充分的认识，则极有可能在这一过程中迷失方向，最终贻误专业发展的时机。

(一) 能力本位的现代教师教育理念

在当代，小学教师的专业能力建设之所以如此受人重视，其个中原因还在于能力本位教育思潮在教师教育实践领域中的日益流行与广泛受宠。所谓能力本位教育（Competency Based Education，简称 CBE），就是强调培养从业者的实践能力的一种职业教育思潮。❶ 该教育理念产生于"二战"后，流行于 20 世纪末期，它以美国、加拿大的能力本位教育理论为代表。该理念的核心思想是：职业教育的设计应该从职业岗位的需要出发，准确确定从业者的能力发展目标，据此展开各项教育活动。在美国，能力本位教育的实施者沿用的是以下具体做法：首先，通过学校聘请行业中一批具有代表性的专家组成专业委员会，按照岗位群的需要，层层分解，确定从事行业所应具备的能力，明确培养目标。然后，再由学校组织相关教学人员，以这些能力为目标，设置课程、组织教学内容，最后考核培养者是否达到了这些能力要求。

❶ 能力本位教育，http://baike.baidu.com/view/3245802.htm.

能力本位教育思潮的明显特点是：以重视获得岗位操作能力为目标，提倡以能力为基础开展职业教育。20世纪60年代后，这一思潮被用于美国职业教育的师资培训，后被传入加拿大，80年代又逐渐推广到了欧亚国家及澳大利亚，对欧美职业教育、教师培训产生了深远影响。

可见，能力本位教育思潮的主要内容是：以全面分析职业角色活动为出发点，以提供产业界和社会对培训对象履行岗位职责所需要的能力为基本原则，强调学员在学习过程中的主导地位，其核心是如何使学员具备从事某一职业所必需的实际能力。能力本位型职业教育是以从事某一具体职业所必须具备的能力为出发点来确定培养目标，设计教学内容、方法和过程，评估教学效果的一种教学思想与实践模式。

该理念对当代小学教师的专业能力建设实践具有启迪意义。将上述理念具体到小学教师专业能力建设上，它要求小学教师能力的培养要从教育教学工作需要的各项实际能力分析与培养入手，通过对小学教师进行各种专项能力的针对性培养与培训，不断提高小学教师的各项专门能力，增强小学教师驾驭具体教育教学实践活动的综合能力。

(二)专业能力建设是助推小学教师专业成熟的重要手段

小学教师专业发展的直接目标是促使他们实现专业上的成熟与成功，而达成这一目标的直接手段就是专业能力建设。换言之，在各种教师专业发展手段，如专业知识习得、专业道德提升、专业精神培养、专业信念培育中，专业能力建设是最有力、最有效、最关键的手段之一。专业能力建设对小学教师专业成熟的重要性体现在三个方面：

第一，专业知识只是小学教师专业能力形成的基础。在教育教学实践中，小学教师把专业知识转化为专业能力，直接提高自身的实践能力与实践效率，才是小学教师专业发展的最终目的。

第二，专业态度只是助推小学教师专业能力发挥的主观因素。只有依托并凭借教师专业能力建设实践，小学教师专业态度对教师专业发展的积极意义才能间接彰显出来。专业态度对教师专业发展的主要作用就是促进性，而这种促进性的直接表现就是促进小学教师专业能力的形成与发展。

第三，专业能力是决定小学教师教育教学效能形成的关键变量。换言之，小学教师的其他专业修养，如专业知识、专业道德、专业态度等，都只能通过小学教师专业能力的间接作用与承载来实现，专业能力的培养程度与发展水平体现着其他教师专业素养培养的意义与价值。

第四，专业能力建设是小学教师培养活动的关键一环，是所有教师专业发展活动的集结点。在专业能力建设中，小学教师的其他专业修养水平及其效能得以集中体现与表达。在这一意义上，没有教师专业能力建设的实践，教师的专业培训、培养活动都有可能落空。

(三) 专业能力水准是评价小学教师质量的硬指标，是教师专业能力建设的重点

在评价小学教师质量中，尽管会涉及其他多样化的指标，但相对于专业能力标准而言，这些标准都显得无足轻重。教师专业能力水准是小学教师评价指标体系中的硬指标，它构成了教师专业能力建设的重点内容。小学教师专业素养的评价维度具有多元性，专业能力是各个评价维度的统合部，坚持教师专业能力为重的原则是科学的教师评价思路的体现。小学教师的专业能力水平综合体现着教师的其他专业素质，内含着对其他各项指标的评价，这是因为小学教师专业能力状况是最具有社会认可度的一项评价指标，而且，小学教师专业能力建设能够带动教师整体专业素养的提高。正是在这一意义基础上，我们才有理由认为：小学教师专业能力水准的评价与提高关系着小学教师专业发展的全部内容。

(四) 专业能力建设是加速小学教师行业专业化建设的需要

小学教师行业必须按照专业化的思路来建设，这是提高我国小学教师行业的整体竞争力与发展水平的重要理念依托。就当代而言，专业化建设既是小学教师行业发展的主题，也是小学教师行业建设的重点，专业能力建设则是其重中之重。针对这一点，我们可以从三个角度来思考：

首先，专业化的小学教师行业是立足于每个教师的专业能力之上的。无论是专业的行业建设标准、建设规范，还是专业的教育教学活动要求，都需要教师的专业能力来支持和实现。小学教师的专业能力建设才是整个行业建设迈向专业化的坚强依托，大力提高每一位小学教师的授课能力、教学设计能力、课堂管理能力、教材分析能力等才是推进小学教师行业专业化发展的切入点。

其次，制定教师专业能力标准，推进小学教师专业能力建设，是增强小学教师行业从业者的不可替代性的选择。专业能力标准是小学教师行业专业化要求的具体体现，按照专业能力标准来建设小学教师行业才可能使这一行业的建设工作具有可操作性。

最后，小学教师行业整体专业能力的水准是小学教师行业专业化水平的标志。也就是说，专业能力标准的落实与教师专业能力的水平其实就是衡量小学教师行业专业化建设水平的最具认可度的衡量标尺。换言之，小学教师行业的专业化主要不是体现在教师的学历高低、教师资格证持有率，而要看全体教师在教育教学实践中的专业表现，即专业能力。

三、国外小学教师专业能力建设的举措

世界各国都在大力推进小学教师行业的专业能力建设工作，努力提高小学教师行业的专业水准。无疑，各国推进小学教师行业能力建设的对策与举措不一而同，但其主题却是共同的，即加强小学教师行业的专业化水平建设，为教师专业发展提供更为优越的政策环境与发展平台，努力促进小学教师专业能力的持续提高。

(一) 美国：颁行优秀教师专业发展标准

美国教师专业化的历程启动比较早，尤其是在 20 世纪末期，教师行业，包括小学教师行业的专业能力建设进程加速，非常值得我们关注。1989 年，美国全国专业教学标准委员会发布了一项政策——《教师应该知道什么，应该能够做什么》，其中明确要求：美国中小学教师要按照优秀教师的"五项能力"标准来建设教师行业。❶ 这五项能力标准是：教师应该致力于学生的发展和学习；教师应该精通学科知识，并知道如何将学科知识传授给学生；教师应该负责管理和监控学生的学习；教师应该系统地考虑自己的教学实践并从经验中学习；教师应该是学习型社区的成员等。统观这五项标准，我们不难发现，教师专业能力建设重点是：大力提高小学教师行业的专业判断力、应变能力，以及教师与人沟通的能力，为教师全面应对教育问题准备多样化的专业能力，大力提高

---

❶ 李宝荣. 美国优秀教师专业发展标准及认证制度 [J].http://www.lwlm.com/ jiaoyulilun/200806/ 52149.htm.

小学教师队伍的专业胜任力。

(二) 英国：建立新教师入职培训制度

在英国，大致在同一时代，国家教育行政部门就提出了中小学教师行业的专业能力建设要求。❶1991 年，英国教育和科学部发表了皇家督学团提交的报告——《英格兰和威尔士以学校为基地的职前师资培训》，要求借助校本培训的形式来提高小学教师行业的专业能力水准。在这一报告中，英国要求建立规范的新教师入职培训制度，据此推进小学教师专业能力建设，包括以下具体内容：建立入职培训的监督和支持体系，为新教师配置专业指导教师。指导教师需要做好以下两项工作：其一，根据新教师个人任教简况表中对其专业发展的情况和专业领域的判定为新教师制订适应新教师专业成长的目标和计划；其二，利用各种工作对新教师实施辅助和监督，具体包括：明确新教师的基本需求、制订发展目标、明确相应的行动计划、对新教师的教学进行课堂观察和专业考查等。借助这些制度，英国希望能够在新教师入职环节加大教师专业能力培养力度。

在入职培训完毕之后，新教师还必须接受入职培训的效能评估，整个评估活动分三步进行，实施这一评估活动的组织形式是评估会：

（1）第一次正式评估会。该评估一般在第一学期末进行，主要评价新教师达到合格教师资格授予标准的程度，并开始完成入职培训标准的要求。

（2）第二次评估会议。该评估活动一般在第二学期末进行，主要是关于新教师完成入职培训标准的进展情况。

（3）第三次评估会议。该次评估一般在第三学期末进行，主要讨论新教师是否达到所有入职培训标准的要求。❷

通过新教师入职培训与评估制度的建立，英国小学教师专业能力建设就获得了坚实的制度保证，整个行业的专业化建设水平明显提高。

---

❶ 姜娜，许明. 教师专业成长的重要途径——英国新教师入职培训制度概述 [J].http://www.jn.qdedu.net/newsInfo.aspx?pkId=5271.

❷ 周煦. 英国新教师入职培训制度的启示 [J]. 职业教育研究，2007(5)．

拓展阅读 7-1❶

英国新教师入职培训制度简介

在新教师入职培训过程中，中小学校长、指导教师、学校董事会与有关机构（主要指地方教育当局）分别担负不同的职责，共同配合，完成两个重要内容：一是对新教师进行监督与支持，二是对新教师进行评估。对新教师的监督与支持包括四个方面：①明确新教师专业发展的基本需求；②设定专业成长目标和行动计划；③听课；④召开专业考查会议。对新教师表现的评估分三次进行，通常第一次评估在第一学期末进行，主要评价新教师达到合格教师资格授予标准的程度。第二次评估在第二学期末举行，主要是评价新教师为达到入职培训标准的学习进展情况。最后一次评估在第三学期末举行，主要讨论新教师是否达到了入职培训标准的要求。在每次评估后，校长、指导教师与新教师都要填好评价表，以反映新教师是否取得进步，是否圆满完成了入职培训计划。评价表应在评估后的 10 个工作日之内送交专门机构，并将复印件送给新教师与校长各一份。

（三）日本：颁布《新任教师研修制度》

日本同样非常重视小学教师的专业能力建设。近年来，日本选择的改革入手点与英国相似，即重视新任小学教师的专业能力建设，及时完善各项小学教师专业发展制度。❷1989 年，日本正式颁布并开始实施的《新任教师研修制度》就是其集中体现。

在该《研修制度》中，日本明确规定：规定新任教师在为期一年的研修中必须一边在校内接受每周大约两天以指导教师为主的指导性研修，一边到校外的教育研修中心参加每周一天的研究活动，为教师素质与能力的提高提供了强有力的法律保证。这一制度的最大优点是将小学教师的教学实践与教学研究结合起来，从而迅速提高小学教师的专业能力，助推小学教师专业发展。这一做法非常值得我国借鉴，它是提高小学教师专业能力建设的科学途径。

---

❶　周煦. 英国新教师入职培训制度的启示 [J]. 职业教育研究，2007(5) .

❷　施鹏飞. 日本理想的教师形象、养成制度 [J].http://elearning.teacher.com.cn/cms/ detail/articleDetail.action?project=41&toolsContentId=174141&toolsId=5&pageType=student&blockId=8011.

(四) 法国：制定《小学教师的专业能力标准》

在法国，小学教师专业能力建设的直接政策支持就是 1994 年颁布的《小学教师的专业能力标准》。该政策制定的直接依据是法国 1994 年 11 月 16 日发布的第 94-271 号教育《通报》，它将小学教师专业能力标准建设直接列入国家发展规划。在该《标准》中，法国要求小学教师必须掌握多项专业能力，如多科教学能力；设计、实施和分析教学情境的能力；课堂活动和了解学生间差异的能力；落实教师的教育责任和职业道德等。这一《标准》无疑已成为法国小学教师专业能力建设工程的助推器。

拓展阅读 7-2

法国教师专业素质高 ❶

在法国，要想成为中小学教师，一般要经过教师会考。法国教育部提出，小学教师的专业能力包括四个方面，即多学科教学能力、处理学习状况的能力、管理班级的能力、履行教育职责方面的能力。初中、普通与技术高中以及职业高中的教师作为国家公务人员，兼具公务员的一般身份和其所属的教师团体的特殊身份。法国学校致力于传递法兰西共和国的价值观念，尤其是传递排斥任何性别歧视、文化歧视或宗教歧视的世俗理想。

第二节　小学教师专业能力体系的构成

仅凭一项教师专业能力，小学教师是难以顺利完成各项教育教学活动的。只有能够科学集成各种专业能力项目，形成一个完善、严谨的教师专业能力体系，教师才可能适应复杂教育实践的多样化需要。小学教师专业能力建设的直接对象应该是合理的专业能力体系，而非单一专业能力的单项培养。正是基于这一考虑，本节的重点是探讨小学教师的专业能力体系的问题。

---

❶ 法国教师专业素质高 [N]. 深圳特区报 .2008-2-24.

一、小学教师的专业能力体系及其特点

小学教师的专业实践是能力集成、体系化运转的过程，小学教师专业能力体系建设的实质是系统化推进小学教师专业能力培养的过程，探明小学教师专业能力体系建设的内涵与特点是我们顺利进入探讨的前提。

(一) 小学教师的专业能力体系

小学教师专业能力体系是指教师顺利开展教育教学工作的各种专业能力，按照教师专业实践需要和一定逻辑系统组织起来的专业能力综合体。小学教师在解决具体教育教学问题时是以其整个教师专业能力体系来全面应对的，系统化的教师专业能力构架有助于提高小学教师对教育教学实践问题的综合反应能力，提高他们的专业胜任力。

(二) 小学教师专业能力体系的特点

小学教师专业能力体系具有一些独特性值得我们深究，把握这些特点是我们深入理解小学教师专业能力体系的知识基础。

1. 复合性

小学教师的专业能力体系是由多种专业能力组成，如专业的教学设计能力、教学组织能力、教学沟通能力、教学评价能力、教育组织能力等复合而成的。各种专业能力以相互关联、相互交叉、相互促进、相互支持的关系组合起来，最终成为一个教师专业能力复合体。小学教师专业能力体系的具体能力构成具有复杂性、多元性，可以说，在教育教学实践中需要的各种能力类型都可能进入小学教师专业能力体系的范畴。

2. 整合性

小学教师的各项具体专业能力在这一能力体系中是被有机组合起来的，是在教育实践的现实需要中被整合起来的，教育教学实践就是统整这些能力要素的主线，小学教师自身在一定意义上是各种教师专业能力的聚合体。换言之，小学教师只有全面掌握了这些专业能力并学会在教育实践中灵活运用时，这些专业能力才能够被协调、组合起来，成为一个自然关联的整体。小学教师专业能力高度整合的标志是其各项专业能力在实践应用中围绕小学教师的工作胜任力组织起来的，直接服务于小学教师教学效能的持续提高。

3. 发展性

小学教师的专业能力体系没有确定不变的构成要素，它会随着教育教学实践的需要而不断增加一些全新的专业能力要素，整个职业能力体系是面向教育实践需要而开放的。例如，在当代，小学教师的多媒体课件设计与开发能力变得尤为重要，而这项能力在20世纪则不一定被列入小学教师的专业能力体系之列，更不会作为教师专业能力建设的重点。因此，小学教师专业能力体系中的许多构成要素是不稳定的，而且，其各自的重要性及其地位也是不断变动的。当然，在这一变动中，小学教师专业能力体系的内核应该是相对稳定的，例如教育教学能力、教学设计能力等，它们是小学教师专业能力体系的不变构成的。

案例 7-1 ❶

来自一线的声音

全国政协委员、北京师范大学庞丽娟教授在她主持的一项调查中发现，75%的教师存在教育能力的不足或缺乏，包括教育内容的选择。如不知从哪些方面来教育孩子、内容难度的把握、年龄的适应性；教育方法、策略的适宜性，如何根据孩子的兴趣、个性来引导；教育时机的把握，管和放的度；怎样调动儿童学习的内在动机；怎样成为儿童学习、活动的支持者与帮助者；如何培养儿童良好的人格、人生态度，促进儿童学习和交往能力的发展等。

在案例7-1中，可看出目前我国小学教师最为缺乏的是教育教学能力，尤其是对小学儿童进行科学引导、组织施教的能力。这些专业能力缺乏的主因在于：一方面是教育时代的迅速变迁，另一方面是儿童身心的迅速变化。这些原因的存在都要求小学教师必须与时俱进，不断提升自身的专业能力水平。

4. 层次性

在小学教师专业能力体系中，各种专业能力会位居不同的层次，它们以层级、圈层的形式存在着，围绕小学教师的教育教学实践能力被组织起来。这是

---

❶ 一名优秀教师应具备的"专业素质".http://new.060s.com/article/2011/10/12/405218.htm.

因为小学教师专业能力体系中，不同专业能力的重要性是不一样的：那些较为重要的专业能力，如教学能力，位于这一能力体系的核心位置，而那些辅助能力，如教师语言能力、教师审美能力、课堂板书能力等，则位于该能力体系的边缘位置，不是教师专业能力体系的重点关注对象。

二、小学教师专业能力体系的结构

小学教师专业能力体系是由多种专业能力构成的，这些能力在教师专业能力体系中的具体位置及其相互关系就构成了小学教师专业能力体系的结构。结合小学教育教学实践的特点与经验，我们不难发现：小学教师专业能力体系中最为稳定、内核的专业能力类型始终是小学教师专业发展的重点对象，对小学教师专业能力体系的结构思考也必须关注这些重点能力。

(一) 小学教师专业能力体系的结构图

在此，我们把小学教师专业能力体系的"宏观要素构成图"做如下剖析，帮助大家直观地、全面地认识小学教师专业能力体系的内部结构。根据一线教师的经验与当前教师专业能力研究状况，我们发现：教师专业能力体系应该是"一体化"的存在，各种主要教师专业能力类型，如教学设计能力、教学组织实施能力与教学激励评价能力、沟通合作能力、自我发展规划能力等是按照小学教师的教育教学活动进程及其需要组织起来的。当代教育理念认为：教师既在教育教学实践中发展着学生，也在教育教学实践中发展着自己；教师发展学生的方式是其教育教学服务，即"教学设计——组织实施——激励评价"的一条龙式教育教学活动，教师发展自己的方式是与同事协作沟通、对自己进行反思与规划。因此，小学教师的专业能力体系就应该由两条线索构成：一条线索是确保教育教学活动进程所需要的专业能力链条，即教学设计能力、组织实施能力与激励评价能力等；一条线索是确保小学教师专业自我不断更新与发展的能力，即沟通合作能力与自我规划能力等。这些专业能力的结构构成情况如图7-1所示。

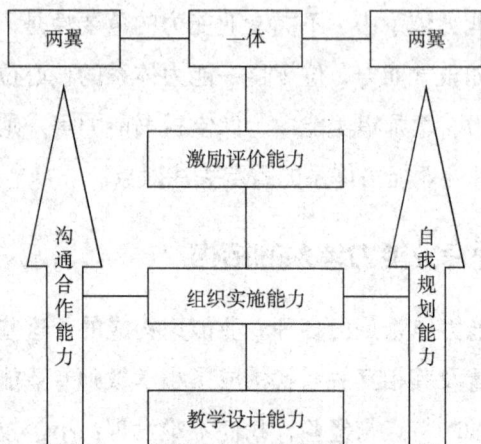

图7-1　小学教师专业能力体系结构图

(二) 小学教师专业能力结构的内在关联

我们结合上述结构图，对小学教师专业能力体系构成要素之间的内在关联做进一步的剖析。

1.各构成要素之间互为"一体两翼"的关系

在小学教师专业能力体系构成图中，各专业能力之间互为"一体两翼"的关系，它使小学教师的各种专业能力在该体系中被融为一体。所谓"一体"，即小学教师专业能力分布在整个教育教学过程这一"主体"或"主线"上，即"教育教学设计——组织实施——激励评价"，各种教师专业能力是在这一主线上形成并被贯通起来的，它集中体现了小学教师专业能力体系的内核——服务于小学教师的教育教学实践活动。所谓"两翼"，即教师的自我发展规划能力与师生间的沟通合作能力，它们成为小学教师专业能力体系的两个重要辅助系统，其功能的实现是通过服务于小学教师的主体专业能力，如教学设计能力、组织实施能力等来间接实现的。

2.小学教师专业能力结构体系的三个关键点

在此，我们分两条线路对小学教师专业能力体系的关键点做分析。在教育教学进程线路，即"教学设计——组织实施——激励评价"上所产生的一系列专业能力都最终服务于小学生的发展，它们是小学教师的基础专业能力构成，在教师专业自我发展线路，即自我规划能力与沟通合作能力发展上，教师专业能力服务于小学教师的自身发展，它是实现小学教师职能的工具性构成。实际上，在现实中还存在第三条教师专业发展线索，即师生共同体发展线路，这是因为教育教学过程既是教师与教师间的协作沟通，又是师生间的协作沟通，两种沟通都需要一个学习共同体或师生共同体的支撑，它是小学教师专业能力体系的重要构成，体现着现代教育教学活动的实质——主体间的交往与对话。因此，学生发展、教师发展与师生共同体的发展是教师专业能力体系建设的三个归结点和关键点。

3. 小学教师各种专业能力的发展与结合在教育教学实践中被整合

在小学教师专业能力体系中，各种专业能力都离不开一条主线——教育教学实践过程的贯通，它是所有教师专业能力生成的共同"母体"，代表着教师所有专业能力的结合点。师生在学习共同体构架中实现了共同成长与共同进步，而维系这一共同体存在与发展的实践依托就是教育教学实践。在这一实践纽带中，教师发展与学生发展之间构成了一体化、同步化的过程。正是有了教育教学实践活动的存在，教师的所有上述专业能力类型才被凝结成了一个坚不可摧的整体。

三、小学教师专业能力体系的主要构成

在教师专业能力体系中，教师的五种能力——教学设计能力、组织实施能力、激励评价能力、沟通合作能力与反思发展能力（即自我规划能力）等构成了当代小学教师的核心教师能力，它们相互关联、相互促进、整体存在，推动着小学教师专业水准的不断提高。具体而言，这五种教师核心能力又包括了一系列"子能力"。

(一) 教育教学设计能力

小学教师的教育教学设计能力是对自我教育教学活动的统筹、构思、规划能力，主要包括以下三种"子能力"，即设计小学生个体与集体教育教学计划的能力、设计单元教学内容的教学方案的能力，以及设计班队（会）活动的能力等。这些教育教学设计能力中，最为关键的是小学教师的教学方案设计能力，它决定着小学教师能否顺利承担起自己的教学业务，努力成长为优秀小学教师。

(二) 组织与实施能力

教学是学校的中心工作，教师的主要工作是开展教学活动。小学教师的课堂组织与实施能力是其专业能力体系的核心构成，是其专业能力建设的重点。这一教师专业能力又包括以下具体"子能力"：建立师生关系的能力、组织教学活动的能力、激发学生学习兴趣的能力、选用教学方式的能力、使用现代教育手段的能力、语言表达与书写的能力、突发事件应急能力与小学生思想动向鉴别与调控能力等。这些专业能力的共同点是服务于小学教师课堂教学活动的开展与实施，确保小学教师课堂教学目标的达成与实现。

(三) 激励与评价能力

及时开展教学评价，激励小学生的学习热情，是确保小学生具有足够学习动力的两大手段，因此，激励与评价能力构成了小学教师的另外两种重要专业能力。该专业能力形态又包括以下"子能力"，即观察与赏识学生的能力、评价学生表现的能力、引导学生自我评的能力、对学生评价结果进行科学回应或反馈的能力等。这些专业能力的灵活驾驭与科学运用有助于小学教师灵活掌控小学生的学习与发展状态，为其教育教学工作的效能提高提供有利条件。

(四) 沟通与合作能力

小学教师需要及时与其他教师、学生进行专业沟通与有效合作，借此交流专业经验，分享专业智慧，了解小学生的学习状态，与小学生、其他教师共同发展，努力构筑专业的学习共同体。小学教师的该项专业能力包括以下"子能力"，即与学生沟通能力、与同事人际沟通能力、与家长沟通能力以及开展社区沟通能力等。合理地沟通之后必然带来有效的后续合作，小学教师与小学生、教师同事、社区工作者之间的合作必将有助于小学教师专业的深入发展。

(五) 反思与发展能力

教师的自我发展与规划能力主要包括小学教师的规划能力与反思能力，其内核只有一个，即小学教师的自我专业发展能力。在教育教学工作中，小学教师改变专业自我的三种渠道是：教学反思、教育探究与自我规划，与之相应，小学教师的反思与发展能力就包括以下三种"子能力"，即教学反思能力、教学探究能力与自我规划能力。综合利用好这三种教师专业能力，小学教师就有可能顺利实现专业上的自控、自律、自主和自强。

拓展阅读7-3

顾明远详解《小学教师专业标准》(节选) ❶

　　《标准》从教育与教学设计、组织和实施、激励与评价、沟通与合作、反思与发展五个领域对小学教师的专业能力提出具体要求。以下五个方面体现出鲜明的时代精神和教育发展的特点。

　　第一，对教师能力的要求处处体现"儿童为本"的理念。

　　第二，对教师能力的要求尽可能跟上时代发展的新需要，如要求教师"帮助小学生建立良好的同伴关系""现代教育技术手段渗透运用于教学中"等。

　　第三，关注小学教师专业能力建设过程中的独特性。

　　第四，十分强调教师的沟通与合作能力。这是考虑到小学教师工作依托于多角色人际互动这一活动特征，因此对小学教师如何有效进行人际沟通合作提出了细致的要求。

　　第五，重视培养教师的反思与发展能力。这一能力领域的提出，是对全球教师专业化发展背景下的教师专业发展内在要求的回应。

第三节　小学教师专业能力的分项实训（1）
（教学设计能力实训）

　　科学的设计是教学成功的源头，培养小学教师的教育教学设计能力是小学教师专业能力建设的首要任务。在本节中，我们主要围绕小学教师的教学设计能力培养与实训问题展开探讨与实践，以期能够实实在在地提高小学教师的实际工作能力与专业水平。

---

❶　顾明远.顾明远详解《小学教师专业标准》.http://news.xinhuanet.com/edu/2011-12/13/c_12241 2991.htm.

一、小学教学设计能力

小学教师的教学设计功底事关教学质量的高低与优劣，教学设计能力是小学教师的一项独特专业能力，需要小学教师进行针对性的训练。

(一) 教学设计与小学教学设计能力

一般来看，小学教师的教学活动始于教学设计。教学设计是小学教师在相关学习和教学理论的指导下，依据教学对象、教师风格、教学规律以及教学内容的特点，运用系统的观点和方法，对教学活动全程与教学内容实施进行全面的系统规划和科学安排。

小学教学设计能力是小学教师从学习理论、教学理论和教学规律出发，根据小学生的语言学习特点、自身教学风格和教学内容特点，对某一节、某一单元、某一学期的某一门课进行系统规划、科学安排、准备教学方案所需要的一系列专业能力的总和。这一能力包括多样化的内容与组成，如教材分析能力、学情分析能力、教学想象能力、教学时间配置能力、教学进程构思能力等。

(二) 小学教学设计的功能

在教育教学活动全程中，小学教学设计活动担负着多种多样的功能。综合利用这些功能，全面提高教学质量，是小学教师专业能力建设的任务之一。

首先，科学的教学设计有利于教师合理制定、规划教学活动的蓝图，确保小学教学活动的基本效能。小学教学活动始于预先的计划与规划，始于教学活动的方案制定，教师只有把握好这一环节，才可能对整个教学活动的实施做到心中有数、提前准备，提供对教学活动全程的掌控力。

其次，小学教师的教学设计大致规划着整个学科教学活动的方向和进程，具有统领全局、整体规划的积极功能。教学设计的主要任务是拿出授课的思路与线路，定好教学活动的标的与方向。在教学设计中，教师对教学活动目标的设计、教学任务的设定等，都直接或间接影响着下一步的授课进程。

最后，教学设计能够确保整个小学教学活动具有主观意义上的合理性、科学性，确保学科教学活动的基本质量，提高教师在教学活动中的教学意外防范能力。应该说，教师课堂教学的效果不仅体现在教师对教学过程的掌控能力上，还体现在其预先教学设计上。只有教师拿出了主观上认为较为合理可行的教学设计、教学方案，才能够保证其在现实教学活动开展中有条不紊、顺利推进。科学、合理的教学设计是确保现实授课活动效能的方案保证。

二、小学教学设计活动的基本内容

小学教学设计活动包括一些基本的工作内容与实施环节。只有把握好这些环节，小学教师才可能循序渐进地推进小学教学设计活动，取得理想的教学设计效果。

(一) 分析阶段

这是教学设计的开始阶段，是决定教学设计水平的关键一环，其主要任务包括：

(1) 学情分析，即分析教学对象——小学生的学习情况，包括前期学习成绩、学习兴趣、个人爱好、学习态度、学习风格等。

(2) 教材分析，即分析教材的结构特点、内容特征、知识线索、教学意图等。

(3) 教学任务分析，即在学生学情分析与教材分析的基础上确定小学生的最近发展区，并在此区域内确定本课时的具体教学任务，明确预期的学习结果。

(4) 教学目标分析，即在教学任务分析的基础上准确定位本课时或本单元教学的"三维"目标，明确教学活动的预期结果，做到心中有数。

(5) 教学重难点分析，即根据本课时或本单元教学内容在整章节教学中的地位或重要性程度，以及学生的整体学习水平，确定本课时或本单元教学的重点与难点，科学规划学习时间与教学活动重点。

(二) 设计阶段

在分析阶段完毕之后，小学教师进入了教学设计阶段，主要内容是对整个教学活动进行全面、精心、细致、创意的设计，为后续教学活动提供大致思路或完整蓝图。本阶段中，小学教师要搞好以下五个教学设计：

(1) 教学过程设计，即对教学活动中的组织教学、课堂讲授、课堂训练与课堂小结、课堂反馈等环节进行全程筹划。

(2) 教学策略设计，即对教学活动中所需要的相关教学策略进行全面筹划与科学思考，提前准备好相应教学策略，以备教学活动中使用。

（3）教学方法设计，即对本课时或本单元教学中所需要的各种教学方法进行整体设计与配置，以期形成科学的教学方法组合或群落，为教学活动提供科学的教学方法支持。

（4）教学媒体设计，即对一节课或一单元教学可能会用到的各种教学媒体进行灵活组织与搭配，努力提高教学媒体的综合使用效能，服务于教学质量的持续提升。

（5）教学评价设计，即对一节课或一单元的教学评价活动及其方式进行科学筹划与安排，设计好整堂课或整单元的教学反馈环节，为教学活动提供准确的信息回馈，让教学活动在反复调整中不断增进效能。

（三）调整阶段

在教学设计完成之后，小学教师还应该及时征求各方意见，或尝试开展授课活动，并据此进行教学方案评估，及时改进、优化、调整教学方案或教学安排计划，提高教学设计活动的科学性与可操作性，使之更加符合现代教育教学规律，符合小学生的基本学情，符合教学材料与教学任务的要求。

三、小学教师教学设计能力训练要点

要想提高自己的教学设计能力，小学教师应该从以下几个方面进行实训，努力提高自己的教学设计能力。

（一）充分把握学情，定准教学目标

学情把握的要求是"准"，尽可能做到全面、客观地把握小学生的各方面发展情况，为教学目标的制订提供准确依据。为此，小学教师要尽可能了解学生的各方面学情，尤其是学习水平、兴趣爱好、学习态度等学情。其次是要准确定位学习目标，尽量体现"三维目标"设计精神，为教学活动提供科学指南。最后是在学情基础上定准教学目标，尽可能在小学生的学习最近发展区内提出教学目标，利用教学活动来引导小学生的学习进程，使其超越自身的发展现状。

（二）适应小学生特点，提倡新、实、活、趣、美

小学教学设计还要适应小学生的心理特点，体现新、实、活、趣、美等特点，以此充分吸引小学生的注意力，调动小学生的学习兴趣，提高教学活动的效能。所谓"新"，就教学设计的理念新、思路新、形式新，使整个教学设计富

有新意；所谓"实"，即整个教学设计能够落实"三维"教学目标，做到教学风格平实，体现"实"中见效的目的；所谓"活"，即要求教学设计中要注意教学套路多变、教学方法多样，努力做到把教材用活、把学生教活，让灵活的教学方式成为整个教学活动有趣的原因；所谓"趣"，即教学设计要注意导入激趣、过程情趣、语言风趣、结课趣味，增强教学设计的魅力；所谓"美"，即教学设计要做到语言美、板书美、形式美、结构美，给学生以美的享受与体验。

(三) 运用多样教学设计形式

教学设计的形式应该做到尽可能多样化，清晰地呈现教师的教学设计意图。在设计中，小学教师可以综合利用各种设计形式，如表格设计、文本设计、线路图设计、电子设计 (即利用电子课件进行教学设计) 等，努力做到形式科学、丰富多彩。

(四) 参考模仿，集思广益，逐步成形，走向独立

一份优秀的教学设计应该分四阶段进行，即"模仿——学习——完善——改进"，在不断学习、修改中日臻完善。一次完整的教学设计过程一般包括四个阶段：其一，模仿成熟教案，形成自己的初稿；其二，向优秀教师取经，学习他们的设计经验；其三，初步开展试教，在试行中灵活变动；其四，反复揣摩改进，提高教学设计的科学化水平。经由这四个阶段，小学教师就可能在不断参考模仿、集思广益中逐步提出更为完整的教学设计，以此作为课堂教学的展开思路与预备方案。

四、小学教师教学设计能力实战训练

在掌握的小学教学设计的基础知识之后，小学教师应该进入教学设计能力实训环节，在不断实践中提高自己的教学设计水平。具体实训流程如下：

(1) 指定教学设计——对某一课程内容；

(2) 合作构思本科教学设计方案；

(3) 现场展示研讨；

(4) 改进设计方案；

(5) 设计经验反思与交流。

在必要的情况下，可及时浏览各种小学教学网站、小学教学资源网站等，

及时参考其他教师的优秀教学设计，在参照、模仿、实战中改进自己的教学设计方案。

第四节 小学教师专业能力的分项实训（2）（教学组织实施能力实训）

教学组织与实施能力是小学教师的核心专业能力，是教师专业能力建设的重点。按照一定的步骤对小学教师的教学组织与实施能力进行科学训练，是教师专业能力建设的有效环节。

一、小学教学组织实施能力

小学教学活动的核心环节是上课，即小学教师基于预订的教学设计开展教学活动、实施预订教学计划或方案的过程，教师的教学组织与实施能力无疑是小学教师的核心专业能力。

(一) 教学组织实施能力的内涵

所谓教学组织实施，即上课，它是一节课的核心环节，是教师依据教育教学规律，在教学目标的指引下，运用科学的方法与程序，促使学生掌握相关知识技能、达成预定教学效果的实践活动。与之相应，该实践过程所需要的各项相关能力就构成了小学教师的教学组织与实施能力。教学组织实施能力是指教师结合特定的教学情境与师生特点，将预订的教学方案付诸实施，使之转变成为一节活生生的"课"的各种专业能力的集合。无疑，对小学教师而言，教学组织实施能力是教学的一项关键专业能力，是衡量小学教师专业水准的首要指标，教师的教学组织与实施能力的有无和强弱决定着一堂课的直接效果。

(二) 课与小学课

课是教师开展教学活动的基本单位，一节"小学课"是小学教师从学习理论、教学理论和教学规律出发，根据小学生的学习特点、自身教学风格和教学内容特点，对某一节课进行系统规划、科学组织、努力达成预定目标的过程。

对小学教师而言，教学组织与实施就是上好一节节小学课的过程。如何针对小学生的学习特点与学习方式需求，创造出小学生喜闻乐见、积极参与的小学课，直接决定着小学教学的质量与水平。

(三) 教学组织实施环节的重要性

显然，教学组织与实施环节是整个小学教育教学活动中的核心环节，这是之所以小学教师的教学组织与实施能力被称为小学教师的核心专业能力的缘由。

(1) 上课是落实教学目标的基本途径。小学教师尽管还有其他落实教学目标的途径，例如课外活动、课外辅导、参观实践等，但相对教学而言，这些活动形式都在教学系统中位居次要位置。

(2) 上课是教师的基本工作内容。小学教师每天面临着大量的工作内容，如批改作业、班级管理、听课观摩等，但相对上课而言，这都是一些辅助性工作，都是围绕小学教师的教学工作这一中心展开的。

(3) 上课是小学生参与学校教育活动的根本形式。小学生每天要干的主要事情就是上课，上课是他们获取知识、智慧，形成德性、完善品格的主要途径，是小学生参与学校教育教学活动的基本形式。

(4) 上课是教师与学生共同发展的平台。在课堂中，师生相互交流、共同对话、讨论学问、思考问题、探讨教材，这些活动将师生凝聚为一个学习共同体。

(5) 上课是学校的中心工作。对学校而言，组织小学生上课，引导小学教师提高课堂教学效能，管理好学校的授课活动，是一所学校的主体功能与存在使命。

二、一节小学"好课"的基本特征

小学教师的主体任务是如何上出一节"好课"，它是检验小学教师的教学设计、组织能力、授课能力与教学机制、专业素养的综合平台。因此，探明小学"好课"的特征尤为重要，这一特征某种意义上就是我们上课时要努力的目标与方向。

(一) 目标明确，形散神聚

在授课中，所有教学环节围绕教学目标的达成而展开，整节课形散而神聚，不偏离主题，时刻把教学目标的完成放在第一位。一节好课实际上是多方面、多维度、多层次地完成教学目标的过程，教学目标是统合所有教学设计、教学举动、教学环节、教学细节的灵魂与主线。只要教师不偏离教学目标太远，无论教师怎样设计、怎样组织都可以，都不会影响课堂教学活动的效能达成。

(二) 内容充实，注重效率

好课是注重效率的课，是具有一定的知识量、信息量与任务量的课，是关注单位时间内向学生传递的知识、技能与信息的总量的课。这就是教学效率的问题。单位课时安排的教学内容过少，会使一节课显得简单、浅显，没有分量；一节课内容安排得太多，又会使其显得过难，无法在单位时间内完成教学任务，教学效能依然难以体现。保证一节课的知识技能容量是好课的基本要求。同时，一节充实的课还要求在本节课中加入较多的感性素材，不停留于对教材文本的机械呈现，不局限于对课程内容的简单分析，而应把学生引向生活，引向课外，不断加大一节课的信息流量或课堂容量。

(三) 注重情趣，双向互动

讲课是师生之间信息、情感、精神、人格等的多向交流，师生之间在课堂上的沟通、互动、交流、参与对一节课的成败至关重要。在讲课中，教师应该采用一定的活动来提高学生对课堂教学参与的广度与深度，激发他们对课堂教学活动的兴趣，积极通过师生互动、对话、交往等渠道推进教学的展开与深化，确保学生"全人"参与，即学生的眼、手、脑、心、身等都进入课堂，实现师生之间多层面、多角度、多信道的互动与沟通。

(四) 优化进程，起伏跌宕

好课理应是有起伏、有变化、有波澜的课，理应是曲折起伏、一波三折、情节多变的课。匀速前进、没有高潮、没有精彩、没有变化的课只会让听者感到烦闷，学习的兴趣荡然无存。在课堂中，教师要善于不断变化教学方式、变换活动形式、引入挑战性问题、加入新颖事例与现象来改变教学的节奏、速度，改变学生的体验、感受，把课堂教学一步步引向高潮，让学生的注意与思维始终保持警觉状态，确保课堂教学活动顺畅推进。

(五) 讲求艺术，追求教学美

好课一定是一堂谐美的课，教师仪表端庄秀美、教学语言优美、教学板书设计完美、教学气氛谐美、教学过程设计完美等，都是教学美的集中体现。教师要尽可能从课的各个环节来入手使自己所上的课具有美感，努力做到吸引人、感召人，激起学生学习的热情和兴趣。

(六) 实事求是，注重效果

教学效果、效能是一堂课的终端目的，最优的教学效果是好课的核心特征与根本指标。好的教学效果不仅是教学目标的完成，使师生在一节课内都获得了发展和提高，使学生学习成绩得到了提升，更体现在讲者与听者的直觉及感觉之中。学生上完一节课后感到自己的思维受到冲击，觉得轻松有趣，富有韵味，本节课无疑就是一堂好课。对教师而言，好课也是自己能够亲身感受到的。教师上完一节课后如果感到自己的精神受到激励，自己的教学观念有了长进，这节课自然就是一节好课。好课的另外一个直观标准是来自同行由衷的认可与赞许。好课要达到的教学效果与其说是课堂检测成绩为"优秀"，倒不如说是受到了同行与学生的肯定、赞赏与褒扬。

拓展阅读 7-4

什么是好课？ ❶

网友们这样说：

"受学生欢迎的课就是好课！"

"在课堂上引起学生学习的兴趣就是一堂好课。"

"好课无标准。倘若说有，标准不出其二：教师教得轻松；学生学得愉快。"

"我觉得高效地完成教学目标，学生学有所得，身心得到发展，就是一节好课。"

专家这样说：

叶圣陶说，"最要紧的是看学生，而不是看老师讲课。"

---

❶ 翟晋玉.什么样的课才是好课 [N]. 中国教师报，2013-09-11.

　　著名教育学者叶澜提出"五个实"：有意义的课，即扎实的课；有效率的课，即充实的课；有生成性的课，即丰实的课；常态下的课，即平实的课；有待完善的课，即真实的课。

　　华东师范大学崔允漷教授将"好课"标准归纳为："教得有效、学得愉快、考得满意"12个字。

　　中国教育学会前副会长朱永新提出了6条标准：参与度、亲和度、自由度、整合度、练习度、延展度。

　　"好课"的标准是不一样的，与之相应，"好课"的看法也应该是千差万别的。在拓展阅读7-4中，网友与专家的观点都具有一定的参考意义，大家应该对其在吸收的基础上，结合自己的经验与认识，形成自己认同、有效的观点。

三、小学教师如何上出一节好课

　　课堂教学在学校教育工作中占有重要地位，其组织与实施状况决定着学校教学质量的优劣。怎样才能把一堂课上好呢？这是需要小学教师全方位、系统化考虑的一个问题。

(一) 提前做好充分准备

　　"有备而无患。"充分的准备是讲课成功的前提，是小学教师达到预期教学效果、上出一堂好课的必备条件。教学效果主要取决于两大因素：一个是教师在教学技艺方面的实力，一个是教师在授课中表现出来的魅力。在上课前，教师要做好两方面的准备。一是教学活动的充分准备。这一准备包括：熟悉教学内容、教学方案、教学对象、教学环境、教学媒体，必要时要开展说课活动，达到对教学内容的高度熟练。二是个人形象的自我准备。在讲课之前，教师要注意服饰穿着，尽可能选用较为正式、整洁、得体、素雅的服饰，及时修剪发型、整理衣饰，以示对学生的尊重和对上课工作的重视，以此展示教师的完美的仪表，增强对学生的个人魅力。

(二) 灵活驾驭教学语言

　　教学是一门语言艺术，小学教师对教学语言的驾驭能力直接决定着教学活动的效能。在课堂教学中，教师一定要善于运用两种教学语言——有声教学语言与无声教态语言来开展教学。一方面，教师要在课堂上积极展开课堂讨论、开展多边互动、组织探究答疑活动，营造出一种民主、热情、积极的课堂教学气氛，并善于利用语言调控艺术来增进学生对课堂教学活动参与的深度和广度；另一方面，教师要善于运用各种体态语言，如手势、走姿、表情、眼神等来增强课堂教学活动的感染力，达到一种"此时无声胜有声"的表达效果。在教学过程中，教师要始终面带微笑、变换眼神，充分展现自己的课堂教学表现力和教师人格魅力，给学生留下一种完美的教师印象，增强课堂教学的直观效果。

(三) 紧扣主题、抓大放小

在教学中，小学教师要把握好教学活动的逻辑结构与知识主线，沿着科学的线路展开教学。在讲授中，教师要以讲清本节课的主体教学思路、内在知识主线为主要目的，争取把大量的精力与时间放在对核心教学内容的讲授上，有选择地安排其他教学活动。在教学中，教师一定要坚持抓大放小、紧扣教学主题的原则，不必事无巨细、面面俱到，过于计较教学得失。在教学重点处理上，教师要多花时间；在教学难点处理上，要着力帮助学生攻克疑难，确保一节课达到预期的教学实效。

(四) 大胆追求教学创造

课堂教学的创造集中体现在三个方面：教学设计中的创意、教学进程中的创举、教学方式上的创造。创意、创造、创举是一节课的标识与灵魂，是一堂能够吸引学生参与进来的重要原因。学生是成长中的人，成长的原动力来自对新事物、新做法、新想法的期待和敏感，来自对新事物的"惊异"（wonder）与新奇。一节课想要"抓住"学生、增强效能，就必须诉诸于求新求异的设计与实施方式，必须求助于积极的教学活动创造。创造、创新的实质是变化，是换一种教学方式，用另一种想法、思路来组织课堂教学。常变常新、追求差异，克服刻板、摒弃模式，是把一节课上得越来越出色的门径，是铸就好课的"良方"。没有创意、创造、创举的"课"是没有生命活力的课，缺乏变化的课是难以引发学生注意与关注的课，是难以走进学生心灵世界的课。设计的创意、课堂的创举、方式的创造是一堂"课"始终富有引力与磁力的根本，是它之所以够得上"好课"的资本。大胆追求教学创造是上出好课的根本思路之一。

(五) 把握好教学的速度和节奏

速度与节奏是衡量教学的科学化水平的主要指标,保持适当的速度与节奏是增强教学活动吸引力的重要途径。教学进行的速度与节奏既决定于学习者对新知识的接收能力,又取决于教师对教学时间的把控能力。教学进行得过快,或者整堂课的教学节奏平铺直叙,都不利于学生对知识的理解,都有可能导致一种沉闷、平淡、乏味的教学氛围,进而抑制学生参与教学活动的情趣。合理的教学节奏与速度应该充分考虑学生情绪的波动曲线(见图7-2)。尽可能使教学节奏富于变化,使之符合学生的心理变化节奏,这是增强教学活动感染力的有效手段。在教学实施中,小学教师可以随时变换教学的方法,变化教学语言的语气语调,改变教学的风格,甚至改变教学的情感强度,以此达到吸引学生学习注意力与调动学生听课兴趣的目的。

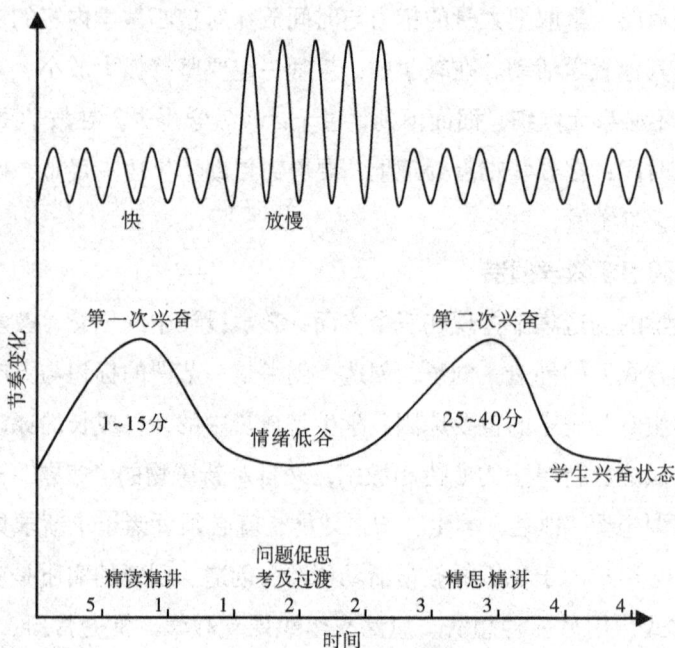

图7-2 教学节奏变化示意图 ❶

❶ http://image.baidu.com/i?tn=baiduimage,2010-10-09.

四、小学教师教学组织实施能力实训

现在，小学教师应该进入教学组织与实施能力的实训环节了。在此，建议广大教师按照以下步骤开展教学实施能力的实训活动，不断提高自身的教学组织与实施能力，上出小学生期待的一节节好课。

（1）确定实训教学内容（例如某一"教学片断"）。

（2）赏析示范（欣赏名师对本节课的授课视频）。

（3）小组现场模仿。

（4）课堂重点展示。

（5）现场师生点评揣摩。

（6）教学经验反思与交流。

第五节 小学教师专业能力的分项实训（3）
（课堂教学评价能力实训）

在一个相对完整的小学教学活动过程中，教学评价环节是不可或缺的构成环节，它担负着帮助小学教师反馈教学效果、提供教学信息，帮助小学生强化学习动力、激励学习热情等功能。一次有效的教育教学活动不仅需要小学教师的高效授课环节，还需要及时开展评价活动，从中获得准确的反馈信息与情感激励。在本节中，我们关注的是小学教师的卓异教学评价能力的培养与形成。

一、小学教学评价能力的内涵

小学教学评价具有自身的特殊性，小学教师的教学评价能力是立足于这一特殊性基础上形成的，认清小学教学评价的内涵及其形式非常重要。

（一）小学教学评价

所谓小学教学评价，它是指小学教师根据每节小学课的教学目标，对小学生的新课学习基础、课堂教学表现及结果进行价值判断，并为教学决策提供反

馈或信息服务的一项教学专业活动。教学评价在小学教学活动中担负着多项功能，如反馈教学信息、强化小学生的积极学习表现、激发小学生的学习热情、判断小学生的学习结果等。一个善于对小学生课堂表现及其学习结果进行评价的小学教师才可能成为一名优秀的小学教师。

(二) 小学教学评价的形式

小学教学评价的分类方式有多种，常见的分类方式是按照课堂教学时间先后进行分类：

(1) 课前的诊断性评价，即在教师授课前进行的各种教学评价活动，其目的是为小学教师充分了解学情、科学开展教学设计等提供准备。

(2) 课中的过程性评价，即在教师授课活动中开展的各种教学评价活动，其目的是及时反馈教学效果，增强教学信心，把控教学方向，为教学进程顺利展开，实现教学目标提供信息、精神与情感的支持。

(3) 课后的总结性评价，即教师在课堂教学完成后对教学效果进行客观测量或主观评定，以此为后一单元的教与学的活动开展提供反馈信息与改进建议，确保下一教学循环的顺利展开与教学效能。

需要申明的一点是，本节中所说的教学评价活动主要属于第二类，即课中的过程性教学评价，或言之，教学过程中的教学评价能力是本节关注的主要教师专业能力，它对教学活动过程改进与效能提升而言意义重大，是小学教师最需要掌握的一门教学评价艺术。

(三) 小学教学评价能力

一个善于开展教学评价的小学教师一定是一名具有较强教学评价能力的教师。小学教学评价能力是小学教师借助一定的教学评价手段或技术，对小学生的学习情况进行全面、客观、准确的评价，以确保教学活动顺利、高效、持续展开的能力。这一专业能力的获得能够助推小学教学过程的展开，提升小学教学的质量，帮助小学教师上出一节优质课。小学教师的教学评价能力具有丰富的内容，例如教师的教学信息与资料获取能力、教学评价手段选用与运用能力、教学评价问卷编制能力、教学评价数据的分析能力、教学评价结果的反馈能力等。这些能力的综合运用就构成了小学教师的专业教学评价能力。

(四) 培养小学教师教学评价能力的重要性

教学评价能力也是小学教师必备的一项重要专业能力，培养小学教师的教学评价能力对于小学教育教学活动及教师专业发展而言具有多方面的意义。

(1) 教学评价能力是小学教师反馈教学信息、改进教学方式的重要能力。这项能力的获得能够提高小学教师对复杂教育教学情境的适应能力与应变能力。教师教学方式如何改进、怎样改进、向什么方向改进，都需要小学教师的教学评价活动做支撑。

(2) 教学评价能力是小学教师掌控学生学习进程的一项专业能力。科学的教学活动是教师的教与学生的学高度契合、准确对接的过程，教学评价活动就是实现这一对接的一把利器，它能够大幅度地提高小学教师的导学、助学、管学能力。

(3) 教学评价能力是小学教师准确达成教学目标的专业要求。实践证明：让小学生、小学教师知道当前教学效果及其与预订教学目标间的差距，能够提高师生的教学热情，能够有效回避教学活动中"敲边鼓"现象。小学教师一旦具有卓异的教学评价能力，就可能顺利达到这一目的。

(4) 教学评价能力是小学教师体现教学公正、展现教育素养、践行先进教学理念的专业要求。小学教师如何评价小学生的学习表现与自我教学成绩，其中不仅体现着教师能否践行教学公平精神，能否展示自身的教育理念，还有助于小学教师进一步完善教学过程，提高自身的综合教育素养。因此，具备一定的教学评价能力对教师专业发展而言具有多元意义。

二、小学课堂教学评价的主要形式

小学教师专业的教学评价能力实际上就是他们灵活运用、综合驾驭各种教学评价形式的能力，因此，小学教师熟练掌握各种教学评价形式对其教学评价能力的提高具有直接意义。当代教学理念的发展要求小学教师应该掌握并运用如下几种教学评价形式。

(一) 多元评价

在多元智能理论的指导下，坚持多元性的小学教学评价原则，努力推进评价主体多元化、评价内容多维化、评价方法多样化，力求从各个方面来反映小学生通过教学后发生的各种变化与进步，这就是多元评价。例如，在教学过程中，小学教师从多个维度来评价小学生的学习表现；在教学成绩测量中，小学教师从多个维度来评价小学生的学习成绩，同时关注他们在道德、知识、身体、心理等方面的发展，这也是多元教学评价。在此，我们给大家提供一种实施多元评价的范例，见案例7-2。

案例7-2

多元评价一则 ●

课　题	××××××			
评价类型	自评	互评	师评	综合评
材料准备10分				
学会倾听10分				
发言积极15分				
善于思考15分				
观察仔细15分				
学会合作15分				
作业优秀20分				

(二) 发展性评价

发展性评价是当代小学教学评价的又一发展方向，是小学教师与小学生钟爱的一种教学评价形式。所谓发展性教学评价，即在学生评价中，要求小学教师更为关注的是如何促进小学生的发展，促进他们潜能、个性、创造性、主动性的发挥，使每一个小学生都收获自信心和持续发展的能力，而非过于强调甄别小学生能力知识差异的一种教学评价形式。发展性教学评价与绝对评价相对，它关注的评价点具有自身的特殊性。在小学教学实践中，教师的发展性教学评价更为关注的是以下评价指标：注重过程评价，关注小学生在一段时间内的进

● 郝四星. 浅谈小学数学教学中的多元评价，参见 http://wenku.baidu.com/view/f9f071ec6294dd88d0d26b2e.html.

步情况；注重个别差异评价，强调发现小学生在教学活动中表现出来的亮点；注重相对性评价，以小学生的相对进步情况作为评价的主要对象；注重积极性评价，要求评价活动要对小学生的学习与成长产生激励功能等。这些方面的差异将发展性评价与绝对性教学评价明确区分开来。

案例7-3[1]

发展性教学评价实例

学生进行小组合作学习时，老师发现一些可取的做法，马上肯定："第一组组长按照题目的难易程度，给本组同学分了工，而且组织本组同学模拟训练。很有工作方法。""第二组同学的合作意识很好，学习好的同学充分利用时间帮助本组学习有困难的同学，大家共同进步。""第三组同学讨论非常深入，他们善于动脑思考，不轻易相信别人的观点，大胆发表不同见解，通过辩论，对问题理解更深刻。"

(三) 主体性评价

主体性教学评价在当代教学界也较为受宠，值得我们重点关注。所谓主体性评价，是指在尊重小学生多元价值与自我评价能力的取向下，让被评价者——小学生广泛参与，尽可能鼓励他们对自我的学习进展情况进行个人评价，以此调动小学生自我反省、自我激励的自我发展的动机与愿望。主体性评价非常重视小学生对自己的学习评价，其优势是能够激励小学生的学习热情，学生对评价结果的认同度最高。相对其他评价形式而言，主体性评价的优点是：它能够调动小学生自我负责、自我改进、自我完善的成就动机，凸显小学生在教学评价中的主人翁地位，最大程度地发掘小学生的学习潜能等。

案例7-4[2]

一位学生的自我评价

我是一个性情文静的女孩，学习是我的爱好，舞蹈是我的特长，我喜欢

---

❶ 张静.发展性评价案例四则，参见 http://wenku.baidu.com/view/c5731a48852458 fb770b56ab.html.

❷ 学生自评与家长评价范例，http://blog.luohuedu.net/blog/150881.aspx.

独自一人如行云流水般以作文倾诉感情。课堂上，我积极发言，喜欢通过提问题的方式从老师口中获取更多知识与信息，因此，我的成绩在班上名列前茅；在班里，我会团结同学，以学习委员和英语课代表的身份帮老师处理工作，同时，团支部书记这份工作我也干得得心应手。我曾代表班级参加校艺术节表演，并获得奖项。在我看来，学习与工作是快乐的，在笑声中获得知识，在工作中得到锻炼，是人生一大乐事。

(四) 档案袋评价

    档案袋评价是当代日渐流行的一种教学评价方式，它对小学生的学习活动很有帮助。档案袋评价就是利用档案袋的形式把每个小学生认为有代表性的作品汇集起来，以实物的形式来展示小学生的学习和进步状况的一种评价方式。档案袋评价是质性评价的一种重要形式，其最大优点在于它能为小学生提供一个自我学习、自我评价、自我反省的机会与素材。相对其他教学评价形式而言，档案袋评价的评价重点是：强调如何利用评价活动让学生从教学成绩的实物中感受自我的进步，记录自己的真实成长历程。因此，这种教学评价的最大优点是：可感性、生动性强，评价结果的真实感强烈。

案例 7-5[1]

练琴的录音

    一位小学生在学习拉小提琴的过程中，家长在不同的阶段分别为他做了录音。例如："今天是 × 月 × 日，从今天开始，我练习拉 ×× 曲子。"然后是断断续续、不成曲调的练琴声。接着是"今天是我练习 ×× 曲子的第十天"，接下来大家听到的是已经连贯的练习曲。这组录音的最后是小学生即将登台演出的前一天录的："明天是'六一·儿童节'，我将在全校的庆祝会上演奏这首曲子。"这时小学生拉出的这个曲子欢快、流畅，已经十分娴熟。

    试想，听到这一组录音的人，包括小学生自己，谁能不被小学生的成长所感动呢？

---

[1] 课题组.新课程与评价改革 [M].教育科学出版社，2001：93-94.

三、小学课堂教学评价的操作性要求

在小学课堂教学中，针对小学生的教学评价，小学教师只有坚持一定的操作性要求，才能确保教学评价的效果，不断激发小学生的课堂学习热情，促使他们的学习成绩不断提高。

(一) 全面与重点相结合

针对小学生的教学评价，小学教师应该既要强调评价指标与维度全面性，又要强调评价的重点与针对性，努力做到全面与重点之间的有机结合。

该要求的具体含义是：

(1) 全面评价学生在课堂上的表现，不可挂一漏万，甚至抓住学生在课堂上的优异表现或某一缺陷不放，导致评价活动误导小学生的学习活动，造成小学生两极化学习心态——自卑与自大的出现。

(2) 教学评价活动要尽可能对全体学生产生影响，不可指点打点、影响力有限，进而忽视学生个体评价与集体评价之间的"平行影响"特点，忽视教学评价活动的辐射性。

(3) 教学评价要重点评价那些进步较大、表现特别优秀的同学，以求对全部学生学习活动产生积极影响，恰当利用好教学评价活动的正面带动与示范功能。

(4) 教学评价要尽可能评价出每个小学生课堂表现中的亮点，激发小学生的学习信心与热情，尽可能产生全面发展的功能，让每个小学生的各方面素质在课堂上实现协调发展。

(二) 以激励发展为主调

教学评价活动对小学生学习活动具有多项功能，如鞭策与激励功能、判断与矫正功能、导向与强化功能等。在小学生课堂教学评价中，小学教师应该突出激励小学生发展这一功能，强调教学评价活动对小学生进步的促进功能。该项要求具体包括以下含义：

(1) 教学评价活动要以促进小学生发展为主要评价目的，其他评价目的，如鞭策、校正小学生学习的目的与表现等，则可以放在其次位置上，把握好教学评价的主导价值选择。

（2）教学评价要以激发学生的学习热情与持续学习动机为主，力求对小学生的学习活动产生更多的激励与促进。

（3）教学评价要尽可能弱化或淡化小学生的课堂失败行为，尽可能淡化那些有负面影响的评价内容，以防对小学生造成持续伤害，促使他们尽快从失败或困境中解脱出来。

拓展阅读7-5❶

课堂教师评价用语集锦

1. 你非常聪明，我很喜欢你！

2. 请你帮我一个忙，可以吗？

3. 你提的问题很有思考价值，我们共同研究一下。

4. 你的表现很出色，我很欣赏你！

5. 你的思维很独特！能说说你的想法吗？

6. 我真为你取得的成绩而自豪！

7. 你真了不起！我很佩服你！

8. 你敢于向教材（老师）提出个人见解，非常了不起！

9. 你很有发展潜力！

10. 你是一个懂事的孩子，愿你能发挥更大作用！

11. 坚持一下，你会做得比现在还好！

12. 我相信你一定能行！

13. 只要肯动脑，你一定会变得更聪明！

14. 看到你的进步，我真高兴！

15. 说错了没有关系，我会帮助你！

16. 你永远是最出色的学生，我愿意相信你！

17. 再给你一次机会，一定要把握住啊！

（三）评价要基于小学生的真实表现

真实性评价是能够对小学生的学习表现产生实在、深刻影响力的一种评价

---

❶ 陈飞燕．教师课堂评价用语集锦．http://res.hersp.com/content/407088.

方式，有理有据、立足事实的真实性评价是一种更有感染力、影响力的评价方式。真实性评价要求小学教师在评价小学生的学习活动时应做到如下三点：

（1）以小学生的学习表现事实为依据，努力提高教学评价的可信度与感染力，利用真实事件来辅助小学生的课堂语言评价，这是因为真实性是教学评价富有感染性的重要条件。

（2）尽可能为小学生的课堂学习活动提供真实的反馈信息，不可过分夸大小学生的优点或缺陷。应该说，真实的评价才能为教学反馈提供准确反馈信息，准确导航小学教师的学习思路与小学生的学习活动。

（3）小学教师在进行教学评价之前必须对小学生的课堂表现明察秋毫、实事求是，尤其是对小学生对教师评价的反驳或异议，小学教师要认真给予基于事实的解释，不可妄加评判，影响教师评价对小学生的公信力。

(四) 坚持教学目标对教学评价的导向性

教学目标是一切教师评价活动的核心，"从教学目标出发，基于教学目标要求，向教学目标回归"是小学教师开展课堂评价时应该坚持的重要原则之一。教师也只有在教学目标的正确导向下，才可能得出对学生学习活动有促进力的评价结论。因此，小学教师在教学评价时应该注意以下三点：

（1）牢记教学评价活动的目的——为了让教学活动逼近教学的预定目标，而非把教学评价当作"抓学生小辫"的行为，教学目标是教学评价活动实施的客观依据。

（2）注意教学评价的直接意义，即让小学生看到自己与教学目标间的差距，激起他们学习的劲头。无疑，基于教学目标的评价才能够准确评价出学生达成了多少目标，还有哪些需要继续努力，从而更加清楚学生的努力方向。

（3）时刻坚持评价活动的目标指向性，这是因为教学目标是一切教学评价客观尺度，这一评价操作性要求体现了教学评价活动对教学目标的从属性，"为评价而评价"是小学教学评价活动的误区之一。

小学教师应该清楚：现代教学评价的最终目标是"创造适合儿童的教学"，而非"选拔适合教学的儿童"，科学的教学评价活动必须时刻关注儿童、发展儿童，促进儿童的课堂学习活动。

(五) 量化与定性相结合

小学教师在教学评价中还应该坚持定性评价与定量评价相结合的原则，让小学生既看到自己与教学目标之间的差距在哪里，还要让他们明白：这一差距到底有多大。只有这样，整个教学评价的准确性、导向性水平才能够提高。之所以在小学教学评价中坚持量化与定性相结合的原则是因为：

（1）定量评价不易操作，但精确度高、客观性强，科学的教学评价必须具有相应数量化依据的支撑。

（2）定性评价易于操作，较为人性化，但主观性强，需要教师具有丰富教育经验，因此，定性评价虽然需要，但对评价者——小学教师的要求较高。这既是定性评价的弱点，也是这种评价对小学生学习活动具有直接意义的原因所在。

（3）坚持两种评价方式相结合，实现优势互补，是教学评价改进的方向，量化与定性相结合是现代小学教学评价的特点之一。

(六) 允许学生回应

教师教学评价的认同性与效能性很大程度上取决于小学教师能否允许小学生参与评价，并适度借鉴他们对教学评价的合理建议或质疑。换言之，评价只有小学生接受、认同了才会有效，允许小学生回应，甚至是质疑，能够提高他们对教学评价结论的认可度，进而提高教学评价的实效。在教学评价之后，小学生对教师教学评价的回应有多样化形式，如面部表情、直接表态、行动回应等。小学教师只有善于观察小学生的这些回应与表现，教学评价的改进才更具有针对性。可以说，学生回应是判断教学评价效能的直接指标，允许小学生对教学评价结果进行回应是科学教学评价的应有特征。

(七) 突出评价重点

在对学生课堂表现进行评价时，小学教师应该针对不同学生、学习内容区别对待。在教学评价中，教师应该注意做到有侧重、有重点，不可刻意求全，影响教学评价活动的针对性。因此，建议小学教师在开展教学评价时尽可能坚持"守一望多"的原则，努力体现既有重点又不完全局限于重点的教学评价思路。

四、小学教师教学评价能力实训

教学评价实训是丰富小学教师的教学评价经验，增进他们的实际教学评价能力的有效渠道。在此，建议小学教师在教学视频资源或观察同行授课课例的配合下，积极开展教学评价能力实训，最终成为一名游刃有余的小学教学评价者。大家可以按照以下程序开展针对小学生课堂表现的教学评价实训活动。

（1）欣赏教学视频，捕捉学生的课堂学习行为与表现。

（2）让小学生写出针对该教学表现的评语。

（3）集体讨论教学评语的质量。

（4）探讨改进性建议。

（5）遴选"最恰当的教学评语"。

（6）实训小结（主要是小学教学评价的操作经验与体会）。

上述教学评价程序的最大优点是：强调小学生的自我评价以及教学评价结论的生成性，突出小学教师在评价中的辅助者角色。相信这一评价实训活动能够逐步培养小学生的自我评价能力，增强小学教师对小学课堂评价的掌控力。

第八章 小学教师专业知能的转化与学习

小学教师具备了一定专业知识，但不一定就代表他具有了相应的专业能力，这是一个毋庸置疑的道理。当然，这也不能说小学教师习得一定的专业知识毫无疑义，而是意味着小学教师只有将专业知识转化为专业能力，其所习得的专业知识才算发挥了预期功能。对小学教师专业发展而言，专业知识向专业能力的转化至关重要，它构成了教师学习活动的一项核心任务。

第一节 小学教师专业知能的转化

小学教师获得的专业知识与其拥有的专业能力之间到底存在着一种怎样的关系？这是我们在探讨小学教师专业知能转化之前首先需要思考的。这里，我们从专业知识与专业能力之间错综复杂的关联切入对该问题的讨论。

一、教师专业知识与专业能力的关系

小学教师拥有的专业知识与其专业能力之间存在着一种相互依存、相互转化、相互促进的关系。具体而言，这一关系体现在四个方面。

(一) 专业知识是专业能力形成的条件

如果说人的专业素养表现为一个具体事物，那么，这一事物的表面构成是其专业能力，而其内核构成则是他拥有的专业知识，也即：专业知识是教师专业能力的基础，是其专业能力形成的条件。我们可以从四个角度来理解这一观点。

（1）专业知识是教师形成专业能力的基础，教师对专业知识理解越深刻，掌握得越牢固，越有利于其专业能力的形成；反之，如若小学教师对专业知识的理解没有达到一定的深度或水平，对之理解还处在表面水平，教师的专业能力就难以形成。

（2）专业知识是一种潜在的专业能力，专业知识的情景化、具体化应用就是专业能力的形成过程。应该说，专业知识只能停留在大脑中，而专业能力必须体现到教师的身手与实践中去。因此，拥有足够丰富的专业知识，而不将之付诸实践，教师专业能力的形成永远只是一句空话。

（3）专业知识是教师专业能力形成的媒介，死记硬背专业知识对教育教学工作的开展则毫无疑义。专业知识在教师的专业能力形成中属于一个半成品，如果没有实践转化环节的辅助，仅通过死记硬背的形式将其缓存在大脑中，这些专业知识对教师专业发展而言不可能产生任何实质意义。

（4）形成专业能力才是教师学习掌握专业知识的最终目的。教师只学习专业知识，而不考虑如何将之应用到实践中去，助推教师的实际教学效能提升，甚至将这些专业知识的习得视为教师学习的最终目的，教师的专业学习活动就会被异化，进而失去意义。

（二）专业能力的增强有助于专业知识的消化

反过来，教师专业能力水平的提高同样有助于专业知识的学习与消化。一个具有较强专业能力的教师对教育教学实践活动的理解较为深刻，容易把专业知识与自己的专业实践经验联系起来，达到对专业知识的深入理解。同时，专业能力较强的教师能够充分发挥专业知识的潜能，使之服务于个人专业能力的使用，从而为专业知识的使用提供更多机会，自然有助于教师理解、体会专业知识的用处。最后，专业能力较强的教师能够灵活驾驭专业知识的应用方向与应用方式，他们一般很清楚在哪些情境、哪些条件下应该使用哪些专业知识，因而更容易把专业知识返回到它们产生的相应情境中去理解。其实，对专业知识理解深入的标志之一就是教师知道了这些专业知识的具体用途。

（三）专业知识与专业能力之间的不平衡关系

在现实中，教师的专业知识与专业能力之间并非始终处于平衡状态，二者之间的不平衡情况随处可见。在一般情况下，专业知识与专业能力在匹配上可能会出现四种情况（图8-1）：

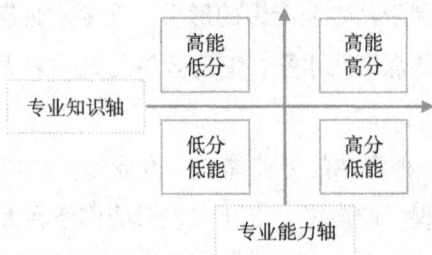

图8-1　教师专业知识与专业能力之间的平衡状态分析

（1）"高分低能"型教师。该类教师的特点是：高学历（或专业知识丰富）与低能力并存，例如初任职小学教师，它们就属于这一类型的教师。

（2）"高能低分"型教师。该类教师的特点是：低学历（专业知识贫乏）与高能力并存，例如经验丰富的民办小学教师，他们的专业知识一般较为贫乏，许多专业知识都是在从业后自学或实践中摸索出来的，整体储量有限，而他们中许多优秀教师的教学能力不一定比一般教师低。

（3）"高分高能"型教师。该类教师的特点是：高学历（或专业知识丰富）对应高能力，例如，成熟的高学历小学教师。在这些教师身上，教师的专业知识与专业能力是大致均衡的。

（4）"低分低能"型教师。该类教师的特点是：低学历（或专业知识丰富）对应低能力，例如那些不思进取的低水平教师，他们可能既不愿意学习专业知识，也不愿意在专业实践中提高专业能力，进而导致了一种"双低"型教师。

（四）专业知识与专业能力间的内在关联

专业知识与专业能力专家的内在关联是一个非常值得我们去深究的问题，对于这个问题，我们可以从两个方面去理解。

（1）专业知识和专业能力的关系可看做类似于网状的模型，即网点与网络的关系。❶我们可以这样去理解：

首先，专业知识是"点"，专业能力是连接点与点之间的"线"，专业知识越多，能够连接生成的线也就越多，线与线之间形成的交叉点也越多。这些交

---

❶　知识和能力之间的关系，http://blog.zzedu.net.cn/user1/wqsxz/archives/ 2012/404875.html.

叉点上是新的知识，交叉点可以与更多的点连接生成线，因此，专业知识丰富的教师比较容易形成较强的专业能力。

其次，如果教师不能将各个专业知识点连成线，也就是找不到知识之间的联系，那么，知识间彼此是孤立的、僵化的、封闭的，也就难以产生专业能力。因此，单单关注掌握专业知识，而不注意建立专业知识之间的结构化或线索式联系，专业知识就难以被用诸实践并在实践中开花结果，专业知识也就难以为拥有者带来专业能力上的收获。

再次，教师专业能力的强弱决定于两个方面：一个是专业知识的多少（点的个数），另一个是专业知识之间联系的多少（线的条数）。所以，教师掌握的专业知识越多，建立起来的专业知识之间的联系越多，小学教师的专业能力就可能越强。

最后，专业知识的多少和质量又决定于专业能力：一方面专业知识只有在发生相互关联后才能成为活的知识；另一方面，多种联系又会生发出新的知识，也就是说在原有专业知识数量相同的情况下，专业能力越强，生成的新知识也就越多。所以，具有较强专业能力的教师更容易在看似毫无联系的专业知识之间找到联系，从而获得更强的专业能力。

（2）专业知识与专业能力之间的内在联系还可以看作是类似于材料与建筑师的关系。对于好的建筑师，灵活运用材料，就可能修造出好的建筑物。相对而言，没有材料的建筑师，就是"巧妇难为无米之炊"，正如一位毫无专业基础知识的教师，他根本不可能在实践中产生非凡的能力表现。这一道理告诉我们：教师既需要学习专业知识，更需要自觉利用这些专业知识去解决具体教育教学实践问题，否则，这些专业知识就可能像建筑材料那样被闲置起来，导致这些材料难以发挥其应用功能。

拓展阅读❶

教专业知识≠专业能力

仔细分析"能力"的内涵，其实包含了三大部分，"专业知识"固然是其中之一，但除此之外，还包括执行、处理事务的方法与经验，即"执行能

---

❶ 杜书伍 . 专业知识不代表能力 .http://www.360doc.com/content/11/1220/09/476103_173547359.shtml.

力"，以及学习、反省检讨的能力，即"学习能力"。这三个部分共同构成了一个人是否有能力成事，并且不断提升精进的基本条件。

"执行能力"牵涉的层面相当广泛且细腻。首先，要能掌握不同事务间的轻重缓急，要懂得阶段性、循序渐进推展的道理；执行事务时，必然要与其他人沟通协调，因此，沟通技巧与方法不可或缺；事务的发展不可能靠一个人就能完成，必须懂得倡导的技巧与方法，并且知道如何把一群人组织起来，分工合作将一件事"做出来"；由于执行事务必然牵涉到"人"，所以，认知人的行为模式与心理特质也很重要等。诸如上述种种，都属于"执行能力"的范畴。

二、小学教师专业知识向专业能力的转化之路

结合上述分析，我们不难看出：小学教师要充分发挥自己专业知识的潜能，就必须通过合理的路径对其进行转化，这就是专业知识向专业能力的转化之路。

(一) 专业知识要活学活用

如果说专业知识就是一个可能对教育实践具有爆破力的"火药桶"，那么，它只有借助教育实践这条"引线"去点燃。在小学教育教学工作中，对专业知识活学活用是小学教师激活专业知识潜能的正途。这就要求小学教师在教学实践中拒绝机械式、照本宣科式、"纸上谈兵"式专业知识学习方式，这些学习方式不利于专业知识向专业能力的转化。专业知识向专业能力的转化是一个因地制宜的"适用"过程，是专业知识在教育教学实践场景中的具体化、情景化、个体化的过程，是它与教师个人的工作经历、具体的教育实践问题相结合的过程。因此，专业知识向专业能力的转化需要小学教师对专业知识学习达到熟能生巧的地步，否则，这种因地制宜的"适用"过程难以发生。小学教师应该坚持在特定目的下灵活运用专业知识，让专业知识的应用服务于教学工作目的的达成。在履行自身职能的过程中，教师拥有的专业知识就可能融入实践，融入教师的个人经验，进而转化为教师的实际工作能力。

(二) 专业知识要灵活地变通与修正

在付诸实践的应用过程中，教师拥有的专业知识必须适当加以变通、充实、组装或修正，以尽可能适应特定的实践问题。这是因为：尽管正确专业知识的内核在一定时期内是有效的，是有生命力的，但它的某些内容或判断可能是已经过时，甚至可能是错误的，专业知识具有可错性与相对稳定性，无法和变动的形势保持一致，专业知识需要在应用中稍作修饰、修改，以更加投合实践，释放其内能。在合乎实际的变通中，专业知识要发生以下改变：一方面，专业知识在应用中需要实践者赋予其个性化的内涵与情景化的解读，使之获致本土化的具体内涵；另一方面，专业知识没有固定的使用对象，只有大致的应用领域，知识与领域之间的对接过程需要专业知识适应具体领域的特殊要求，需要教师针对具体领域对之稍作改动。广大小学教师应该相信：专业知识是死的，知识的应用者——教师是活的。所以，教师只有用批判、变化的眼光对待专业知识，防止专业知识在实践中变得僵化，才可能把专业知识的优势发挥到极致。

(三) 坚持自觉转化观，主动化知为智

小学教师在实践中必须坚持自觉转化的观念，为教师专业知识的具体转化创造条件，努力实现专业知识向专业智慧的转换。专业智慧与专业能力之间在某种意义上具有大致相似的内涵。实际上，知识的灵活运用就能够催生出教师的专业智慧，而教师在实践中生成的专业智慧的提纯与抽象，则可能会产出一系列的专业知识。所以，教师应该在专业知识使用中积累专业智慧，充分发挥人在专业知识与专业能力转化中的能动性与创造性。当然，专业知识与专业能力之间并非一一对应，善于根据具体问题情境选择专业知识，用知识组合来应对教育工作问题，是促使教师专业智慧与专业能力形成的正确思路。为此，小学教师要充分利用好教学实践这一平台，在实践应用中转识成智、转知为能，提高专业知识的使用效能。

(四) 围绕实践问题，整合专业知识

专业知识是学者、专家与教师从单一角度思考教育教学问题的结果，每一个专业知识都有其内在贯通的思维角度与认识立场。相对而言，具体的实践问题具有复杂性，甚至利用一个专业知识难以解释它、对付它，客观上要求教师

掌握多样化的专业知识才能完成对某一具体实践问题的解决。因此,教师的专业知识只有在灵活组合时才能够顺利应对具体实践问题,催生出教师的专业能力,实践问题正是教师整合专业知识的纽带与平台。小学教师只有善于以实践问题为中心来选择、变通、发展教师拥有的专业知识,才能确保教师对具体工作问题的顺利解决。应该说,教师专业能力就是教师用专业知识来解决专业问题的一种特殊能力,这种能力的产生需要教师调动自身拥有的一切知识储量并灵活组合才可能实现。

> **案例8-1**
>
> 问题情境
>
> 某新任职小学教师A,大学毕业后尽管满腹经纶,但就是不会上课。他百思不得其解,为此,还请教过许多老教师。一直令他困惑的问题是:面对一线教学实践,他该怎么办?

在案例8-1中,A教师之所以会遭遇上述困境,是因为他没有及时将专业知识转化为专业能力。为此,建议该教师多实践,多练习,在具体实践中逐渐学会将知识转化为能力的途径,最终成长为一名成熟的优秀教师。

三、小学教师转"知"为"能"的条件

对小学教师而言,他们要顺利将其所拥有的专业知识转化为专业能力,需要具备哪些条件呢?这是我们助推小学教师职能转化中需要面对的一个有意义的话题。在具体转化中,小学教师应该充分考虑以下几个问题:

(一) 考虑专业知识类型的差异

专业知识是小学教师学习专家认识自己、反思实践的结果,知识的类型差异决定了其向专业能力转化的难度与方式差异。例如,专业知识主要体现为一种陈述性知识,一种对实践的解释、说明与表达,而专业能力实际上是一种程序性知识或操作性知识,专业知识向专业能力的转化其实就是一种知识类型的互化过程。再如,教师专业知识中的个人知识、实践知识、如何做的知识等比较接近专业能力,这些知识与能力之间甚至可以画等号,故不需要各种转化。另外,狭义的"专业知识"大都指显性知识,专业能力相对于隐性知识,从专

业知识的两种形态——显性与隐性角度来看，教师专业能力的形成是显性知识在实践应用中被内隐化的过程。正是如此，我们可以说：教师专业知识向专业能力的转化就是专业知识类型间的互化，如专业知识隐性化、专业知识操作化等，利用知识类型间的互化规律有助于提高我们对教育知识的转化率。当然，不同类型的专业知识向专业能力转化的难易程度是有差异的，转化方式是多样化的，如事实性专业知识不容易转化成为专业能力，而操作性专业知识容易转化为专业能力。小学教师在职能转化中要酌情对待，不可将之单一化、模板化。

(二) 教学工作情景的差异

在将专业知识转化为专业能力的过程中，小学教师所面临的具体工作情境是一个重要参考变量，它直接影响着转化过程的难度与效果。实际上，专业知识与教师具体工作情景结合的过程就是专业能力形成的过程，在知识运用中能否找到合适情境的支持，能否顺利进入教师的教学工作情境，这才是教师转知为能的关键问题。应该说，专业能力的形成是专业知识与工作情景间的相互调适，这一过程具体表现为：一方面，教师应用专业知识来解读、理解工作情景，把专业知识嵌入工作情景之中；另一方面，教师用专业知识来改变教育情景，促使工作情境发生有利于知能转化的变化。这是小学教师专业能力形成的条件与实质。

(三) 专业训练的平台及其活动

专业训练是促使小学教师迅速将专业知识转化为专业能力的加速器，这个过程需要借助一定的专业训练平台来支撑。对小学教师而言，他们可以利用诸多专业训练平台来助推这一转变。

(1) 虚拟实训平台，即各种各样的网上教师实训平台。例如，教师可以利用网上提供或研究者开发的"专业能力打分器"来辅助自己的专业知能转化活动。有了网上实训平台及其专业能力打分器的帮助，小学教师专业知识向能力的转化进程势必会提速。

(2) 校本研修活动，它是加速教师知能转化的舞台。通过校本研修，小学教师能深刻体验到专业知识与专业能力之间的差距，并在研修活动中借助课堂观摩或磨课活动来构筑教师专业知识向专业能力转化的"高速公路"。

(3) 熟手教师参与试教活动，它是专业知识向专业能力转化的必需媒介。

各种各样的试教活动是促使小学教师专业知能转化的重要途径。这一过程中，如果有熟手教师，或教学实践行家的参与，新手教师就可能在观摩与研讨中顺利实现这一转化过程。

（4）微格教学，它是小学教师专业知能转化的常用手段。借助微型教学系统，小学教师能够从视频记录中清楚地看到自己的专业知识与专业能力之间的脱节现象，准确分析自己的专业知识与专业能力间的结合水平，促使他们更深入地思考专业知识在实现中的利用与体现问题。此时，教师的专业能力更容易形成。

（四）思维活动的品质

深刻的专业思维助推小学教师实现专业知能转化，它从各个方面推动着小学教师的知能转化进程。一方面，专业思维能够帮助小学教师把专业知识认识得深刻、到位，能够促进他们把专业知识具体化，这两个方面的积极转变都有利于小学教师专业能力的形成；另一方面，专业思维能够为教师专业知识的运用提供更多预案或"腹稿"，提高专业知识付诸实践、走向成功、形成能力的顺畅性。专业思维的根本特点就是预先思考性，它能够先行实践一步来给教师专业知识的应用提供蓝图准备。专业思维的帮助能够提高专业知识与具体情境之间匹配的准确性，能够促使教师迅速认识到专业知识与教师工作情境、工作经验之间的结合点，进而加速教师专业能力的形成。

（五）专业学习的质量

专业学习的品质高低自然与小学教师专业知能转化的效果、效率直接相关。专业学习是加速专业知能转化的常规途径，是教师通过学习他人的知能转化经验与方式来催生自我专业能力的手段。在专业学习中，教师不仅可以向成熟教师学习专业知能转化的经验，还可以向教育教学实践学习知能转化的经验，它构成了教师实现专业知能转化的一般渠道。教师专业知识学习的成熟度、熟练度是专业知能转化的催化剂，熟能生巧正是这个道理。这个道理告诉我们：小学教师一定要把专业知识学懂、学透，甚至达到深入浅出的水平。这是促进教师专业知能转化的一条途径。

第二节　教师学习与小学教师专业知能发展

随着信息技术的迅猛发展、知识扩容量和更新率不断加速的今天，教师所掌握的知识相对于社会信息总量的比例越来越小，教师作为知识掌握者的权威地位已受到动摇。做教师的都知道：要给学生一杯水，自己必须有一桶水，更需要有源头活水。要实现这一点，苏霍姆林斯基告诉我们的方法就是——读书，读书，再读书。用阅读实现教师专业发展，教师如果不阅读，就是一池"死水"。无法承担浇灌生命之花的重任。教师没有了阅读就停止了专业的发展，没有了老师的发展就不会有学生的成长。[1]

如上所言，教师专业发展的关键问题是专业知能转化问题，专业知能转化的效率与质量取决于教师的专业学习状况。因此，教师学习是教师专业发展与知能转化中无法绕开的一个主题。小学教师如何更好地实施专业学习活动，提高自身的专业水准，构成了本节思考的焦点问题。

一、小学教师专业发展的主要途径——教师学习

教师学习是教师知能转化的节点，是教师汲取专业知识、修炼专业技能、陶冶专业情感的常规路径，认清教师学习的内涵与意义对小学教师专业发展而言非常重要。无疑，教师学习是小学教师专业发展的主要途径，其他专业发展途径服务于这一学习途径的展开与实施。

(一) 什么是教师学习

教师学习，即教师专业学习，它是作为专业人员的教师借助于培训、实践、反思、研究等途径来主动获取新的专业知识、专业技能、工作经验，改变自己的专业态度、专业情感、专业信念，借此实现专业自我的不断更新与持续发展的一种实践活动。教师学习具有多重意义与功能，它对于教师个人发展与教师行业发展而言都具有积极意义。教师学习是每一位小学教师的必修课，是小学

---

[1] 阅读改变人生，读书成就梦想，http://www.jxteacher.com/cgxxyw/column38632/061ac393-3f79-440a-a6b1-db1b6228b421.html.

教师更好地掌控个人专业发展历程的途径。

(二) 专业学习是小学教师专业自我更新的常规途径

每一个教师都必须开展专业学习活动，在学习中教师可以实现专业自我的更新，提高个人教学工作的品质，提高教师应对新教育教学问题的能力。因此，小学教师必须经常化地开展专业学习活动。同时，专业学习活动可以提高小学教师对外界教育情境的适应力与应变力，实现其与教育世界的同步发展。小学教师正是不断从外在教育世界中汲取经验与知识的营养，他的专业发展水平才由此而不断提高。在专业学习中，小学教师的收获是多样化的：专业学习可以改变小学教师对教育现象的认识角度与认识方式，可以改变教师身上的不良教育习惯，可以丰富小学教师的教育经验，可以深化教师的教育思维，可以增进教师工作的自觉性与主动性，可以让教师看到优秀教师的成功秘诀，等等。在教师学习中发展专业自我、创新工作方式、开展教育变革，是小学教师走向专业自强的康庄之路。

(三) 专业学习是小学教师专业发展的主要途径

应该说，没有专业学习，就没有专业发展，小学教师在工作实践与大学课堂中所获得的一切发展都直接或间接地归功于教师的学习活动，只不过是专业学习的形式与途径稍有差异而已。小学教师的一切其他教师发展形势，如工作实践、研究研修、工作培训、经验交流活动等都离不开教师学习的参与，教师学习才是这些专业发展形势的底牌与实质。这些专业发展形势也可以说是小学教师专业发展的多样化"变式"而已。对小学教师而言，其专业发展的立足点是教师学习，教师学习是教师知能增长的根本渠道，一个不善于、不喜欢从事专业学习活动的小学教师注定是一个必将被社会淘汰的教师，一个注定要在时代发展中落伍的教师。

二、小学教师学习的实质、形式与机制

小学教师的专业学习实际上包括两部分：一个是职前的专业学习，一个是职后的继续学习。一般来说，单一教师学习形态与一般的学生在校学习之间毫无二致，属于一种普通的专业领域学习活动；而教师职后的继续学习形态则是我们经常会谈及的教师学习类型，也构成了我们此处重点要探讨的小学教师学

习类型。当代教师教育研究表明：小学教师的职后学习是其专业上出现突飞猛进式发展的重要时期，正所谓"黄金时期"，对这一时期的教师学习活动探究构成了小学教师专业学习研究的核心。

（一）小学教师学习的实质

小学教师学习的实质是什么？这是我们首先会遇到的一个难题，它关系着我们对教师学习的目标定位与途径选择问题。对这一问题的深入理解能够增进小学教师专业学习活动的灵活性。当代教师教育理论研究成果表明：小学教师的职后专业学习的实质是成人学习、工作学习、经验学习，它完全不同于普通的学生学校学习。这就决定了教师学习与其他学习类型间的实质差异。

1. 教师学习是建构性学习

所谓建构性学习，就是基于教师个人在已有经验的基础上建构新的教育经验、教育知识、教育情感的学习。小学教师在展开专业学习之前，总是带着已有的教育教学工作经验进入学习场景或学习者角色的，教师学习实际上是其新旧教育经验间的一种化合或互构过程。

2. 教师学习是经验性学习

小学教师，尤其是职后小学教师，其专业学习对象主要不是大量的现成专业知识，而是一系列行之有效、即学即用的教育教学工作经验。这些经验最有利于教师专业上的成长与成熟。教师学习的结果就体现为大量先进教学经验的借鉴与自身教学经验的创生。

3. 教师学习是问题式学习

在教师工作中，只有在教师发现教育教学问题的时候才有可能发生真正的实践学习。问题的产生必然激起教师探究的热情，而在探究问题中教师身上必然会产生专业经验的积累与专业认识的生成，这就是问题式学习。

4. 教师学习是自导式学习

一般学生在学校生活中进行的学习是知识导向或教师导向的学习，整个学习活动服从于整个来自外在社会的要求或教师的指导。而在教师职后学习中，一切学习活动遵循教师自我发展、自我成熟的需要，小学教师在经历实践后非常清楚自己需要哪些知识、哪些技能，该如何去获取。教师学习活动围绕自己的专业发展需要旋转，教师专业自我的成长成熟是其核心。

5.教师学习是工作学习

工作学习，即与工作相结合的学习，在工作中进行的学习，是工作与学习合二为一的学习形态。对小学教师而言，工作单位就是他们自己的专业发展学校，课堂就是个人研修的学堂。这种教师学习活动对教师个人专业发展具有实际功效。

6.教师学习是案例性学习

所谓案例学习，就是紧密依托课堂教学案例进行的学习。小学教师在学习中最喜欢的学习资源是课例而非抽象理论，是用生动鲜活的教学案例承载的教育教学理论与专业知识。基于现实课例的学习也是对小学教师专业发展最有效的一种教师学习形态。

7.教师学习是参与式学习

学习一般有两种形态：一种是远离实践，在专门的场景，如大学课堂中进行的学习活动；另一种是融于实践，在直接参与中进行的学习活动。小学教师的职后学习主要属于后一种学习形态，这种学习的明显特点是："做中学""做中求进步"，直接参与是小学教师开展学习活动的主导形态。

8.教师学习是反思式学习

小学教师对自身工作经验、经历、体会的反省和领悟是其开展学习活动的一种重要形式，反思学习是比较有效的一种教师学习形态。例如，让小学教师写"教后记"，进行课后反思活动等，这都是助推小学教师专业发展的好形式。

(二) 小学教师学习的主要形式

在教育教学工作中，小学教师常见的教师学习形式主要有以下几种：

1.校本研修

所谓校本研修，就是小学教师在自己的学校中开展的一种专业进修活动，其主要特点是：始于学校的整体专业发展需要，针对学校自身发展中遇到的具体教育教学实践问题展开，借助学校的教育教学研究力量——教师来进行的一种特殊教育教学研修活动。在这种研修中，小学教师不仅锻炼了自己的研究能力、工作能力，而且还获得了大量的专业知识、专业能力，促进了小学教师的专业发展进程。

2. 业务培训

所有新教师都必须在参加学校组织的业务培训后才能进入学校正式开展工作，每遇到一次全国性的教育教学改革时，小学教师也必须通过接受业务培训来获得最新的教育教学改革要求。因此，参加业务培训是小学教师经常会用到的一种教师学习形式。教师业务培训的内容几乎无所不包，小学教师在教育教学实践中亟需的专业知识、教育信息几乎都可以经由这一途径来获取。

3. 师徒制

师徒制，即小学教师拜优秀教师为师的一种教师学习途径。对业务上尚不精通、成熟的小学教师而言，拜优秀同行为师无疑是一种颇为有效的教师学习形态。这种教师学习形式的最大优点是：小学教师能够从优秀教师那里习得一些专业的诀窍秘诀与隐性的知识经验。作为一种古老的教师学习形态，师徒制在当代小学教师专业发展领域再度受宠，正成为初任小学教师专业发展的一种重要途径。

4. 专家讲座

请小学教育教学领域中的专家来学校为广大教师做讲座、做报告，是让小学教师迅速习得最新教育理念、知悉当前教学改革动态，将自己的教学建基于改革前沿理论之上的一种重要的学习方式。小学教育行业中的各级各类专家都有自己的理论优势或实践优势，他们能向小学教师及时传达最新的教育教学改革理念与有效做法，从而达到与全体小学教师一道分享先进教育理念与教育经验的目的。

5. 课堂观摩

在学校中开展课堂观摩活动，进行课例研究活动，是小学教师专业发展的最常见形式之一。在小学中，教师每周教研活动的常见形式就是课堂观摩，这是促使小学教师迅速成长成熟的好方式。在课堂观摩中，所有教师围绕一位教师的全程授课活动开展评课、研课活动，小学教师就能够从中习得大量有用的实践知识与工作经验。

6. E-learning

E-learning，即网上学习或在线学习，这是小学教师借助网络开展专业学习活动的一种现代学习形态。在当代，各种各样的教育网络是教师学习资源的海洋与宝库，小学教师经常上网收集相关学习资源，开展自助式学习活动，教师的专业发展就能够突破时间与空间的局限，迅速习得大量的专业知识与经验。开展 E-learning 是当代小学教师专业学习活动中较为流行的一种形式。

案例 8-2❶

小学教师最渴望的学习方式是什么

在"您认为哪种学习方式最切合一线教师工作实际?"这个问题中，选择"文本阅读"占了 47.6%，网络阅读占了 41.7%，批注占了 3.5%，摘记为 0.9%，学习后结合实践写读后感或随笔的占 6%，其他形式的占 0.3%。

由于学校在理论学习的内容、数量等方面的指令性强，有 72.3% 的教师将理论学习视为工作任务而非专业自需；教师由于整日疲于应付各种差事，很少有自发性、实质性的自学行为，除非为了准备公开课教学等才会有针对性地进行应急性选读、选学；多数的教师在完成摊派的学习任务后，有一种如释重负的畅快感；真正经常自学的人不足 30%。

教师学习属于成人学习而非学生学习，他们喜欢的是自主学习、个人学习、网络学习与工作学习。上述案例印证了这一事实，小学教师专业学习必须与教师的学习要求与期待相一致。

(三) 小学教师学习的基本机制

小学教师学习的核心是教师发展问题，教师发展的关键是教育智慧的创生与积淀，这一目标的实现离不开教师的学习活动。如上所言，在实践中小学教师学习的对象与形式是多种多样的，如经验学习、问题学习、反思学习与工作学习等。应该说，每一种教师学习形式都是一种成就教师、学做教师的方式。如何成师，如何实现教育智慧的增长是所有教师学习活动指向的一个共同目标，故"学会为师"是教师学习基本课题之一。❷ 总而观之，小学教师一般都有两种基本的成师方式——理论成师 (即基于教育理论学习的成就教师方式) 与实践成师 (即在工作实践中成就教师的方式)，其中实践成师是小学教师的自然发

---

❶ 彭慧. 基层中小学教师最渴望学习什么? http://learning.sohu.com/20061107/n246242671.shtml.
❷ 李志厚. 论教师学习的基本追求 [J]. 华南师范大学学报 (社会科学版), 2006(4).

展方式，是教师"从原有的经验出发，生长（建构）起新的经验"❶的过程，它是一种与教育实践相依相生的成师方式；而理论成师是教师的人为发展方式，是教师将"公共教育知识内化为个人教育知识"❷的过程，它是一种教师在工作场之外展开的成师方式。教师的学习之路是要将两类成师路径整合起来，自觉实现教师的理论成师与实践成师、"自上而下的理论研究"与"自下而上的实践研究"的协作与沟通。因此，对教师教育来说，基于教师学习的教育变革绝非要机械地落实"教师为本"这一教师发展理念，而是要将其着眼点与着手点及时区分开来，努力实现教育理论与教育实践在教师身上的及时沟通与交互推进。对教师发展而言，其着眼点理应是基于"师本"的教育实践，其着手点是教育理论的楔入问题，教师教育活动是一项放眼于教育实践样式的优化、着手于教育理论的输入与授受的教育实践。在这里，教师教育活动干预教师发展水平的主渠道是教育理论的生产和供给。依靠教育理论来打破教师的自然发展方式、加快教师的专业成熟节律是教师教育活动的潜在优势，是专门性的教师教育活动得以发起的内在原因。

　　基于上述分析，我们可以看出：小学教师学习的基本机制是在教师教育者与教师分工协作、两种成师之路——理论成师与实践成师并驾齐驱这一理念的指引下，努力构建一条以教师学习平台建设为基点的教育理论成师与教育实践成师双轨并存、同期互动的教师教育之路，以求实现两种成师之路的优势互补、相得益彰、平衡推进。（图8-2）在这里，所谓的"双轨并存"意即两种成师之路是并行不悖、互补协作、同步推进、相互回归的关系，二者之间没有偏重关系，有的只是动态平衡关系；所谓"同期互动"意即这两种成师之路在平行发展的同时又相互影响、相互吸收、相互转化。在其中，理论成师与实践成师之间的关系是：并存、相倚是前提，是教师学习的条件；互动、转生是教师学习的基本方式；同期、平台是对教师学习时间性与空间性的限定与保障，这一时空共在性是教师学习得以形成的媒介与背景。

---

❶　周成海.客观主义—主观主义连续统观点下的教师教育范式：理论基础与结构特征 [D]. 长春：东北师范大学，2007.

❷　陈振华.论教师成为教育知识的建构者 [D]. 上海：华东师范大学，2003：55.

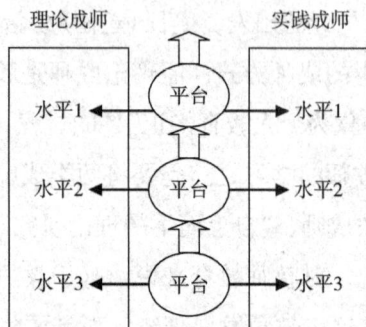

图 8-2　小学教师的学习机制

教师培训是小学教师开展专业学习的主导形式，教师从科学组织的教师培训活动中能够收获多方面的成果，如先进的教育教学理念、优质的教育教学经验、教师专业发展动力等，这些都是小学教师专业发展的营养品。

案例 8-3

一位教师的培训经历 ❶

这次中小学远程培训活动，为我们教师创造了良好的学习机会，提供了优越的学习条件。在培训期间，我积极学习，认真聆听专家讲座，学习教学相关策略，并进行课堂教学实践，用心去领悟教育理论观点。这次培训使我在教学理论和教育观念上得到了大量的补充，反思了以往工作中的不足，同时也解决了一些我以往教学中的困惑。

三、专业学习是促进小学教师专业知能增长的渠道

显然，专业学习是促进小学教师专业知能增长的主渠道，坚持专业学习是小学教师专业不断成长、成熟的必由之路。小学教师在专业学习中获得的专业成长是多方面的，专业学习在激励小学教师发展自我、观念更新、经验丰富与情感强化中具有自身的特殊优势。

---

❶ 教师远程培训学习总结 http://www.economicdaily.com.cn/a/201209/9637.html.

(一) 激励自我，获得教师发展专业知能的动力

专业学习对教师专业发展的促进功能是全方位的，它首先激起的是小学教师的专业发展动力与自我转变热情。一方面，专业学习能够引发小学教师改变自我、提升自我的愿望，即所谓"学然后知不足，教然后知困"。专业学习的展开只会促使小学教师越来越发现自身专业上的无知与不足，由此激励着他们的学习热情。另一方面，专业学习还为小学教师提供了崭新的发展愿景与蓝图，这是自己在按部就班地教育教学实践中是不可能形成的。在学习中，教师更清楚地知道了自身的专业发展图景与未来，能够看到自己应该为之而努力奋斗的另一种教育教学视野。不仅如此，专业学习还能够有效克服小学教师的自满意识与职业倦怠，燃起他们继续努力的斗志，促使他们的专业发展始终处在热情奔放的状态中。

(二) 更新理念，改变陈腐的教育观念

专业学习对小学教师专业发展产生的直接助推功能是改变他们对教育教学工作的陈腐理念，接受一种更为先进、科学的教育认识。一个好的理念，就是帮助小学教师变革教育实践的良种。一旦这一种子在实践中萌芽破土，其变革教育实践的潜力难以估量。好的教育理念是小学教师的专业母机与导航仪，它能够赋予小学教师的工作情景以全新的意义与色彩，彻底改变小学教师的教育生活时空。小学教师只有不断参与学习，更新自己的专业理念，才可能真正获得一种变革教育世界的"武器"。

(三) 丰富经验，提升工作的熟练度与熟悉度

小学教师在基于实践、经验与工作的学习中获得的是大量的有效教育教学经验，这些经验的习得能够大大提高小学教师工作的熟练度与熟悉度，增加小学教师驾驭复杂教育情境、多样化教育工作的能力与实力。应该说，获取教育经验可以改变小学教师的行为模式与工作方式，增加其教育教学工作的合理性与科学化水平；教育经验能够提高教师对教育情景反应的准确性，顺利实现教育教学工作的目标；丰富的教育经验是小学教师熟练应对教育情景的现成智慧，它能够让小学教师灵活地对工作问题做出精准判断与行动反应。

(四) 强化情感，增强教师开展工作的正能量

小学教师不仅在专业学习中能够获得丰富的知识与经验，还能够获得对待

教育教学工作的科学态度与积极情感，从而增强他们开展小学教学工作的正能量。尤其是在身临其境的课堂观摩中，小学教师从优秀教师那里习得的教育态度与对待教育工作的热情是最能促进小学教师专业发展的一种内在力量。教育态度、情感的学习能够增强小学教师对待工作的感情，加强他们对教育教学工作理解的深度，消除他们对教育教学工作的种种误解。可以说，小学教师的态度学习与情感学习是形成小学教师积极对工作价值观与事业观的原点，这种学习对小学教师专业发展能够提供一种更为强大的精神支持。

（五）习得范例，明确教育工作的标杆

在职后专业学习中，小学教师收获更多的是大量成功教育教学改革案例或先进课例，它们能够为小学教师专业发展提供更为直接的导航与示范，让他们清楚小学教育教学工作的标杆与方向。基于成熟教育教学范例的专业学习是一种示范性学习或模仿式学习，在这种专业学习中，小学教师习得专业的教育行为方式，并且能轻易地将之付诸实践，改变自己的教育世界，提升自身的专业实力。除此之外，小学教师还能掌握科学的教育行动图式，为他们的后续教育教学示范提供直观的行动参考。"行为方式"不同于"行动图式"：前者是指小学教师在教育教学实践中形成的一种相对稳定的教育活动方式，而后者则是一种更为具体的应对教育问题的反应方式，例如，教师一看到学生的畏难情绪出现，立刻会用精神激励法来激发他们的学习信心。小学教师从成功课例中获得的这些教育行动图式可以在组合、优化中迅速提高小学教师的工作能力。最后，从优秀课题范例中，小学教师还能习得大量的专业技能，把其他教师的成功教育做法与诀窍移植到自己的课堂中来，转变成为自身的专业经验。

第三节　小学教师自主学习资源的获取

小学教师学习，尤其是职后学习的重要形式是自主学习，这种学习的主导形式就是由小学教师去自主获取学习资源。因此，小学教师的自主学习资源有哪些？在浩如烟海的学习资源库存中，小学教师应该从哪些地方去获取这些资源呢？这就构成了小学教师自主获取学习资源的核心问题。

一、小学教师获取自主学习资源的意义

自主学习资源是小学教师自主开展专业学习的物质依托，是帮助小学教师实现专业成长与成熟的资料基础。要充分利用好自主学习资源，小学教师必须明确自主学习资源的内涵及其获取意义，这是小学教师科学利用这一学习资源时需要首先考虑的问题。

(一) 自主学习资源的内涵

所谓自主学习资源，就是教师可以在不借助外力援助的情况下能够获取到的自身专业发展所需要的各项学习资源。在信息化时代，自主学习资源主要是指基于信息网络传媒的各种教师学习资料，如视频、图片、视听资源、图书期刊、文本资料等。当然，可供小学教师自主学习用的学习资源也来自学校图书馆、其他教育情报机构等，我们主要以网络自主学习资源为讨论重点。

(二) 网上自主学习资源的特点

在信息化时代，网上自主学习资源是小学教师学习资源的主体，需要教师给予特别的关注与重视。小学教师能够获取的网上自主学习资源遍布在网络海洋的角角落落中，教师必须准确把握这些学习资源的特点之后才可能精准地去捕捉这些资源。在当代，小学教师可以获取的网上自主学习资源具有以下六个特点：

1. 分布多源性

小学教师可以获取的网上自主学习资源分布在浩如烟海的网络海洋中，在网络可及的任何地方小学教师都能找到自主学习资源，无疑，每一位小学教师都不可能穷尽这些学习资源，他能够获取的学习资源只是这些资源的冰山一角。

2. 获取便捷性

网上可以获取的自主学习资源具有一个明显优势——可以便捷地获取，小学教师可以轻易地得到自己需要的自主学习资源。有时，教师只需要利用搜索引擎轻轻一点即可得到自己需要的网上学习资源。

3. 便于进行模块化整理保存

小学教师从网上获取的学习资源很容易进行编辑、整理、加工，使之获得

模块化的形态，随时可供学习者加以专业化使用并进行分类归档。便于模块集成是网上自主学习资源的特殊优势所在，这一点是书本学习资源所难以比拟的。

4. 处理数字化

小学教师从网上获取的自主学习资源的主要形式是电子文本、图表、图片、视频、音频等，这些资源便于进行分析、统计、处理，从中得到许多研究者希望得到的信息资源。

5. 传输网络化

小学教师从网上得到的自主学习资源便于通过发送电子邮件，或以微博微信等形式顺利实现即时远程传输，进而达到在教师社区或更大的教师专业组织内部进行自由共享的目的。

6. 管理智能化

网上自主学习资源很容易采用智能化系统进行分类管理，有助于小学教师对之进行科学利用，是便于灵活调配、有机组织、合理配置的学习资源。

(三) 小学教师自主获取学习资源的意义

小学教师自主获取学习资源无论是对个人专业发展，还是对教师学习方式转变而言，都具有一些其他专业发展途径难以比拟的优势与功能。积极获取自主学习资源是加速小学教师专业成长的一条便捷路径。

(1) 自主获取学习资源能够实现小学教师学习活动的个性化。个性化教师学习是提高教师专业学习品质与效能的科学路径，是实现教师学习与个人需要之间高度契合的有效途径，自主获取学习资源正是实现这一目的的最佳渠道。

(2) 自主获取学习资源能够满足小学教师教学专业发展的多样化需要。小学教师专业发展具有一定的个体性与差异性，这就决定了普适、统一的教学内容不一定能够满足每个小学教师专业发展的特殊发展需要，因此，自主获取学习资源正是解决这一矛盾的最佳选择。

(3) 自主获取学习资源能够打破时空对教学专业学习的阻碍。每个教师都生存在不同的学校生活时空中，不同学校为教师专业发展提供的平台与条件是不一样的，而小学教师自主获取学习资源的方式正好能够打破这一教学时空差异，为教师专业发展提供大致相同的专业发展条件。

（4）自主获取学习资源便于提高教师自主学习的能力。教师自主获取学习资源的方式属于一种自主学习，它能够提高小学教师的自学、自究、自主发展能力，培养小学教师的专业自我扩展能力，增强小学教师对自我学习过程的管理与监控能力，因此，这一方式对于小学教师自主学习能力的培养具有重要意义。

（5）自主获取学习资源能够适应教师终身专业学习的要求。自主获取学习资源的方式是不受教师年龄限制的学习方式，它能够随时随地满足小学教师的专业学习与发展需要，为他们终身专业发展提供恒久的学习条件支撑。

二、小学教师获取自主学习资源的途径

小学教师可以通过哪些途径来自主获取学习资源呢？这是他们在自主获取学习资源中需要考虑的又一现实问题。应该说，小学教师只要善于在教育教学实践中揣摩，就能够获得多样化的资源获取途径。小学教师常用的自主获取资源途径主要有以下七种。

（一）专家咨询

这是一种较为便捷的学习资源自主获取方式，但需要小学教师善于利用或建立自己的小学教育教学专家信息库，以便及时从中获得自己需要咨询的专家信息。如若这一专家信息库顺利建立起来，小学教师可以通过电话、微博微信、电子邮件等多种方式及时咨询和请教教育专家，索取自己想要的咨询信息。因此，教育专家就是掌握最新教育教学资讯动态的流动资源库。

（二）图书馆检索

这是较为传统的一种小学教师自主获取学习资源的途径。小学教师可以利用学校图书资料室、社区或县市图书馆、大学图书馆等，及时查阅相关的教育教学类期刊文献资料，掌握最新的小学教育教学发展动态，有力支撑自己的专业发展。

（三）网络检索

网络检索是小学教师自主获取电子类教育教学研究信息、资料的最常见途径。小学教师可以及时收集自己最喜欢的小学教育教学研究类网站，及时下载、收集与自己教学专长相关的资料文献，建立自己的专业研究资料库。借助

这种方式，小学教师就能自由获取自己需要的研究资料信息，满足自己的专业学习需求。

（四）优秀课例课件收集

优秀课例课件收集是小学教师自主获取学习资源的另一种途径。只要善于收集、整理，他们就能够获取大量的学习资源。例如，小学教师可以收集校内外优秀教师同行的课件、课例资料，可以与其他同事共享收集到的优质课例课件等。利用这一途径，小学教师个人专业发展就具有了强大的教育资料支持。

（五）参加学术会议

积极参与各类小学教师相关专业组织、协会、联盟展开的学术研究会议是小学教师获得最新教育教学研究信息，实现与小学教育界同步的有效途径。有条件的小学教师应该加入中国教育学会、区域教师教育研究机构、小学教师协会等专业组织，定期参加他们的学术年会活动，及时获取大量的最新教育教学研究信息。

（六）查阅教育类《期刊文献索引》

许多大型出版机构，如高等教育出版社、教育科学出版社、《新华文摘》编辑部、中国人民大学图书资料复印中心等都会定期出版一些《期刊文献索引》。小学教师如果能够利用这些检索资料来获取自己急需的研究信息，其研究活动一定能够高屋建瓴，赢得更多的资料情报优势。

（七）建立自己的信息情报收集人脉网络

在日常教育生活中，向身边专业人士获取自主学习资源是小学教师资源获取的重要途径之一。然而，该途径利用面临的最大瓶颈来自小学教师的人脉关系网络。如果小学教师不注意结识小学教育教学领域中的专家、学者、名师，他们的自主学习活动自然会受到限制。因此，我们建议小学教师自觉建立自己的信息情报收集人脉网络，积极利用这一网络的完善来扩大自己学习资源获取的对象与范围，赢得自主学习上的优势与自主权。

三、小学教师自主学习资源的甄别标准

小学教师自主获得的学习资源常常是鱼目混珠、混乱杂陈在一起，如果教师不善于进行甄别与遴选，他们的学习活动与专业发展方向很容易被打乱，最

终可能由"资料优势"转变为"资料负担"。所以，过多的学习资源资料反而不利于小学教师的专业发展。对自主获得的各类学习资源进行甄别是较为重要的一个学习资源利用环节。在实践中，建议小学教师利用以下五条标准对自主获取的学习资源进行甄别与优选。

(一) 权威性

一般来说，具有一定权威性的学习资源具有较强的可信度与先进性，小学教师一定要谨慎考虑这一标准。自主获取学习资源的权威性主要来自学习资源的来源与研制者的声望。应该说，如果学习资源资料的形成或研制出自专家名家之手，具有较高的社会声望，这些学习资源应该是比较有效的；如果学习资源的内容是由许多专家强烈推荐的，或者是许多优秀教师比较认可的，或来自权威刊物、网站，那么，这些学习资源也应该是有效的。考究学习资源的来源与信度是小学教师审查自主学习资源质量的重要依据。

(二) 可信度

只有可信的学习资源对小学教师的专业发展才可能产生实在的效能。要鉴定自己所获取的学习资源的可信度，教师可以从以下四方面来考虑：首先，这些学习资源是否经得住逻辑的推敲与引证，即学习资源的内部组织是不是环环紧扣、可以推导的；其次，这些学习资源能否经得住事实的检验，具有充分事实的支持；再次，这些学习资源能否经得住一般常理常识的验证，其合理性是不是可见的；最后，这些学习资源的来源是否清楚，有无主观臆想的成分。

(三) 科学性

科学性也是衡量教师自主获取的学习资源品质的一个检验标准。学习资源的科学性主要来自以下三个方面：一是这些学习资源具有科学道理的支持，甚至是可以从某一科学道理推导出来；二是这些学习资源符合科学规律，尤其是教育教学与教师专业发展的一般规律；三是这些学习资源具有内在合理性，是许多教师自身经验所能够证实的。

(四) 针对性

小学教师获取的自主学习资源有无一定的针对性，直接决定着这些学习资源的独特价值。所谓针对性，就是指这些学习资源是教师自身发展所需要的，或是有助于解决自身的某一专业发展问题的。教师自主获取的学习资源的针对性来自三个方面:一是这些学习资源是针对教师自身发展中的弱势或强项的,能够为教师自身的专业优势彰显或专业短板克服提供帮助;二是这些学习资源是针对自身工作的具体问题的,能够为小学教师应对具体专业实践问题提供借鉴或帮助;三是这些学习资源是针对社会形势对小学教师发展提出的特殊要求,教师对这些学习资源的学习与利用直接能够满足这一特殊要求。

(五)最优化

在学习资源获取与优选中,小学教师还应该坚持优选原则,确保学习资源的品质与质量。在具体操作中,小学教师可以从以下三个方面对自主获取的学习资源进行最优化处置:一是要坚持"优中选优"的资源筛选原则,在学习资源富余的情况下应该考虑选用品质最优的学习资源;二是教师要把收集到的个别资源进行合理配置,努力形成合理的匹配关系,形成针对某方面问题的学习资源组合,以满足教师自身特定工作的需要;三是教师要优化资源获取渠道,优选信息最集中的资源载体或获取渠道,善于利用学习资源的集群优势,回避零散学习资源的弊端。

四、小学教师获取自主学习资源的常用地址

为了方便小学教师自主获取学习资源,在此,我们为大家提供一些最为常用的资源获取地址以方便大家参考、利用。一般情况下,人们习惯将非网络渠道获取的学习资源称之为"线下资源",而把经由网络获取的学习资源称之为"线上资源"。这两类学习资源获取的地址是不一样的。

(一)线下获取自主学习资源的地址

要获取这一类学习资源,小学教师可以考虑使用以下地址:

(1)各级各类图书馆。

(2)学校期刊资料室(或阅览室)。

(3)查阅《教育类期刊题录索引》。

(4)查阅《人大复印资料·中小学教育》等刊物。

(5)查阅专业类出版社的年度《出版图书目录》。

(6)查阅专业研究期刊(如《人民教育》《中国教育学刊》《小学语文教学》《小学数学》等)。

(二)线上获取自主学习资源的地址

要获取这类学习资源，小学教师可以参考使用以下地址：

(1)中国知网(http://www.cnki.net/index.htm)。

(2)人民教育出版社(http://www.pep.com.cn)。

(3)当当网(http://www.dangdang.com/)。

(4)小学数学教学网(http://www.xxsx.cn/mainmenu.aspx)。

(5)小学语文教学资源网(http://xiaoxue.ruiwen.com/)。

(6)小学语文教育教学(http://bbs.pep.com.cn/forum-139-1.html)。

(7)小学教学网(http://www.xxteacher.cn/)。

当然，在实践中，小学教师还应该广泛学习其他小学教师的学习资源获取途径，不断扩大自己的学习资源，进而在相互分享、情报交流中提高自己对专业学习资源的获取能力。

第九章　实践反思与小学教师专业发展

　　小学教师的日常生存状态与场域是教育实践，基于教育实践的教师专业发展方式是小学教师的根本专业发展方式。教育实践是教师专业进修的"大学校"，利用教育实践、开展教育反思、进行行动研究是小学教师专业成长和成熟的日常形态。本章中，我们将围绕小学教师的教育实践及其形态、反思等问题进行集中探讨。

第一节　教育实践与小学教师专业发展

　　教育实践是小学教师进行专业学习与提升的根本依托，一切专门的教师专业学习形态与发展方式都是来自教育实践并从中进化、分化、衍生出来的。教育实践促进小学教师专业发展的方式是内隐而又持久的，"基于实践、为了实践、回归实践"是教师专业发展的科学思路。

一、教育实践及其形式

　　对小学教师而言，探究教育实践的主要目的是提高小学课堂教学的质量与效能，促进教师专业发展则是教育实践的延伸功能与附带意义。小学教育教学实践具有多姿多彩的形式，每种形式的专业发展功能都值得小学教师去关注与利用。

(一) 教育实践的含义

教育实践是小学教师在专业场域中的日常存在样态，优化并改进教育实践的组织与方式是小学教师专业发展的意图之一。所谓教育实践，是指教师在一定教育任务的驱动下，在一定教育理念指导下，亲身参与教育教学活动，借助自己的专业知识与专业技能解决具体教育教学问题，完成教育教学任务，并在这一过程中收获教育经验体验，实现专业提升的活动。小学教师工作的基本形式是开展教育教学实践，它是教师完成教书育人职责的一般渠道，也是教师专业成长的根本依托。

(二) 小学教师教育实践的形式

按照教育实践的深度来分，小学教师参与的教育实践形式主要有四种。

1. 教育见习

教育实习活动的前期准备环节之一是教育见习。它是指小学教育专业的师范生与预备从业人员在正式开展教育实习或实践活动之前，为了了解、体验、深入小学教学实际，而预先组织到小学中去开展的一些实地考察、学校观察、课堂观摩、现场听课等活动。教育见习活动的主要目的是帮助拟任职小学教师熟悉小学教育教学工作环境及其工作节奏，获得初步的感性教育教学工作经验，为正式参加小学教师工作做好必要的铺垫与准备。

拟任职小学教师开展的教育见习活动主要包括以下活动内容：

一是现场观察，即进入小学教育教学工作现场来观察小学教师的授课活动、班级管理活动以及其他实践活动，以此了解小学教育教学工作的开展情况。

二是教学观摩，即师范生或拟任职小学教师为了提高教学水平、促进整体教学质量提高而开展的一种深入课堂教学情境的观察、猜摸、研讨、互学活动。小学教师要深入了解教学，习得相关教学技能，就必须从教学观摩开始。教学观摩活动的基本组织形式是：由一位具有一定教学造诣和经验储备的教师担任主讲教师，新教师作为听课者聆听主讲教师的授课，并通过现场学习与课后评议的方式来分享主讲教师的教学经验与教学技巧，以此达到学习其他教师工作经验的目的。

三是班主任工作考察，即师范生或拟任职小学教师进入小学班级管理现场，亲身了解班主任的班级管理状况，从中获得一般班级管理经验的活动。

四是一日教学常规体验。该教育见习活动的一般开展形式是：拟任职小学教师跟随一个班级或一位教师，利用一整天时间，从头到尾地了解小学教学工作中的常规性要求与工作方式，据此熟悉小学教师工作规律的教育教学实践活动。

2. 教育实习

教育实习，即"教育工作方面的实际练习"，它是指那些具有从事教育工作意愿的并具备一定教育理论素养的人，如小学教育专业的师范生等为顺利开展教育实践活动而参加的一种实地训练活动，是新入职小学教师为了学会当教师、实现专业提升而进行的一种以形成专业技能、专业情意、职业角色为目标，融观察、模拟、训练、见习、试教、工作、反思等活动为一体的综合性教育实践活动。

从组织形式角度来看，国内外常见的教育实习形式有：

(1) 美国：三环式教育实习模式。当前，在美国盛行的是一种"三环式"教育实习模式，这既是一种经典的教育实习模式，又是一种在美国具有代表性的教育实习模式。所谓"三环"，即教育实习活动的三个阶段，它们分别是：模拟实践、早期实习经验和教学实习。其中，"模拟实践"是指师范生在指导教师的引导下，借助于现代科学技术和手段来模拟中小学课堂教学情境，从而帮助师范生学会运用教育理论、知识来解决种种教育问题。在该阶段，美国经常采取的方式是微格教学，其重点在于发展师范生的专业技能。"早期实习经验"是让师范生亲历现场，实际接触中小学教学，协助中小学教师从事一些教辅性工作，以期为师范生的试教工作打下基础。"教学实习"是美国大学教育实习活动的第三个阶段，其做法是：在基层学校教师的指导下，师范生通过到其就读大学指定的一些公立中小学中开展教学活动，进一步发展学生的实际教学能力。在此阶段，师范生需要独立承担一个班级的教学、管理工作，同时还要参加就读大学的相关教育活动。在这三个阶段中，前两个阶段的实习活动一般为300学时左右，后一阶段的实习活动大多为师范生毕业前的集中教育实习阶段，其时间一般为15~24周。❶

(2) 英国：以中小学为基地的教育实习模式。在英国，以中小学为基地的教育实习模式较为流行，这种模式被广泛应用于各级各类型教师的培养之中。简

---

❶ 肖美良. 国外教师教育实习特点分析 [J]. 世界教育信息，2006(4).

单地说，这种教育实习模式采取的方式是：在大学与中小学之间建立起一种互惠合作式伙伴关系，通过师范生为基层学校提供教育服务的方式来完成教育实习工作。具体来讲，这一实习模式的核心环节是建立"伙伴关系指导小组"。该小组由实习学校、地方教育当局和大学教育学院的代表共同组建，具体负责对师范生教育实习工作的组织和指导。在实习中，每位师范生都有两名指导教师，即由合作学校和大学教育学院各为实习生配备一名指导老师，二人共同负责实习生的指导工作。其中，合作学校的指导教师主要负责对师范生进行专任学科的教学和课程组织等方面的指导，大学的指导教师主要负责实习生之间及其与实习学校之间的联络、协调工作，以及对教学实习工作的评价和日常管理工作。整个教育实习活动时间至少为 20 周，实习生至少要承担普通教师工作量的 1/3，每周任课 10 节左右。[1]实习内容一般由两部分组成：一是教育见习，即要求实习生实地接触一所中小学的教学情况，至少每周两天在实习校度过，以加深实习生对基层教育工作的了解和认识，熟悉相关教育技能；二是实地的教育实习，即试教活动。[2]当前，英国的多数师资培训学院几乎都与基层学校建立了相对稳定的伙伴关系，其教育实习基地较多。譬如，伦敦大学教育学院仅在伦敦地区就有 500 多所具有合作伙伴关系的中小学。

（3）德国：考核主导型教育实习模式。在德国，以严格的考核来推动教育实习工作的开展是其一大特征。德国不但重视对师范生的实践训练，而且也非常重视对其实践技能的考核。从阶段上来看，德国师范生的教育实习活动一般由两个阶段构成：一个是大学修业阶段的教育实习。在该阶段，师范生除了学习学校规定的教师教育课程外还必须参加三次为期 32 周的"学校实践教育实习"。实习完成后，所有师范生要参加第一次国家级的考试，通过之后即可取得实习教师资格，然后再转入第二阶段的实习活动。另一个是由教育行政当局负责的教育实习阶段，主要由见习和试教两个环节构成。在见习开始四周以后，师范生开始在指导教师的指导下进行试教，一般是上午见习或试教，下午在专门的教师培训机构中参加研修班的讨论。从第二学期或第二学年后，师范生开始独立承担一个班级的教育教学及管理工作，一般每周授课为 12 课时。在该阶

---

[1]　魏艳.我国高师院校地理教育实习模式研究 [D].成都：四川师范大学，2007：23.
[2]　肖美良.国外教师教育实习特点分析 [J].世界教育信息，2006(4).

段，师范生要参加 10 次以上的专门考试，实习成绩合格后才有资格参加国家举办的第二次考试。通过第二次国家级考试后，师范生便可取得正式教师资格。❶

（4）法国：自主化训练的教育实习模式。当前，法国在教师教育改革中形成了一种新型教育实习模式——自主化训练的教育实习模式。其具体做法是：在承担师资培训任务的大学学院中，学校要求学生在两年中进行为期 27 周共计 486 学时的由浅入深、由表及里的三类教育实习活动，即熟悉性实习、陪伴实践实习和责任实习。其中，前两类教育实习活动一般安排在第一学年，其主要任务是让参加实习的师范生初步了解未来的教育工作环境、学校的组织运行机制和对任课教师的教学实践活动进行观察分析，以此为师范生的未来发展提供感性的认识基础。责任实习一般安排在第二学年，其主要形式是要求师范生尝试独立开展教育教学活动和班级管理活动。❷

（5）我国：三段式实习模式。这是在我国较为普遍的一种教育实习模式。在该模式中，教育实习活动的"三段"是：教育见习、模拟实践和试教（或顶岗实习）。从其组织形式来看，它又可以被划分为两种形式，即一条龙式和循环式。"一条龙式"是指三个教育实习环节分别被安排在师范生学习生活的不同时期上，并按照"见习——模拟实践——试教（或顶岗实习）"的顺序依次进行。其中，教育见习的目的是促使师范生实现由学生角色向教师角色的调适和过渡；模拟实践的目的是促使师范生初步形成教师职业能力；试教（或顶岗实习）的目的是促使师范生全方位地独立承担起教师的工作和职责，促使其全面形成教师角色。❸"循环式"是指上述三个实习环节在师范生的每个教育实习时期都要进行，并按照师范生职业能力的发展情况不断调整三种实习活动的比例，即逐渐减少见习、增加试教练习的过程。例如，在师范生学习的不同阶段都可以安排试教式实习，但在不同实习时期依次进行认识性试教、实验性试教和毕业前的顶岗实习三种形式的教育实习活动，促使师范生实现由"预备教师——学生——准教师——学生——基本合格教师"的顺利转变，不断提升师范生的教

---

❶ 刘晓红，段作章.中外几种教育实习模式的比较研究 [J].比较教育研究，2000(4)；杨义峰.发达国家教育实习改革特点综述 [J].安康师专学报，2001(3).

❷ 魏艳.我国高师院校地理教育实习模式研究 [D].成都：四川师范大学，2007：23.

❸ 陈大超，陈瑶.主体性教育实习模式的建构 [J].辽宁师范大学学报，2001(5).

育理论认识和职业实践感悟。❶

> **拓展阅读9-1**
>
> ### 教育实习历程 ❷
>
> 　　中国自从创办师范教育开始，就比较重视教育实习。清光绪二十二年（1896年）盛宣怀创办南洋公学，分为四院，先设"师范院"，继设"外院"，为师范生进行教育实习的场所。1904年1月13日颁布的《奏定学堂章程》，规定把师范教育分为"初级"和"优级"两级。初级师范学堂培养高等小学堂和初等小学堂的教员，优级师范学堂造就初级师范学堂及中学堂的教员。初级师范学堂章程规定"教育"是一门重要课程，包括教育史、教育原理、教育法令、学校管理法和"实事授业"。所谓"实事授业"，就是"师范学生于附属小学堂练习教育幼童之方法"，即教育实习。辛亥革命之后，师范学校和高等师范院校都规定有教育实习。

3. 顶岗教育实践

　　顶岗教育实践是介于教育实习与入职正式开展工作之间的一种教育实践形态，它也是拟任职的小学教师或师范生参与的一种重要教育实践形态。所谓"顶岗教育实践"，具体是指小学新教师或准教师完全顶替一位正式在编教师的全职教育教学工作，并对该学校、该班级、该科目的教学与管理承担几乎完全责任的一种教育实践活动。

　　与以上教育实践形态不同，顶岗教育实践的特点如下。

　　（1）全职性。即拟任职小学教师要接替原任职教师的全部工作任务与职责，而不像教育实习那样，由师范生零敲碎打式地开展一些教育实践活动。在这一教育实践形态中，小学新教师几乎扮演了一个近似完全教师，即准教师的角色。

　　（2）全责性。小学教师在顶岗教育实践中要担负起全部小学教师的职责，如必须对教学班的学生成绩与教学质量担负全责，必须对自己的教育教学工作担负全责，甚至对每一个教学对象——小学生的身心全面发展担当全责，等等。

　　（3）全真性。与教育实习相比，这种教育实践活动中小学教师要担负起几

---

❶　罗平.三段式教育实习——一种新型教育实习模式[J].雁北师院学报(文科版)，1997(4).
❷　教育实习.http://baike.baidu.com/view/1374496.htm.

乎作为完整教师的全部工作。在这种实践活动中，小学教师要扮演作为一名真正教师的全部角色。

（4）综合性。在顶岗教育实践中，小学教师所担负的教育教学工作比较复杂，这与一名普通教师所肩负的工作事项基本上是一致的。例如，顶岗教师不仅要搞好教育教学工作，还要做好与教育教学工作相关的其他具体事务，如课堂常规管理、组织教学等事务。

4.教师工作实践

教师工作实践是一般小学教师的日常工作状态，是最完整、最现实意义上的小学教育实践活动。教师工作实践是指小学教师作为一名正式在编教师的身份，在国家教育法规、学校管理规定的约束下，依法、科学、创造性地开展学校分配的各项教育教学工作，努力达成预定教育教学质量要求的教育实践过程。在这一工作中，小学教师会面临一些更复杂、更艰巨的日常教育教学问题，只有认真参与、积极对待、善于思考，才可能顺利应对这些教育教学任务。

小学教师工作实践的主要特点是：

（1）复杂性，即工作环境的复杂性。真实的教育教学环境总是复杂多变的，它需要小学教师去认真处置、积极应对具体的工作环境。

（2）多变性，即工作形势的多变性。在真实的工作实践中，小学教师面对的工作形势是稍纵即逝、瞬息万变的，他只有认真研判特定工作形势才可能拿出科学的应对之策。

（3）创造性，即工作方式的创造性。小学教师工作的环境、条件、形势始终在变，与之相应，教师的工作方式也不能不变。这就需要教师具有一定教育创造力才能胜任，一定的创意与创造，如教学设计的创意、教学方式的创新等对小学教师而言是必需的。

（4）个体性，即教师工作手段的个体性。小学教师在具体工作实践中常常是"单兵作战"的，因为在同一个教室、同一节课内只有一位教师，教师必须独当一面、灵活自如才能有效应对。

（5）主体性，即教师工作过程的主体性。在工作实践中，小学教师的所有举动都应该是主动、自主与自由的，是作为一个主体人参与到教育教学活动中来的，他以教育主体的身份对自己的教育教学活动负责。

（6）协作性，即工作力量的协同性。在具体工作中，小学教师要想达到预期的效能，还必须善于联络其他教师同行，争取他们的支持，努力形成最优化的教育合力，体现教师团队协作的优势。

（7）规律性，即工作进程的规律性。在教师工作实践中，小学教师必须按照预定的教育教学规律，如师生"双主体规律""教育性教学规律"等开展教育实践活动，否则，这种工作的开展极有可能导致事倍功半的教育结果。

拓展阅读9-2

如何利用教育实践的教师专业发展功能❶

开展丰富多彩的教育实践活动，提供更多促进教师专业发展的关键事件。就其前提条件而言，教师从事教学除了具备坚实的专业理论和有关教育科学知识以外，还应该具备有个人特色的教育风格、教学智慧等教育实践性知识，它需要教师不断地积累。相对于教师个人的长期摸索、总结而形成的经验，以听课为重要形式的"经验的移植和整合"——研究和借鉴具体而鲜活的存在于身边的他人经验——则显得更为便捷；"反思性探究和实践"则从研究自身的专业活动出发——把自己的专业活动作为教师专业发展中的"关键事件"，为丰富教师个人的教育教学智慧展现了又一条更有价值的思路；在教育专业研究人员指导帮助下"开发教学案例"和"建设校本课程"，针对教育改革中的热点、难点问题开展"教育行动研究"等教育教学工作，都能够成为促进教师专业发展和提高教师专业化水平的实践平台。

二、教育实践对小学教师专业发展的现实意义

开展教育实践不仅在于其本体意义，即培养学生、完成教学任务的意义，更有其延伸意义，即促进教师发展的重要意义。小学教师务实、创意、认真地开展教育实践活动对于促进他们专业能力的成长成熟具有明显意义。

（一）参与教育实践是小学教育行业对从业人员的特殊需要

众所周知，教育行业不同于一般行业，它是一种实践性行业，一种特别需

❶ 何善亮，许雪梅.把握教师专业发展特征，在实践中提高教师的专业化水平 [J].教育科学研究，2003（1）.

要讲求工作艺术的行业。在此，所谓"艺术性"是指教育行业的从业者即使具备了博大精深的理论素养、教育认识水平、教育理解能力，仍旧不足以灵活应对教育实践中的具体问题，因为真实的教育实践需要教师具有丰富的实践性智慧，而这些实践智慧只有从业者通过亲身实践去获得。换言之，作为教育行业的未来从业者，小学教师徒有教育理论知识是难以适应教育行业发展的特殊需要的，是难以在教育行业内生存的。教育行业需要的是灵活应对教育实践，创造性地解决教育实践问题的实践性知识，而非死板、抽象、枯燥的教育理论知识。也就是说，小学教师所掌握的教育理论知识只是其参加教育实践活动的前提条件、准备条件，而非其充分条件、现实条件。只有把知识转化为智慧，把理论转化为实践能力，这些教育理论、知识才可能对教师的教育活动产生现实效能。显然，这一转化是由教育实习活动来完成的。这样，通过参与教育实现活动，把教育知识转变为教育能力，把理论知识转变成为实践性知识，就成为新任小学教师步入教育行业、增强其行业胜任力的关键一步。一个没有经过教育实习活动的小学教师还不可能算是师范教育的完成品，它最多只能算是一个半成品、一个潜在的教师。在教育实习中，小学教师能否全面提高其从教能力，顺利实现教师角色的转换，是小学教师职业发展的命脉。通过教育实习，小学教师与教育实践实现了零距离接触，那些死板的教育理论知识和真实的教育情景、教育现实结合了起来，由此，他们形成了解决新教育问题的经验和智慧，形成了对教师角色的全面认识，其参与现实教育工作的能力随之增强。故此，参与教育实习活动是教育行业对小学教师的一项根本要求。

(二) 教育实践是小学教师专业发展的内在需要

小学教师专业上的持续发展离不开教育实践的支持，这可以从四个方面看出：

其一，教育实践是小学教师把教育知识转化成为教育能力，把教育能力转化成为教育智慧的关键一环。在教育教学实践中，小学教师能够为所习得的专业知识找到最恰当的应用情境，并将之"活化"在实践形态的专业能力。如果这些专业知识能够被运用到熟能生巧的水平，它们就可能转化为小学教师的实践智慧，促使小学教师灵活应对具体教育教学实践问题。

其二，教育实践是陶冶小学教师教育情感的基本途径。教育情感是小学教师深刻理解小学教育工作，喜欢上此项工作的原因，是成就小学教师专业追求的必经之路，这种情感的形成离不开小学教师长期深入实践、融入实践的体验与磨炼。

其三，教育实践是小学教师积累教育经验，升华教育认识的重要渠道。某种意义上看，小学教师的专业发展始于一点一滴的专业经验积累，始于一点一滴的教育认识更新，而这些点滴经验与认识主要是小学教师在日常教育实践中获得的。

其四，教育实践是磨炼教师教育意志，生成教育信念的一般渠道。小学教师专业的成长离不开坚韧的教育意志支持，离不开在长期教育实践中的磨炼与锻炼。所谓教育意志，就是小学教师坚信成就名师的专业发展方向，坚持在实践中不断磨炼自己，努力实现自己的专业追求。离开了教育实践，小学教师专业信念、专业意志的形成就可能成为空中楼阁。

(三) 教育实践是全面提升小学教师从教品质的过程

尽管教育实践的组织可能是阶段性的，教育观察、教育模仿、教育见习、试教练习、顶岗实习、正式施教等可能被独立出来并作为教育实践活动的独立一环，但无论哪个环节，它们都是小学教师的专业品质，如专业技能、专业情意、专业意识、专业责任等的成长环境。换言之，每一个教育实践环节都是教师从教品质的培养和形成过程，尽管教育实践活动可以被划分为阶段，然而从教品质却难以被分割开来，它一以贯之地渗透于教育实习活动的各个环节之中。例如，在教育观察环节，新任小学教师对长期身处教学一线的合作指导教师的教学观察不可能仅限于对其教学方式、教学事件处理策略的观察，而是对其教育态度、教育机智、教育思维、教育活动过程等在内的全面观察，这一观察结果必将有利于小学教师各项从教品质的全面生成。再如，在试教环节上，新任小学教师的试教活动是其教学方式、教育情感、教育机智、教育思维的综合展现和整体试炼，是小学教师的各项知识技能的一体化应用过程，是教育实践所需要的各种教育品质在小学教师身上的统一形成过程。所以，每个教育实践环节都是教师的从业品质的培养过程，都带有相当程度的综合性和复合性。与之相应，在其他学习活动中，小学教师所获得的专业品质、能力往往是单一性的。例如，在专业课学习中，小学教师获得的仅仅是任教学科知识，在教育学科学习中学到的仅仅是教育理论知识，等等。这些知识若离开了教育实习环节的整合，其对小学教师专业发展的实际意义不大。可以说，参与教育实践活动、形成施教能力、提升专业水平是新任小学教师走向专业成熟的枢纽环节。离开了这一环节，小学教师的其他学习活动就可能沦为一种装饰品，其对小学教师从教活动而言毫无裨益。在教育实践中，小学教师的其他学习活动找到了属于自己的用武之地，其学习活动的现实意义得以体现。

(四) 教育实践是小学教师实现教师角色转变的必需环节

小学教师专业发展的另一侧面是其教师角色的不断转变过程。在每一个教育实践环节上，小学教师的教师角色都处在日渐成熟的状态之中。在教育见习环节，小学教师实现了从"师范生"向"预期教师"的角色转变，他们的专业发展定位日益明晰；在教育实习环节，小学教师实现了"预期教师"向"准教师"的角色转变，他们的教师身份日渐清晰；在顶岗教育实践环节，小学教师实现了由"准教师"向"真实教师"的角色转变，他们几乎获得了完整的教师身份；在教师工作实践环节，小学教师实现了由"真实教师"向"成长型教师"、"成熟型教师"与"卓越教师"的角色转变，他们进入了教师专业发展的关键阶段。应该说，经由整个教育实践过程，小学教师实现了"潜在教师"向"完全教师"的角色转变，获得了完整意义上的教师角色与身份。

案例 ❶

3月4日下午，第七批学科带头人培训班最后一次培训。在进修学校会议室里，学员们认真聆听了经纬小学徐岩老师以及113中学崔晶老师的讲座。讲座围绕着两位老师一步步成为名师的成长历程，对于我们学员来说，受益匪浅。

名师不是打造出来的，也不是宣传出来的，而是在学习和实践中积淀出来的。教师成为名师需要在实践中历练，在历练中学习，在学习中反思，在反思中提升。总之，在专业发展的过程中，教师需要在实践中处理好教育工作与教学工作、亲身经历与借鉴经验、自觉学习与敢于实践等问题的关系，

---

❶ 倪迈. 培训感悟《名师的成长历程》, http://blog.sina.com.cn/s/blog_491258bc0101cbz7.html.

还应在以下几方面努力：一是加强文化修养，提高自身综合素质，具备较厚重的文化积淀，从而使课堂教学张弛开合自如，提高驾驭课堂的能力；二是进一步进行积极的情感体验，在课堂上充满激情，加强与学生的情感交流，努力营造和谐、宽松、民主、热烈的气氛。

上述案例中，该小学教师深深感觉到：小学教师要成长为名师，就必须不断优化自身的教学实践，推进教育教学改革，认真琢磨课堂教学过程。因此，教师工作实践是教师专业学习与发展的主要平台，教育实践是小学教师专业成长的伟大导师。

三、小学教师教育实践的目的与内容

小学教师参与教育实践的目的是明确的，内容是系列化的，在此，我们对这些目的与内容做深入探讨。

(一) 参与教育实践的目的

小学教师参与教育实践的主要目的大致有四个：

（1）消化、理解、深化已掌握到的相关专业基础理论、基础知识，并付诸实践，形成综合运用能力与教育实践能力。

（2）熟悉小学教育现状与国家相关教育法规，了解和感受小学教育、教学、管理工作实际，形成并强化从事小学教育教学工作的体验，积累丰富的小学教育教学工作经验。

（3）培育小学教师对教育工作的专业情感，增强从事教育事业的荣誉感、责任感与热情，巩固他们的专业思想与专业信念，升华他们的师德情操，培养他们的教育情怀。

（4）形成研究、探索教育教学问题的能力，培养小学教师的教育教学改革意识，促使他们创造性地开展教育教学实验或行动研究等。

(二) 教育实践的具体内容

小学教师开展教育实践的具体内容较为丰富，大致包括以下六项：

1. 微格教学

微格教学，即"microteaching"，它是小学教师借助现代化的声像、音响设备，按照"准备——试讲——反馈——再准备——再试讲"的程序来进行基本教学技能培养与训练的教育实践活动形态之一。其实质是为预备教师提供了一个专业技能练习环境，以使日常复杂的课堂教学得以精简，使练习者易于获得大量的反馈意见。微格教学实践内容的特点是：能够在虚拟情境下反复进行，能够准确反馈自身的教育教学状况，找到自身专业改进的方向。

2.教育教学见习

教育教学见习的主要内容是：让新任小学教师亲临教育实际和教学活动现场进行感受、体验、了解、认识，如让实习生直接观察和感受中小学的课堂教学过程，观摩成熟教师的教学活动，观察小学生的学习行为，在实习学校教师的指导下进行一至两个课时的实际教学体验，到小学课堂中去听课，担任班主任、课外辅导员的助手，观摩学校的班会或队会，观看基层教师的教学录像，搜集一些成功的教育教学案例，撰写见习体会感受等。

3.课堂教学实习

该项实习活动由一系列的施教内容组成，具体包括：制订课时教学计划、教学设计、备课、教材教法研究、编写教案、课件制作；模拟教学、试讲、授课、指导实验；说课、听课、评议、课后辅导、作业批改与讲评；考试命题、评卷、试卷质量分析；教学专题总结、教学经验总结、教学反思、教学研究等。

4.班主任工作实习

这也是一项新任教师或实习教师的教育实践内容，其主要形式是：实习教师在原班主任老师的指导下，学习和掌握小学班主任工作的原则、内容、方法和艺术，学习如何组织和指导班、团、队等的活动及其他小学课外活动，着力提高新任小学教师的独立工作能力。

5.教育教学改革实验

本项教育实践内容主要包括：小学教师结合自己的学科教学实际，在先进教育教学理念，如主体性教学、高效课堂、有效教学、生本课堂、生态管理等理念下开展基础教育方面的教育教学改革实验，借此创新自己的教育教学管理方式，形成典型教改经验等。

6.社会调查

让新任教师或实习教师结合教育实践和所学专业，有目的、有计划地开展一些专题性调查，进而了解基础教育的发展现状和改革实际，发现小学教育改革中存在的问题和矛盾，增强其发现问题、分析问题和解决问题的能力，深入理解小学教育教学的实际问题。

第二节　反思与小学教师专业发展

实际上，之所以小学教师能够经由教育实践获得专业发展，是因为教育实践经过了教师的教育反思，反思是促使小学教师从教育实践中积累经验、生成体验、生成信念的关键原因之一。因此，教育实践与教育反思一体化才能有效助推小学教师的专业发展。

一、什么是教育反思

在当代，教育反思具有时代化的内涵，经由教育反思获得成长是小学教师专业发展的重要路径。教育反思是小学教师专业发展的核心链环。

(一) 教育反思的含义

教育反思是教师以自我批判、自我省察的眼光对自身教育教学活动的决策、过程、依据与结果进行再认识、再思考的审视分析与自我调整活动，教育反思的目的是为了总结经验教训，进行自我改进，进一步提高教师的教育教学水平与专业能力。反思就是"实践一段时间之后回过头来思考"，其主要内容是思考教育教学工作的成败与优劣，从中积累教师专业成长的优质经验。

(二) 教育反思的构成

在一次完整的教育反思中，它一般包括以下三个要素。

1. 认知要素

教育反思中，教师需要对自己教育教学进行的条件、状况、绩效、方式、内容、结果等进行全面认知，以此掌握教育教学进展状况与信息，这就需要认知要素的参与和辅助。认知因素是教育反思的基础要素，深刻的教育实践认知能够提高小学教师反思的深刻性。

2.陈述要素

教育反思中，小学教师需要利用内部语言对自己的教育教学活动进行再次回顾与描述，它具有一定程度的"自说自话""自我对话"成分。在必要的时候，还需要对自己的现实教育行为与做法给出解释，对自己的教育经历进行回放。应该说，这一陈述活动实际上就是小学教师在进行返回思考、揣摩品味教育实践的过程。

3.欣赏与批判要素

在教育反思中，教师要基于一定的标准与参照模板对自己的教育教学实践状况进行评价，对成功的部分报以自我肯定与欣赏的姿态，对于不足的部分予以自我否定与批判。尤其是对自己课堂教学中秉承的价值观，教师要进行深层的价值判断。没有欣赏与批判，小学教师就难以形成针对教育实践的具体观念与认识，反思结论的得出就无从谈起。

(三) 教育反思的主要形式

实际上，小学教师在教育教学实践活动的前前后后都需要进行教育反思，只不过是这些反思的目的、内容有所差异。

1.教育前反思

小学教师进行教育前反思的主要内容有：对教育教学活动的目标、条件、动机、教学方案、教学模式等进行预先反思或问题诊断，对教育教学活动的可能性与前提进行全面检审与分析，从中获得开展教育教学活动的基础信息。

2.教育中反思

所谓"教育中反思"，就是小学教师在教育教学进程中对那些随机发生的情况、学生学习的即时效果进行反馈和反思，判断教学计划的实际执行情况，并据此进行调整与改进。教育中反思产生的结果能够直接促使小学教师调整自己教育教学的方向、节奏与进度，顺利推进教育教学实践的展开。

3.教育后反思

教育后反思是小学教师在教育教学活动结束之后对教育教学总体进展情况、最终结果以及教师的专业水平、教学常规执行状况、课堂教学表现、存在问题等进行全面审视与总体评价，借此探明自身在教育教学中存在的问题，思考自身在下一阶段教育教学活动中改进的方向。

拓展阅读9-3

什么是教学反思 ❶

北京师范大学博士生导师申继亮教授认为，教师的教学反思是教师教学认知活动的重要组成部分，是教师为了成功实现教学目标对已经发生或正在发生的教学活动以及支持这些教学活动的观念、假设，进行积极、持续、周密、深入、自我调节性的思考。教师的教学反思是一个能动的、审慎的认知加工过程，也是一个与情感和认知密切相关并相互作用的过程。在此过程中，不仅有加工，而且需要有情感等动力系统的支持。

二、教育反思对小学教师专业发展的促进功能

教育反思是促进小学教师专业发展的有效方式，它主要通过催生小学教师的实践性知识、强化教师的工作自觉性与塑造教师的专业自我等途径实现。教育反思是优秀小学教师成长的必经之途，做一名反思型教师是当代小学教师的职业追求之一。

(一) 教育反思是小学教师实践性知识形成的重要途径

在教育反思中，教师专业发展的主要方式是习得大量实践性教育知识，它能够直接影响教师的教育行动图式生成，提升他们的教育教学效率。所谓实践性知识，是指小学教师在教育实践中形成的，对于解决具体教育问题直接有效，但又难以直接言明、表白的经验性知识，其抽象性介于感性经验与理性知识之间。实践性教育知识是教育理论的前身，是粗糙教育经验被过滤、被改进的结果。每一点有关教育教学活动的实践性知识的获得都是小学教师对实践经历进行自觉反省的结果，我们可以用该公式来表示，即"实践性知识=亲身经历+教育反思"，教师的实践性知识就来自自身教育经验的积累与深入教育反思活动的跟进。在教师专业发展中，教育反思能够帮助教师超越感性经验，形成教育行动、教育判断、教育思维的操作性知识经验，它既克服了教师教育行动的盲目性，又增强教师教育行动的预见性、可靠性，提高小学教师的教育经验品

---

❶ 罗菲.教学反思的作用及方法.http://www.teacherclub.com.cn/tresearch/a/231577352cid00001.

质。教育反思是小学教师实践性知识形成的枢纽链环，是小学教师专业发展的重要构成要素。

(二) 教育反思能够增强小学教师专业发展的自觉性与能动性

教育反思的结果之一就是教师清醒地知道了自己的教学状态与教学结果。显然，达到了这一目的之后，教师的教育行动就会得到正向的肯定与强化，由此获得一种动力支持。因此，教育反思能够给教师的教育行动以及时的自我反馈，无疑，教师在知道教育效果之后更清楚自己与教育教学目标之间的差距，进而激起他们专业发展的动机与意愿，教育反思就是教师专业发展的加油站。同时，在教育实践之后进行教育反思还有助于教师形成一定的理性认识，进而增强他们教师专业发展的科学化与自觉化水平。在实践中我们不难发现：教育反思能够改变小学教师专业发展的一般轨迹，形成跳跃性发展契机，促进教师专业发展进程的提速。这是因为教育反思能够给小学教师产生一种自我鞭策与自我激励的功能，从反思出的"缺陷"中教师能够获得一种自我鞭策的力量，从反思出的"进步"中教师能够获得一种自我激励、自我赞赏的力量。正如波斯纳所言，教师专业成长的公式就是："经验＋反思＝成长"，卓越教师是在教育反思中不断改变实践方式，优化自身的知识结构，积累成功的教育经验，最终逐渐走向专业上的成功与成名。

(三) 教育反思是小学教师专业自我形成的基本途径

在具体工作中，小学教师是以"专业自我"的完整面貌来参与教育教学实践的，而这一"自我"是他们多次反观自我之后形成的，教育反思正是这一"反观"过程。专业自我是教师对自己专业形象的自我认知、自我评价与自我体验，是教师对待教师职业的前景、评价、期待、目的、使命、责任等的自我意识与自我知觉，是统帅小学教师专业发展各个方面的纽带与灵魂。相对而言，教育反思则是教师专业自我形成的机制，它能为教师提供一面自我审视的镜子，促使教师专业自我逐渐形成。教学反思是"教师专业发展和自我成长的核心因素"。在教师专业成长中，专业自我的形成是教师专业成熟的标志之一，教育反思是教师实现专业自我成熟的一道桥梁。教师专业自我的形成能够帮助教师实现专业发展的自觉与自控，更好地驾驭自我，实现专业上的成长成熟。

(四) 教育反思是小学教师学会灵活运用教育理论的重要辅助

学会利用教育理论这一强大武器来服务于自身发展是当代小学教师实现专业发展的一条捷径。但值得警惕的是，教师仅仅习得、消化了这些专业理论知识对其专业发展而言是徒劳的，不经过实践应用与效果回馈环节，教育理论的运用永远只是"本本主义"式的，难以达到活学活用的水平。因此，教育反思是帮助小学教师学会充分发挥教育理论潜能的有力武器。应该说，学会运用理论与学会开展实践对小学教师专业发展而言同等重要，先进教育理论与创造性运用是教师专业发展提速的两大利器，但是，教育理论的机械运用不但对教师专业发展过程无益，而且还是导致小学教师专业发展缓慢的主因之一，教育理论的科学运用形式是：边运用、边实践、边反思，最终实现教育理论与教育实践间的磨合与协调。通过这一过程，小学教师才可能实现理论应用与能力生成的同步化。一方面，教育反思能够对教师的教育实践产生一种"返回传入"效应，能够有力调整教育实践，实现教育理论与教育实践间的有机融合；另一方面，在教育理论被"适用"于教育实践的过程后，教育反思能够促使教育理论变得更加丰满与具体，教育理论变革教育实践的潜在功能更容易被激发出来。正因如此，教育理论付诸实践的过程离不开教育反思活动的配合、援助与功劳。

(五) 教育反思是小学教师研究教育教学实践的基本功

开展教育实践研究是当代小学教师走向专业成熟的重要路径，研究型小学教师是当代优秀小学教师的代名词。实际上，教育反思就是宏观意义上的教师研究活动形态，它是小学教师揣摩教育实践、思考教育教学活动的日常途径之一。可以说，教育反思是最大众化、最低层次、最粗浅的一种教育研究活动，是锻炼小学教师研究能力的有效途径。对小学教师而言，教育反思是一次"微型教育研究"活动，就是小学教师探究自身教育实践经历的一次旅程。换个角度来看，行动研究、课堂观察是小学教师的常见实践研究形态，而教育反思活动正是其开展教育行动研究、课堂观察研究的核心环节。剥离了这一环节，教师根本无法穿透课堂教学现象的表面，获得大量有用的教育认识与研究结论。同时，在教育反思中能够培养小学教师的研究意识、研究能力，使其逐步成长为研究型教师、反思型教师，成长为教学实践中的名师。

三、小学教师教育反思的常用方法

在实践中，小学教师可供使用的现成教育反思方法很多，而且，他们还可以在实践中发明、创造一些更适合自身的新方法。这里，我们给大家提供几种常用的教育反思方法供大家参考使用。

(一) 自我提问法

在每上完一节课后，小学教师可以使用自我提问法来引导自己进行教育教学反思。所谓自我提问法，就是小学教师对自己所上的一节课或所进行的教育工作进行自我诘问、自我拷问、自我质疑，以此进行教育反思的一种方法。例如，小学教师上完课后"三问"自己：这节课我这样上行吗？这样上有什么科学依据？这节课还能怎么上？这些自问能顺利引导教师展开一次完整的教育反思活动。小学教师自我提问的两种基本方式是结构式提问与非结构式提问。其中，结构式提问是指教师在一定问题框架的指引下进行的自我提问；非结构式提问，是指教师针对教育教学活动中最细节、最微妙、最关键的环节所进行的自我质疑。两种提问方法各有利弊，但都能够帮助小学教师进行教育反思活动。在自我提问中，小学教师应该注意的事项是：在提问中做到抓目标、抓重点、抓关键、抓亮点、抓细节、抓不足，有序推进教育反思活动。

(二) 实录反思法

教育教学活动实录反思法是指小学教师借助于现代声像设备或书面语言来对自己的教育教学活动进行记录，然后依据此记录材料或文本精挑细琢，从中发现教学活动的经验、不足、感悟、认识等。在实践中，小学教师进行实录反思的主要形式有：教学录像反思、课堂文本实录反思、教学录音反思等。这些反思的进行能够大大提高小学教师的教学改进能力与教学效率。在应用实录反思法时，小学教师应该注意以下事项：一方面，教师要站在"局外人"的角度来反思，并认真参照优秀教师的实录进行，这一角度的选取能够确保教师反思的客观性与效能型；另一方面，教师要坚持科学、全面、先进的评价依据，坚持改进、发展、修剪的反思原则，尽可能提高教学反思的科学性与发展性。

(三) 行动研究法

在教育教学实践中，行动研究既是一种研究方法，也是一种教育反思方法。从这一角度来看，行动研究法是教师以行动研究的形式，在教育教学活动过程中边实践、边反思、边改进，充分利用"教育中思考"的优势开展的一种教育反思活动。行动研究法的一般开展形式是："开展教育行动——（过程中）反思——新实践方案形成——再行动……"借助于这一系列的循环，小学教师就能够在实践中不断改进研究方案，逐渐提高教育教学活动的效能。在使用行动研究法进行反思时，小学教师应该注意以下事项：教师要有察觉教育问题的敏感度，要有机智应对变化教育情境的智慧，要有多角度思考教育问题的眼光，要有随机生成替代性教育方案的能力，等等。

(四) 记录札记法

小学教师在开展完教育教学实践活动后利用记录札记的方式记下自己的实践感受与体会，进以反思教育教学过程及其结果，这就是记录札记法。具体而言，它是指教师在教育教学实践之后及时记录一些自己在教学中产生的灵感感悟、奇思妙想与丰富思考，进而借助于"写"的过程来完成对教育教学活动的深入反思。其实，"写札记"就是一种"反思"过程，一种借助"笔头＋大脑"进行的思考。小学教师在课后记录札记的主要形式主要有：写教后感、教育故事、教育叙事、教后记、教育随笔等，这都是教师记录札记的常见形态。在利用记录札记法进行反思时，小学教师要注意以下事项：在记录中一般要用第一人称的形式；要把丰富的事例回顾与感悟体验结合起来；要坚持理性与感悟相结合的叙写原则；札记的表达形式要尽可能生动、形象、感人；记录时要抓住问题主线，强调研究性，不能仅仅停留在纪实层面；要一上完课后就写，尽可能做到"趁热打铁"，不宜中间时间太久；等等。

(五) 教育诊断法

教育诊断法也是小学教师经常会用到的一种教育反思方法，它是指教师对自己不大成功的一节课或一种教育活动进行诊断、分析，以此发现错误的地方，找到错误的原因，并思考矫正的方法。从表面上看，这是一种课例诊断行为，实际上，它是促进小学教师全面思考，深入反省一节课的最好契机。在教育教学实践中，小学教师对问题课例开展教育诊断法的常见形式有：教学病理诊断、教育实践问题剖析、专业自我解剖等。在利用这一反思方法时，小学教师应该注意以下细节，如在诊断时要坚持一分为二的辩证法，利用"兼听则明，偏信则暗"的诊断思路；进行教育诊断时要有一定深度，不可就事论事；在诊断时要有问题意识，找准关键问题，提高诊断效果，等等。

第三节　小学教师元认知能力的培养

教师的反思能力其实就是一种元认知能力，元认知是小学教师反思活动的内在机制，要提高教师的教育反思能力，就必须自觉培养教师的元认知能力。对元认知的研究在心理学界较为集中，探讨教师的元认知能力有助于增强小学教师开展教育反思活动的效果。

一、小学教师元认知能力的内涵

什么是元认知能力呢？这是我们探讨小学教师的教育反思能力时面对的首要问题。这里，我们借助相关心理学知识对其做探究。

(一) 元认知能力

元认知（Metacognition）是美国儿童心理学家弗莱瓦（Flavell）于 20 世纪 70 年代提出的一个重要概念，其原意是"对认知的认知"，即以人的认知过程本身作为研究对象的一种特殊认知活动。在教师专业发展领域，教师元认知能力是指教师对自我专业发展的过程、特点、状态、品质等进行自我认知、自我评判、自我调控、自我干预的能力总和。元认知能力渗透在小学教师的一切教育认识活动中，时时处处参与着教师对外界教育现象的感知与认知。

(二) 教师元认知能力的构成要素

教师的元认知能力主要包括以下三种要素 ❶。

1. 元认知知识

元认知知识是教师有关自我认知过程及其要素的知识，具体包括：教师关于个人专业自我的知识，如教师对自我缺陷、长处、风格、特征等方面的知识；教师关于专业发展任务的知识；教师对自我发展目的的认知等。教师关于专业

---

❶　元认知 .http://baike.baidu.com/view/191915.htm.

发展策略的知识，即教师在专业发展中对专业知识及其经验获取方式的知识等。

2. 元认知体验

元认知体验是指教师在进行元认知活动中伴生的主观体验、情绪情感，它能够为教师专业发展提供有力的动力支撑。一般来说，教师的元认知体验越深刻，其对相关教育事物的认识就越深刻。

3. 元认知监控

元认知监控是指教师在进行专业认知与实践活动过程中，对自身专业认知活动所进行的自我监视、自我调节与自我控制，如专业认知活动前制订计划的自觉规划、专业认知活动中的自觉监控反馈、对专业认知活动后果的检查修正等。这一监控活动是从全局上确保教师的教育认知活动顺利推进的重要条件。

(三) 教师元认知活动的关节点——专业自我的形成与发展

换个角度来看，教师的元认知能力是以教师对专业自我的意识、评价、反省、重塑、调整、改进为内容的，元认知能力是教师专业发展的核心支撑点，教师元认知能力体现在教师的所有教育教学实践活动及其认知之中。因此，教师专业自我的形成主要源自其元认知能力的存在与发展。小学教师的元认知能力越强，其专业自我的意识越明显；反之，他们的专业自我印象则较为模糊、薄弱。应该说，有无专业自我的参与中介是教师"元认知能力"区别于"一般专业认知能力"的关键要素，即在一般教育教学实践活动中，小学教师发展的是一般教育认知能力，而在教师的专业自我深度参与中，教师身上发展迅速的则是其元认知能力。在教师元认知能力形成中，元认知知识是基础，元认知体验是动力，元认知监控是保障。这三个元认知要素相互配合、共同支撑，构成了小学教师专业自我迅速发展的"三驾马车"。

二、小学教师元认知能力培养的积极意义

元认知能力是从根底上决定教师专业发展的关键要素与力量，自觉培养小学教师的元认知能力对其整个专业发展进程而言意义重大。小学教师元认知能力培养的积极意义主要体现在如下六个方面。

(一) 元认知能力培育有利于小学教师专业自我的形成

教师的元认知活动与专业自我形成过程是一体两面、水乳交融的关系：教

师元认知活动的发展有助于他们专业自我的迅速成长成熟，而教师专业自我的成熟反过来又会促进小学教师的专业认知能力发展。因此，教师元认知能力的培养能够加速教师专业自我的形成与改进，增强小学教师对专业自我的掌控能力，加速他们专业自我的成熟，提高小学教师对专业发展进程的掌控力。换个角度看，教师元认知能力培养能够减少他们专业实践中的盲目性与冲动性，提高教育教学实践活动的品质。因此，教师元认知能力的培育是帮助教师把握专业自我的具体途径，是提高小学教师专业发展水平的重要举措。

(二) 元认知能力培育能增加教师的专业发展目标意识

教师元认知能力在形成中离不开专业发展目标这一内核，元认知监控的直接依据就是教师专业发展目标，教师元认知能力的水平与其专业发展目标意识紧密关联。分开来讲，在小学教师的元认知能力系统中，教师元认知知识的主要构成是对教师专业发展目标的认识，时刻保持对专业发展目标的清醒意识是教师元认知能力形成的关键；教师元认知体验也是在教师用专业发展目标来评价专业自我中形成的；教师元认知能力成熟表现在教师学会了按照专业发展目标来调整、调节自己的专业认知与专业实践活动。针对这三个元认识要素的自觉培养活动能够增强小学教师的专业发展目标意识，进而实现对教师的整个专业发展过程的有力干预。

(三) 元认知能力培育是教师实现自主发展的关键

教师专业发展生效的基础是专业自主性的形成，最优质的专业发展是教师自我发展，是在教师专业自我的全程监控下的发展。显然，元认知能力培育是教师将专业学习、专业实践提高到自主水平的条件，是激发教师的自学愿望，促使其掌控自身专业发展过程的条件。应该说，一旦一种教育教学实践活动达到了元认知水平，教师的专业发展的自主性就变得相对成熟。所以，元认知能力培育能够让教师对专业自我而非专业实践效果负起责任来，以此促使教师迅速实现专业成熟。教师元认知能力干预教育教学实践效果的方式始终是间接的，即通过间接干预教师的专业自我来实现。

(四) 元认知能力是小学教师学会教育反思的条件

元认知能力是教师进行教育反思的能力基础，没有元认知能力的教师根本无法进行教育教学反思，教师的教育反思实际上就是其元认知能力干预教师的教育实践活动的一种形式。在教育教学实践中，元认知能力的参与能够提高小学教师对教育教学活动反思的深度：一般教育教学反思仅仅能够达到教育教学得失的层面，而元认知能力参与下的教育教学反思能够达到查究教育教学成败根源的层面，达到促使教师专业自我成熟度的层面与水平。所以，针对性地培养小学教师的元认知能力能够增强教师对教育反思方向、目标与策略的意识，提高教师进行教育教学反思活动的专业化水平。

(五) 元认知能力是小学教师专业发展的原点

元认知能力是统帅教师一切专业发展实践的关节点之一，因为教师元认知活动间接参与了一切教师专业实践活动。所以，小学教师元认知能力的提高能够抬高教师专业认知与实践活动的层次，间接提高他们的教育教学活动效能。对小学教师的元认知能力进行自觉培养能够促使小学教师更好地学会学习、学会发展、学会教学，增强教师专业发展的自觉性、自制力与内发力，提高教师对自我发展方式与过程的驾驭能力。在小学教师专业发展中，元认知能力就是整个专业认知系统的原点，它对教师专业发展的各个环节都可能产生辐射性、统摄性的影响。

(六) 元认知能力培养能够增强教师教育教学策略的迁移能力

一般来说，小学教师的元认知能力越强，就越容易把其他学科、其他教师形成的行之有效的教育教学策略迁移到自己所教学科的教育教学活动中去，因为元认知能力是教师的各种专业能力的统合点与关联点。借助元认知能力与教师专业自我的媒介，科学的教育教学策略可以顺利迁移到其他教学环节、学科教学中去。不仅如此，元认知能力可以帮助小学教师突破教学情境、学科特点、教师个人等具体教育教学变量对教育教学策略的束缚，顺利实现教育教学策略的跨情境、跨主体迁移。可以说，元认知就是教师教育教学策略的核心与动力系统，是教师最高层次的教育教学调节系统，它很容易从相似教育教学情境中抽取出共性的教育教学策略，促使教育教学策略迁移的实现。正如迁移理论中的"概括化原理"所言：人对具体事物内在原理的概括化水平越高，该事物中蕴含的知识、技能、策略等就越容易实现迁移。

拓展阅读9-4

元认知知识的重要性 ❶

　　教学能力强、有丰富经验的教师，在有关教学的元认知方面发展水平较高。他们有丰富的元认知知识，并善于通过这种知识监控自己的教学过程，根据不同情况灵活运用各种策略，提高自身的教学认知能力，有效地达到教学目标。许多研究结果表明，在教学活动中，"教师对于自己所要传授的思维技能的元认知知识是影响他们设计和组织教学活动的主要因素"。教师是否掌握思维技能的元认知知识对于他们成功地实现课堂教学目标十分重要，特别是教师的元认知知识对于其能否在课堂中引进元认知活动、设计高质量的新的学习活动以及系统地传授高级思维技能，都是非常重要的。

三、小学教师元认知能力的培养

　　要提高小学教师的元认知能力，就必须进行自觉且有针对性地培养。结合小学教师元认知能力结构的分析，建议小学教师从以下几个方面入手来培养自己的元认知能力。

(一) 学习相关元认知知识

　　小学教师只有在掌握一定量的元认知知识的基础上才能有效地进行元认知，主动学习相应元认知知识是教师进行元认知能力培养的举措之一。在教育教学中，小学教师要突破"怎么教""如何教"的具体层面，从"如何教得更好""教学效果是怎么形成的"等层面来发展小学教师的元认知知识，这是教师扩充元认知知识的常见渠道。为此，小学教师要自觉克服只重教学结果结论而不重教学过程的教学思维，进而，自觉从教学过程本身去反思、探究、揣摩。这样，小学教师就更容易获得大量的元认知知识。另外，小学教师还可以转变单纯追求教育教学质量的教学价值观，从"学会教学""学会自主发展"、反思"学生如何学习"角度来获得教育教学的元认知知识；还可以在思考"教师如何实现专业发展""教师专业自我如何被改变"等这些问题的同时来获得教师专业

---

❶　信息时代的教师元认知及其培养 .http://home.51.com/love4209/diary/item/10023611.html.

发展方面的元认知知识。应该说，在埋头苦教式的教育实践中，小学教师很难获得现成的有关元认知专业发展方面的知识，而必须躬身实践、自觉反省，在揣摩、自照、自省中获得对自己专业发展有价值的元认知知识。

（二）开展元认知技能训练

直接参与元认知技能训练是小学教师发展元认知能力的有效途径之一。所谓元认知技能，就是教师在教育教学实践中对自己的认知过程进行自觉干预的各项技能。要对这些技能进行专项训练，小学教师可以从以下几个方面着手：教师可以自觉形成在教育教学实践活动之后立刻进行自我反思、自我检点、自我监控、自我批判的工作习惯，将元认知技能训练渗透在自身教育生活之中；教师的专业发展指导者应该激发小学教师的自我发展意识，增强他们的自主发展能力，还可以培养他们的自我否定意识，及时克服身上存在的不良教育教学工作方式，借此增强小学教师的自我省察能力；专业发展导师还应该帮助小学教师及时制订专业发展计划，自觉改变自身的专业发展品质，甚至还可以针对性地改进教育教学评价方式，引导他们学会开展自我评价；专业发展导师还可以对教师的元认知体验进行专项训练，增强教师对教育教学过程的敏感与体验，等等。借助这些方式，小学教师就能够在实践中或专项训练中提升自身的专业认知技能，获得相应的操作性技能。

（三）引导教师开展批判、反思、反馈活动

教师元认知能力的形成还可以结合形形色色的评课、磨课活动来进行，引导小学教师定期或不定期开展针对自身课堂教学活动的批判、反思、反馈活动，这是促使小学教师深入反省自我，形成元认知能力的有效之策。因此，各小学应建立教研组内评课、磨课制度，让教师多角度分析自己的教育教学活动；应该及时开展学生评课、同行评价、领导评课活动，从侧面帮助教师增强自身的元认知能力；学校或教师培训机构应该培养教师建立多渠道、多层面反馈教育教学信息能力，为教师专业自我的改变提供信息刺激；应该引导小学教师及时开展对自己所授课程的深层教学思维、教学哲学的反省活动，提高教师对自身教育教学活动的元认知水平，等等。

(四) 增强教师对教育教学目标的关注意识与贯通能力

如上所言，教师元认知活动的统合点之一是教育教学活动的目标，将教师的认知与实践活动集中在"教学目标"这一焦点上同样有助于提高小学教师的元认知能力。因此，小学教师应该注意以下方面的专业品质培养：其一，教师专业发展导师或小学教师的任职学校领导要帮助小学教师树立全面的教育教学目标意识，用"三维"教学目标来导航他们的教育教学活动；其二，教师专业发展导师或任职学校要善于培养小学教师全程贯彻教育教学目标的能力，让教育教学目标成为统领他们教育教学实践活动的"定心丸"；其三，专业发展导师或任职学校要自觉培养教师运用教育教学目标来监控教育教学过程的习惯，让目标监控意识成为引控小学教师专业发展进程的导航仪；其四，专业发展导师或任职学校要培养教师利用教育教学目标进行阶段性评价的习惯，时刻引导小学教师用教学目标来评价自己、检点自己、督促自己，防止整个教育教学活动异化为"脱缰的野马"。一旦教师学会了用教学目标来导引自己的教学活动，元认知能力培养对他们来说就成为了一个有力的抓手。

第十章　工作研究与小学教师专业发展

开展工作研究，将研究融入日常工作中，紧密结合实践来探索教育规律，推进教育教学改革，是当代小学教师实现专业发展的一条高效路径。当教师就要当好教师，好教师一定是研究型教师，是时刻准备用研究的姿态去思考教育教学工作，改进教育教学方式的教师。当代小学教师的专业发展离不开工作研究的参与配合，善于利用工作研究这一专业发展路径是小学教师在专业上达到炉火纯青水平的秘诀之一。

第一节　小学教师工作研究的内涵与意义

工作研究是一种工作与研究相互融合、高度一体化的特殊研究方式。在工作中开展研究，以研究的态度对待工作，是"工作研究"的字面意义上的解释。小学教师开展工作研究对自身专业发展与工作效能提高来说都具有重要意义。

一、教师工作研究的含义

认清教师工作研究的具体内涵是我们深入理解其存在意义的起点，小学教师也只有在明确教师工作研究的指涉对象之后才可能灵活利用这一研究形态，提高研究工作促进自身专业发展的具体效能。

(一) 什么是教师工作研究

教师工作研究是教师在教育教学工作中为了提高教育教学质量，推进工作方式改革与创新而在工作之余结合教育教学工作实际开展的一系列研究活动。

教师工作研究的主要特点是"以工作为中心",即出自工作的需要,以工作的形式展开,紧密结合工作的特点。教师工作研究的最终目的在于提高教育教学工作的科学化水平与实际效能,开展工作研究只是实现这一目的的手段。

(二)教师工作研究的性质

教师工作研究不同于一般学术研究或理论研究,而是一种具有明确实践导向的纯实践研究,是与教师的教育行动紧密交融的一种研究形态。这就决定了该研究形态具有许多独特属性值得我们关注。

1.实践性

教师工作研究的实践性是指这种研究属于实践研究,而非理论研究,是"基于实践、结合实践、服务实践"的研究。教师工作研究的主要目的是为了优化教育教学实践,而非强调产出先进教育教学理论成果,其直接效果体现在教师工作效能的改进上。这一实践归属性决定了小学教师开展工作研究必然具有独特的方式与选题。其实,在工作中,小学教师遇到的许多实践难题往往会成为其开展工作研究的课题和开展教育教学改革与创新的起点。

2.研究性

教师工作研究必定具有较强的研究性,即它带有相当程度的探索性、摸索性、尝试性特点,绝非简单地对他人研究成果的一种搬用与推广,教师工作研究的"研究性"集中体现在以下方面:它具有一定理念的支撑,研究中取得的成果往往能打破教师的教育常识和常规的教育教学方式,整个研究工作明显指向推陈出新的目的,带有创新教育教学工作的直接意图。

3.一体性

教师工作研究的一体性是指教师的教育教学工作与教育教学研究活动合二为一的特性,这种"研究"表面上看是教师在开展日常教育教学工作,但从实质意义上来看,教师正在深入思考、揣摩教育教学工作,工作与研究互为表里关系。这种"一体性"主要体现为:研究活动隐藏在工作的背后,主要以教师工作的形式来呈现,致力于工作效能的改进,以工作的形式"捎带"开展教育教学研究,形成实践性研究成果。

二、小学教师开展工作研究的意义

小学教师之所以要开展工作研究，这不仅是由于教师工作本身是一项具有较强研究色彩的工作，还由于这项工作具有较强的艺术性与实践性。没有研究的心态与准备，小学教师就无法确保此项工作的专业性品质。

(一) 推进教育教学工作创新的需要

小学教育工作离不开创新，哪怕是一堂简单的课程，一个简单的教学环节，如若离开了教师别具匠心的考虑、设计与组织，这门课程、这节课、这一教学环节都可能难以达到预想的效果。

首先，教师工作研究是实践性教育理论的生长点。在工作研究或实践研究中，小学教师收获的大量研究成果是实践性教育理论，即紧密结合具体教育情境与教师个人体验的实践性教育理论。这些理论成果能够迅速转化成为小学教师的教育教学智慧，推动他们工作方式的创新，增强他们对实践难题的应变力。

其次，工作研究是教师工作创新的源头。工作研究是与小学教师的工作活动密切相关的，是以促进他们的工作方式改进为直接目的的。在工作研究中形成的任何新认识、新经验、新思路都可能成为撬动教师工作方式创新的基点。

最后，工作研究是教师孕育工作新思维、新思路、新方式诞生的沃土。工作研究是教师工作水平提升的契机，善于开展工作研究的教师常常是小学教育战线上的教改旗手。

案例 10-1

研究，教师很需要 ❶

在通常状态中，人总是凭借着本能 (默会知识) 而生活，日复一日，年复一年。例如，一个老师，若往往总是被动地工作，就像一个零件，被镶嵌进学校这台快速运转的机器中，从早操一直到晚自习。中间无非是上课、下课、备课、批改作业，有空就偷着打个游戏或上网聊天，晚上回家了再看看电视做做家务，如此而已。身体，是被学校这台机器规定了的，但是心灵，

---

❶ 教师参与教育科学研究的意义是什么 .http:// chuzhongjiaoyu keyan.baike.com/m=article&id= 115166.

却没人可以规定，于是就长久地陷入倦怠、麻木、散漫状态。这种情况，可以称之为"身体紧张，头脑放松"（跟学生在他的课堂上的状态一样）。一推一动，不推不动，推急了乱动，能不动尽量不动。多数情况下，动力来自胡萝卜（工资、奖金、职称……）与大棒（考勤、评比、下岗危机……），以及最为朴素的良心。

在案例10-1中，教师由于长期待在实践中，缺乏研究意识，加之工作繁忙，导致在工作上没有创新与改革，极易陷入停滞和"零思考"的工作状态。开展工作研究正是应对这一困境的有效路径。

(二) 促使教育教学工作科学化的需要

教师开展工作研究还是促使其教学工作科学化、艺术化的需要，是小学教师提高教学工作技术性内涵的选择，这是由这种研究的内涵与特点决定的。一方面，教师工作研究是在教育工作的情境中进行的，能够及时帮助小学教师发现教育教学问题，给出情景化的合理答案，助推教育教学工作方式的优化；另一方面，工作研究能够加速教师的教育教学工作的理性化转变，克服教师工作中的盲目性与经验性，达到矫治不妥的工作方式的目的。显然，小学教师在工作中如若一切凭经验行事，一切随意而行，其教育教学工作就可能违背教育教学规律，必将受到教育教学规律的惩罚。借助工作研究这一途径，能够促使教育教学工作按照规律办事，严格遵循教育教学工作的一般规律与规则，自觉提高教育教学工作的科学化、艺术化水平。总而言之，工作研究能够促使教师用更为合理的方式与理念来指导教育实践，促使教育教学工作的科学化水平不断提高，充分体现研究式工作，而非机械从事工作的优势。

(三) 培养卓越小学教师的需要

造就大批卓越教师，创建人们满意的优质教育服务，是当代我国基础教育改革与发展的时代性使命。在小学教学实践中，卓越教师首先是研究型教师，工作研究是造就研究型教师的理想途径，是卓越小学教师必需的一项修炼。同时，工作研究是小学教师自我反思、自我改进、自我提高的重要形式，是教师自我修炼内功，提高教学功底的有效途径。如果说工作、实践是检验教师工作能力的试金石，那么，工作研究就是磨砺这一试金石的磨刀石，只有经常开展工作研究的小学教师才有可能成长为卓越的小学教师。教师可以在实践磨砺中不断完善教师知识结构，弥补教师自身的素质缺陷，更新教师陈旧的认识视野，为卓越教师成长铺就坦途。

(四) 提高教育教学质量的需要

小学教师开展工作研究的直接目的在于获得新教育认识、新教育经验，而其最终目的是提高小学教育教学质量，为小学生及社会提供优质的基础教育服务。工作研究是提高小学教师工作效能的依托，是教师研究教育教学工作、发现教育教学质量提升门径的关节点；有了工作研究的参与，小学教师的工作才可能更富有成效。换个角度来看，教育教学质量的取得有两种方式：一种是"死教"；另一种是"活教"。"死教"只会让教育教学工作的质量每况愈下、事倍功半；而"活教"才是提高教育教学质量的科学思路。要"活教"，就要求小学教师在教学工作中引入新的教育教学理念或点子，这些点子需要教师工作研究来提供。因此，教育教学质量工程是基础教育改革的关键环节，而工作研究是顺利实施这一工程的立足点，教育教学质量提高的便捷方式之一就是教师工作研究。从依靠"延长课时、增加课外作业"这一外延式教育质量提高方式转向主要依靠"工作研究、工作优化"这一内涵式教育质量提高方式，是当代小学教育教学改革的迫切要求。

(五) 深化基础教育改革的需要

基础教育改革的两大引擎分别是理论研究先导与实践研究配合。教师工作研究是落实先进的基础教育改革理念，使之行动化、现实化，最终落地生根的保障。换言之，直接生搬硬套的套用诸种所谓的"先进教育理论"来改革教育教学实践，不注重这些理论与本土化实践之间的结合，这些教育理论极有可能误导教育改革与教育实践。因此，借助教师工作研究这一媒介，把最新教育理论"植入"教育实践中，是利用先进理论来导航教育实践的科学途径。教师工作研究的介入能够促使小学教育教学工作突破常规，克服惯例，走上一条高速、健康的改革之路。工作研究是基础教育改革政策与基础教育改革理念付诸实践的必需环节，是提高教师对基础教育改革政策与理念的执行力的有效途径。教师工作研究在基础教育改革中肩负着先行者、实践者、配合者与促进者等多重角色。在当代小学教育改革中，教师工作研究已经成为优质改革的培育者与推进者，成为深化我国基础教育改革的重要辅助力量。

三、小学教师工作研究的常见形式

小学教师经常参加的工作研究形式主要有七种，如课例研讨、同课异构、小课题研究、校本教研等。熟练掌握了这些工作研究形式，小学教师就掌握了专业发展上的主动权，就能够及时获得专业发展上亟需的专业知识与专业技能。

(一) 课例研讨

课例研讨是小学教师工作研究中最为常见、简单易行的一种工作研究形式。所谓"课例"，是教师授课中的一个相对完整的单元或片段，是对其课堂教学现状全面、直观的反映，是一线教师喜闻乐见的研究素材和开展工作研究的最好依托。一个完整的课例是对教师授课全程的复路与再现，是优秀教师成功教育教学经验的集成，是普通教师自我反思、相互交流的物质依托。课例研讨是小学教师共同体在一定理念的指导下，针对教师课例的实录、视频、录音等进行全面分析，从中发现教育教学问题，探究课堂教学改革的方向与思路的研究活动。显然，作为一种工作研究形式，课例研讨具有以下优点：教师熟悉，便于开展专业对话，研究的理论性层次较低，教师参与度高，易于从中直接汲取专业发展所需的实践性知识经验。小学教师开展课例研讨时要遵循一定的程序，即"授课教师说课——教师群体研课——课堂教学改进建议与经验形成"，顺着这一程序开展课例研讨是小学教师专业发展的一条快速通道。

(二) 同课异构

同课异构是当代小学教师最为熟悉、最为喜爱的一种工作研究形式。所谓同课异构，是指不同教师在不同班级、不同时间、不同环境中开展同一节课的授课活动，进而形成同一节课的多种授课实例，在此基础上教师群体通过相互对照、比较、研讨的形式来探讨不同"教法"的优劣，从中获得课堂教学的规律性认识或科学经验。这种关注研究形式具有以下特点，即同样的授课内容，不同的授课教师，不同的"教法"，便于规避不同授课内容对评课活动的影响，得出的研究结论较为客观、实用、有效。小学教师在开展同课异构时可以遵循以下程序，即"确定教学内容——不同教师授课——教师群体研课——形成教改经验"。经常开展同课异构活动，相互切磋教学艺术，小学教师就能够在日常实践中确保专业上的迅速成长。

(三) 小课题研究

小课题研究是近年来较为流行的一种教师工作研究形式，我国各地教育行政管理部门正在大力推行这一研究形式。小课题，也叫"微型课题"，即问题小、变量少、涉及范围窄、研究情境具体，一般小学教师就可以在小范围内、在自己能力可驾驭的范围内独立组织开展的课题。小课题研究之所以在小学教师中较为推崇，是因为它具有以下特点，即实用性、开口小、易开展、周期短、见效快等。❶ 这种工作研究的一般组织方式是：中小学教师结合自己工作实际提出小型研究课题，再向上级教育行政部门或学校提出课题研究申请或计划，并定期开展研究活动、形成研究结论，及时转化为实践研究成果。小课题研究步骤一般采取规范的课题申报程序，即上级部门发布研究规划——教师提交小课题申请——课题管理部门评审筛选——发布评审结果——正式开展研究。当然，小学教师也可以在校内广泛开展小课题研究，不一定要通过上级教育行政部门立项的形式来进行。可以说，这是小学教师开展正式课题研究的平台。

案例 10-2

与"克隆"作业过过招 ❷

教五年级语文的王老师，意外发现本班部分学生有长期抄袭作业的现象，她控制住自己的愤怒，先是不动声色地与个别学生接触，了解具体情况。然后，她决定与"克隆"作业过过招。王老师首先设置了专题讲评课。讲评课上她先表扬了所有语文作业全对的学生。然后让这些学生当小老师，为大家做解题示范，几个抄作业的学生自然就"挂黑板"了。尽管在座的学生心知肚明，但王老师仍未揭开真相，这让"抄手"们十分愧疚。接着，王老师组织学生们自编自导中队会——"诚实为金"，大家通过讲故事、演话剧、夸典型、表决心等形式，进一步激发和增强"诚实守信"的意识和信念。更为重要的是，王老师对自己的教学活动做出针对性改进。首先，她在班上建

---

❶ 什么是小课题研究 .http://res.hersp.com/content/1577801.
❷ 什么是小课题研究 .http://res.hersp.com/content/1577801.

了学习互助小组，引导学生们积极、正确地对学困生施以学习援助；其次，她在平时的新课上，特别留心学困生的表现，有针对性地调整教学节奏；再次，她在作业批阅中增大了面批的分量，更加关注对学生的个别指导……孩子们渐渐感受到了老师和同学的诚挚关心，外在压力转化为内在动力，学习成绩稳步提高……

要做好小课题研究，小学教师一定要注意两个关节点：一是选好课题名称，重视选题的实用性与可操作性；二是善于知道与工作的结合点，尽可能把课题研究融入日常教学实践中去，实现教学与研究的双赢。

(四) 校本教研

校本教研也是小学教师圈子中常见的一种工作研究形式，是小学开展教研活动的常见形式。校本教研，即小学根据自身教育教学改革的需要及存在问题，借助教研组全体教师的力量开展合作研究，以此推进学校教育教学工作改进的一种教师工作研究形式。因此，所谓"校本"，其基本含义是"以校为本"，即"基于学校、在学校中、为了学校"，一切研究课题的选择都是学校教育教学中面临的真问题，所有研究力量都来自每一位学校教师，这些问题解决的直接受益者是学校自身的发展。校本教研的优势主要体现在三个"便于"上，即便于开展小学教育教学中面临的共同教育教学实践问题的联合攻关、便于提升学校整体的教育教学改革实力、便于开展学校层面的专业研究协作。

(五) 参与大课题

"大课题"与"小课题"相对，它是由教育科研管理部门主导的正式课题研究，参与各类各级纵向教育教学课题研究也是当代小学教师中常见的一种研究形式，是实现教育研究机构与中小学教师携手进行理论创新的重要形式。小学教师参与大课题的具体形式为：小学教师以大课题的课题组成员或实验学校成员的身份参与大课题研究，在其中扮演一名研究人员的角色配合课题研究，或直接主持某些子课题研究工作。大课题研究是小学教师接触最新教育教学理念，参与新教育理念研发与探索，促进前沿教育教学理念与一线教育教学实践对接互动的有效形式，它能够实现小学教育教学工作与大课题研究之间的共赢。因此，小学教师参与教育科研类大课题既有助于教师自身专业发展，又有助于课题研究活动的"向实践"延伸。

(六) 研究工作坊

研究工作坊，或称小学教师工作坊，是从国外引入的一种较为先进的教师工作研究形式，其基本理念是：从研究的有效性出发，以教师主动的专业成长为核心，在教师自觉、自愿的基础上构建的一种教师自主研究平台与研究机构。❶ 教师研究工作坊的主要特点是：由小学教师组成的专业共同体自行组织、自行创生、自行发展、自行研究，其主要目的是促进所有参与成员的专业发展。这种工作研究的开展方式较为新颖，一般采取以下形式：制定工作方式研究制度，慎选工作坊的负责人——坊主，由坊主启动研究、组织进程，规模以 4~6 人为宜，为热点研究问题的讨论与沟通提供充分的合作研究机会。实践证明，只要组织科学、持之以恒，这种工作研究形式对教师专业发展的促进效能尤为明显。

(七) 教育协同创新

教育协同创新是近年来国家较为倡导的一种研究形式，适用于在较大区域范围内开展重大教育教学问题的合作研究。教育协同创新，即小学教师行业内部的协作研究，是小学教师针对某一前沿教育实践问题研究的需要，组建协同教育教学创新体，开展重大教育实践问题的协作攻关，以此助推小学教育教学改革飞跃的重要形式。❷ 小学教师开展协同创新这一工作研究形式的特点是：成员协作性强，研究问题的跨学科、跨学校、跨地域、跨部门性强，研究课题的难度较大。协同创新的开展必须由影响力大的教师研究者、协调力强的教育部门组织，必须选择事关教育教学重大问题的研究课题，需要科学有力的组织制度配合，需要明确的研究任务定位，否则，协同创新体的发展极容易流于形式。

---

❶　闵艳莉，周燕 . 教师研究工作坊：一种新的园本教研组织形式 [J]. 学前教育研究，2009（2）.

❷　协同创新，破解"杰出人才"之问 .http://teacher.eol.cn/jiao_shi_pin_dao _33/20130412/ t20130412_929722.shtml.

第二节　小学教师工作研究的常用方法

拓展阅读

与方法的重要性 ❶

　　无论做什么事情，如学习英语、面对工作，实现自己的各个阶段目标，都要经历三个过程：第一，取得正确的信息和方法；第二，制订周密的计划；第三，行动！既然取得正确的方法是第一步，也就是说，没有正确的方法，以下第二、第三步都是无从谈起的。第一个步骤究竟有多重要呢？一个练习健身的人曾说过这样一个例子：一次他来到健身房，看到一些人疯狂地在健身器材上做腹肌锻炼，他们以每组 200 个卷腹运动和仰卧起坐，每次 10~20 组的方式，每天持续锻炼 3 个小时，真是几近魔鬼式训练方式。但这样的训练方式是徒劳的。一位健身教练说，很多男士都想练出让人艳羡的八块腹肌，但绝不是通过这样的方式，以这样的方法恐怕两年都很难达到目标。实际上 7 周的时间足矣，关键是有正确的方法：唯一能练出八块腹肌的方法是锻炼全身的肌肉，而不仅是局部的腹肌，除此之外还要加上节食，把整个体内脂肪含量降低到一定的程度。

　　没有合理的方法支撑，教师工作研究就可能失去一个有力的"力臂"，整个研究的结果与效能无法保证。小学教师开展工作研究需要一系列方法的支持，在此，我们主要给大家介绍的是教师工作研究中最为常见的几种研究方法。

一、课堂观察法

　　课堂观察法是一切教师工作研究的基础，是小学教师必须精通的一种基本工作研究方法。该研究方法的运用需要小学教师对其特点与实施要求具有一定的了解。

---

❶　正确的方法的重要性. http://fz.xdf.cn/publish/portal62/tab17563/info586518.htm.

(一) 什么是课堂观察法

课堂观察法是教师在明确的目的的指引下，凭借自身感官 (如眼、耳等) 以及有关辅助性观察工具，如观察表、录音录像设备、测量仪器等，直接或间接地从课堂情境中收集资料信息，并依据资料信息对课堂教学现象进行科学分析，据此形成理性教育认识的一种教师工作研究方法。眼见为实，课堂观察法是小学教师从教育教学实践中直接感知相关信息，获取感性研究资料的渠道。

(二) 课堂观察法的特点

与其他教师工作研究方法相比，课堂观察法具有以下三个明显特点：

1. 真实性

课堂观察具有亲眼所见、亲耳所闻、可信真实的特点，故真实性是课堂观察法的首要特点与优势。小学教师要想获取最为真实的研究信息，就必须躬身实践，亲自到教育实践场域中去获取相关信息资料。

2. 基础性

几乎所有研究活动都要以观察法为基础，小学教师直接观察教育活动、教育现象的经历与体验是其他研究方法的基础。可以说，几乎一切教师工作研究方法的可靠性都是最终根源于观察法的可信度。

3. 易操作

观察法只须研究者亲临现场，用感官或设备记录下观察对象的活动情况即可，这是其易于操作的体现。相对而言，教育实验法、教育调研法等都需要大规模的研究工作支持，操作难度明显较大。

(三) 课堂观察法在小学中的运用

在使用课堂观察法时，小学教师可以按照以下步骤来实施课堂观察，确保观察目的的实现，发挥课堂观察的功能。

1. 观察点的确定

在实施课堂观察时应该从什么地方入手，这是一个棘手问题，它主要涉及课堂观察点的选择问题。选准了观察点，后续课堂观察活动的开展才可能有序推进。在此，我们建议小学教师按照以下三个立场来选择观察点：其一，教师应该根据研究目标，选择好观察对象，确保观察对象的可观察性、可解释性，据此来进一步确定自己的具体观察点；其二，教师可根据研究重点，确定好主要观察内容，为观察点的最终确定提供依据；其三，教师应根据研究理论，确定好主要观察视角，以此为观察点确定提供依据。

2. 观察提纲或表格的制作

观察点确定完毕之后，制定观察提纲或表格就成为下一个重要问题。在这一点上，我们建议小学教师做好以下三个工作：一是为无结构性观察做好观察思路准备，最好是打好腹稿或草稿，清楚要观察对象的大致范围；二是为结构性观察预先做好观察提纲或观察记录表，包括观察记录符号系统；三是为复杂的课堂观察做好观察蓝图设计，整体规划课题观察的具体思路与观察主线，以免在观察中迷失方向。

3. 观察工具的选用

用什么工具进行课堂观察，这是小学教师在进行课堂观察时需要思考的第三个重要问题。一般情况下，教师要注意以下四个方面：其一，要紧扣观察点，选择适当的观察工具，力求选择能够观察到观察对象的针对性观察工具；其二，教师要熟悉各种观察工具的优缺点，做到扬优弃劣，尽可能选择综合优势较大的观察工具；其三，在适当情况下，教师可以开发适切性的观察工具，如测量表、测试仪等，以充分满足课堂观察的特殊需要；其四，教师可根据不同观察维度，选择一系列的观察工具或设备，形成合理的观察工具组合，体现各种观察工具的组合效力。

4. 观察结果的分析

观察结果的分析是课堂观察的最后一步，需要教师给予高度重视。在这一点上，教师应该注意以下四个方面：首先，教师要基于一定的理论框架或数理分析工具对观察数据进行整理、分析，得出客观的研究结论；其次，教师要对课堂观察结果的误差进行科学分析，找准原因，防止出现较大误差；再次，对观察结果的分析教师要避免以偏概全现象，坚持基于事实、数据与情景的推论；最后，教师要尽可能采用多样化的形式，如图表、统计图等呈现观察结果，增强观察结果呈现的直观性。

二、行动研究法

行动研究是在教育领域中日趋流行的一种研究方法，是每一位小学教师都

应该熟练掌握的教师工作研究方法，该方法是加速小学教师专业成熟的一把
利器。

（一）什么是行动研究

行动研究是指教师针对自己在课堂上遇到的问题展开研究的一种工作研究
方法，是一种将课堂改革行动与课堂问题研究合二为一的好的研究方法，其基
本做法是：教师边工作，边实践，边研究，研究的出发点是课堂教学中的现实
问题，研究的途径是在教学过程中对研究对象进行干预，研究目的是为了改善
自身教学行为。

行动研究的创始人是勒温，他于 1944 年指出："研究课题来自实际工作者
的需要，研究在实际工作中进行，研究由实际工作者和研究者共同参与完成，
研究成果为实际工作者理解、掌握和实施，研究以解决实际问题、改善社会行
动为目的。"

（二）行动研究法的特点

行动研究法之所以是一种适合教师工作的研究方法，是因为它具有以下五
个鲜明特点。❶

1.融合性

与教育教学实践紧密融合、相互渗透是行动研究法的明显特点之一。在这
种研究方法中，教学实践与教学研究在教学过程、教学情境中紧密结合、融为
一体，教师既是改革的行动者，又是改革的实践者，一身兼二任，两种角色合
二为一。

2.有效性

对小学教师工作而言，行动研究法是扎根具体教育实践来进行的，故具有
一定的特效性，基于这一研究方法得出的结论尤其适用于小学教育教学工作的
具体特点与当下需要。这是因为在这种研究方法中，一切研究结果结论的做出
紧密结合教学实际问题与真实情景，甚至可以说是针对一线教学实践量身定做
的一种研究结论，它可以直接付诸实践，不需彼此之间的转化环节，研究结果
的可利用性与实践化水平较高。

---

❶ 教育行动研究的意义和特点. http://blog.sina.com.cn/s/blog_a4e2b57 701015ac6.html.

3.合作社

这种研究方法是小学教师与小学生共同开展的。小学生既是研究的对象，又是研究的参与者，故小学教师在开展这种研究时需要教师与学生之间的合作与配合，以自觉赢得学生的大力支持与参与热情，否则，研究活动就难以深入开展，得不出有深度的研究结论。

4.规模小

行动研究的规模一般较小，常常是针对一个班级展开的，研究规模以30人左右为宜。同时，由于行动研究需要教师深入到课堂底层和学生学习情境中去，需要对研究对象——小学生及其学习活动进行细致入微地观察与研究，故不适合开展大规模的研究。与之相应，这种研究结果的可推广性也比较差，不宜随意扩大研究结果的适用范围。

5.行动性

行动研究具有"行动性"，即它是"对行动进行研究""为改善行动而研究""在行动中研究""由行动者进行研究"，教师就是行动者、研究者，他们的教育行动构成了教师研究的直接对象。因此，在行动研究中，教师便于深入、全面地观察到研究对象的发展变化，这是量化研究所难以企及的。

(三) 行动研究法的基本理念

1.教师成为研究者

这是目前较为流行的一种教育理念，即教师发展的目标是成为研究型教师，此处的"研究"主要是指行动研究。教师既是教学活动的行动者与实施者，又是教学活动的研究者与亲历者，这种研究方法持续使用的结果就是：小学教师也成了成熟的教学实践研究者，教学活动与研究活动实现了双赢模式发展。

2.尊重实践成师的规律

优秀教师是在实践摸索、实践改进中成长起来的，在实践中获得的经验、体验、教训、智慧是教师积累成功的必由之路。行动研究本身就是一种教育实践。教育实践是小学教师专业研修的大学校，在实践反思、实践揣摩中积累实践经验，发展实践专长，是小学教师专业成长的日常渠道。

3.追求教育实践的合理性

行动研究追求的是教师教育实践活动的合理性，而非教育理论体系的合理性。合理性是理论合理性与实践合理性的统一，是合规律性、目的性、现实性的统一，行动研究中教师追求的是现实合理性。小学教师的教育行动是在一定教育情境、教育情势、教育时机中发生的，与这些情境、情势、时机相契合是判断这种教育行动是否合理的标准之一，这就是实践合理性。行动研究能够促使小学教师的教育行动获得这种合理性品质。

(四) 行动研究法在小学中的运用

1. 提出研究计划

科学的计划是研究成功的关键。在该阶段，小学教师应根据教育教学实践需要发现问题、瞄准问题、针对问题、根据问题提出具体的研究活动规划，确定好研究的主题、手段及预期成果形式。在计划制订中，教师一定要考虑研究课题与自身实际情况，制订出最适合自己与本课题的研究计划，努力提高研究计划的科学性与可行性。

2. 开展研究行动

在该阶段，小学教师的主要任务是：结合研究问题与研究计划，深入教学实践，剖析问题实质，进行正确的问题归因，提出针对性改革对策，并在实践中根据对策的效应做出补偿性改革举措或跟踪性的改革行动，直到达到一种较为满意的干预效果。不断针对条件与情境的变化来采取相应对策是本阶段行动研究的主要活动内容。

3. 反思与分析

在进行循环性的干预、改革行动之后，小学教师要对整个行动过程进行反思，抓住核心研究变量与研究结果之间的内在关联，找出本质性关联，形成理性的教育认识与结论。这一阶段进行得好坏直接关系到研究结论的水平与层次，它是决定行动研究整体品位的枢纽环节。

4. 验证与汇报

在该阶段，小学教师应继续在教学实践中验证研究结论、具体做法的科学性与可行性，在经过反复验证通过后撰写研究报告，进行结题或总结事宜。同时，教师还要及时向有关专家或学校同行公布自己的研究情况与结论，广泛征询专家的意见，推广自己的研究成果，促进全校教学方式的改进。

三、案例研究法

案例研究法是很适合小学教师工作研究的一种好方法，建议广大小学教师一定要学会并熟练使用该方法。案例是小学教师作为研究者所拥有的最丰富的研究资源，而且，他们本身就是大量教育教学案例的创造者，开展案例研究是帮助小学教师改进教学方式、提高教学艺术的重要手段。

(一) 什么是案例研究

对小学教师而言，案例研究是结合小学教育教学改革实际，以典型、真实、具体的教育教学案例，如小学德育案例、教改课例、教学设计案例、教师专业发展实例等为研究素材，通过具体分析、深入解剖、理论透视来引导小学教师从中发现教育教学规律，深化教育教学经验的一种教育研究方法。每一个案例都是教育理论与教育智慧的承载者，充分利用、发掘教育案例的价值是小学教师助推自身专业发展的良策。案例研究一般由两大要素构成，即生动鲜活的典型案例与对路科学的理论视角，前者是案例研究的对象与素材，后者是案例研究的理论根据，将两者合二为一，让教师研究者站在一定教育理论视角上去分析案例素材，就构成了案例研究活动。

(二) 案例研究法的特点

案例研究法具有以下四个特点值得我们关注。

1. 研究对象的真实性与现实性

案例研究的对象都是小学教师亲身经历、耳闻目睹的学校教育生活中的人与事，是真实地看到、真切地感受到的教育事件或教育现象，故具有较强的真实性与现实性。针对这些生动的教育案例，小学教师有话可说，有见解可以发表，应该说，他们针对这些教育案例有发言权，甚至这种权威性超过了教育理论专家。

2. 研究案例的具体性与有限性

在案例研究中，小学教师面对的每一个案例或个案都有具体性，都是一个鲜活的人、一件具体的事，都是一个个难以抽象化或统一化的生动个例。这不像教育理论研究者那样，一定要把具体的事情、现象转化为专业术语或概念才能进行系统研究。案例研究的对象常常是有限的，这种研究方法具有明显的就事论事、就人说人的性质。

3.适用范围的针对性与限量性

案例研究是基于有限个案、有限实例基础上展开的，其适用范围尤其有限，故研究结论难以大范围推广，研究结论只具有有限的合理性，若要大范围推广，还需要进一步去验证，去开展推广性研究。

4.问题分析的深刻性与实效性

在小学教育中，由于教育案例中涉及的人、事、物较少，涉及的研究环境与教育时空较为具体，故便于研究者——小学教师对其开展全方位、有深度的分析活动，进而得出更加深入的研究结论。同时，也正是由于受研究对象、案例、情境的具体性所限，这种研究方法得出的研究结论具有较强的实效性，研究结论的生命周期较短。

(三) 案例研究法的运用

在小学教育教学活动中，教师要运用好案例研究法，促使其充分发挥预期效能，就应该注意以下几个方面：

1.精选研究的案例

案例的质量某种程度上决定着研究的结论，甚至决定着研究结论的科学性水平，因此，精选研究对象——教育教学案例是一个重要的研究环节。在选取案例时，小学教师要坚持以下四项标准：典型性，即确保研究案例具有较高的代表性水平，能够包括主要的研究参量；具体性，即确保案例中包括具体的人、事、物、时间、空间、背景等，让人看到生动具体的案例全貌；真实性，即确保案例中所涉及的要素与事件是真实的、可信的，是经得住其他研究者拷问的；意义丰富性，即确保研究的案例具有丰富的内涵，能够承载深刻的研究内容或相关理论，能够体现研究的必要性与价值性。

2.案例的描述

案例描述是案例研究的第二步，是整体呈现案例要件与内容的关键环节，是将各个案例要素整体再现出来的重要一环。在这一步骤中，小学教师作为研究者要做到四点：一是交代清楚案例发生的条件、背景与主角；二是陈述中要突出有研究价值的案例细节与要素；三是描述时要客观、充分，便于开展深入分析；四是文字表达形式要持中间立场，不能直接表白价值倾向。

3. 案例的反思

在案例描述之后，对其进行基于理论角度的反思与分析就成为深入剖析案例的重要一步。小学教师能否深入地透视这一案例，从中得出有价值、有见地的结论至关重要，它体现着整个研究活动的根本意义所在。为了做好这一点，小学教师要注意做到：一是注意从一定理论视角出发来解读案例中的细节，达到对案例细致入微地分析；二是要从多个认识角度来分析案例的内在意义，不断提高理论分析的层次；三是要透过现象揭示出其中的问题及其实质，努力体现案例研究的目的；四是要阐明案例的启示及进一步值得关注的问题，引发读者或同行对案例的进一步探究；五是要针对案例中的核心问题提出解决思路或行动建议，体现案例研究的实践意义与研究价值。

4. 案例研究成果的推广与确证

在研究结论得出之后，小学教师还应该对之进行尝试性地推广与理论上的论证，确保研究结论的可靠性与专业性。为此，一方面，小学教师要把研究成果向相似的研究对象、教育环境进行推广，利用推广来达到验证结论、延伸结论、修正结论的目的；另一方面，小学教师要组织专门活动来进一步验证研究结论的可靠性、有效性及其有效阈限，必要时可以聘请专家进行咨询，征询他们的见解与意见，以求课例研究结论尽可能突破自身的局限性。

案例 10-3

教育中的案例研究 ❶

确定研究对象	某学困生
收集个案资料	个性、家庭、教师与同学评价等
资料整理与分析	资料整理与分析
诊断与指导	找出症结，予以指导
形成结论	形成结论，撰写研究报告

---

❶ 陈向明，王小刚 . 为什么不上学了——一位辍学生的个案调查 [J]. 教育研究与实验，1996(1).

第三节　校本研修与小学教师专业发展

校本研修是当前小学教育界较为流行的一种教师专业发展方式，它是紧密依托教师工作研究形成的，故成为每一个小学教师必须掌握的一种专业发展手段。校本研修活动是小学教研组活动的主要形式，科学组织并认真参与这类活动是小学教师专业成长的捷径之一。

一、校本研修的内涵

校本研修是什么？其基本特点如何？搞清楚这两个问题是我们进一步探究校本研修活动的行动起点。

(一) 什么是校本研修

在小学教育领域内，校本研修是指一所小学基于学校自身教育教学情况与存在问题以及学校教育教学改革的现实需要，在最大化地尊重教师教育创意与实践创造力的基础上，为了教师自身教育教学水平提高而开展的一种紧密结合自身校情与教育教学工作的研修活动，其一般组织形式是让教师在专家引领、同伴互助、个体实践反思三大途径中促进学校教学水平提高与教师专业发展水平。校本研修既是一种教师进修、培训活动，也是一种工作研究实践，可以说，它就是同时兼有研究与进修功能的研修活动。

案例 10-4

我的校本研修故事 ❶

教研活动上同组的老师和八一附小的专家都积极地帮我分析原因，出谋划策。李主任告诉我，作为一名新教师读教材很重要，要站在学生的角度去读教材，把握教材里的每一个知识点，教材上每道例题的编写都是有作者的意图的，只有读懂教材才能选择合适的教学方法。高老师点评说，这节课是

---

❶ 校本研修帮助我幸福成长. http://www.jxteacher.com/jjywms/column 23212/484f68c7-7a4c-40a7-bde6-088934f379e2.html.

由数到字母的转变，课本上四道例题层次非常清晰，仅仅让学生明白用字母表示数是为了简便是不够的。他还给我提出意见：课堂上一定要对学生有具体的评价，在给学生下达指令时也一定要清晰明确。高老师还告诉我，只有多看书，多挖掘教材，才能不断有新的感受，才能更快地成长起来。高老师教会我作为一名新教师如何去听课、评课。杜老师在组织学生方面给我进行指导。师傅们和同伴的点评让我明白上好一节课不仅要重视知识的传播，还要重视学生兴趣的激发，让学生自己体验感受知识的生成过程。点评之后师傅们和专家又耐心地帮助我进行了一两次备课，并鼓励我说"你会成功的"。

(二) 校本研修的基本特点

校本研修不是一种具体的研究方法，也不是一种专门的教师研究活动，它具有自身的特殊之处。校本研修的主体活动形式是校本教研，是小学教师借助校本教研的机会来促进自身专业发展的一项活动。因而，对参与教师而言：教研即进修，即校内进修。校本研修活动是在学校教研活动中实现教师培训与工作研究双重目的的特殊教研活动，其基本特征是：全部教研活动是基于学校与教师自身的需要，在学校与教师中进行，通过学校与教师自身来实施的。这就是"校本"与"教研"的双重含义所在。进一步看，校本教研具体有四个明显特征：

1. 以问题为导向

校本研修具有实战性、真实性的特点，其原因就在于这种研修活动是立足于学校教育教学及改革发展中产生的真实问题的，是为了促进学校自身建设、助推教师自身发展、服务于学校改革需要而展开的。当学校发展与教育教学工作遇到重大问题时，开展校本研修活动是学校领导者的明智选择。

2. 以学校为基地

小学教师的任职学校，而非校外专门培训机构，是校本研修的基地，是教师研究的生态环境，学校的研究氛围、研究制度、研究规划是校本研修顺利展开的基础。在这一研究环境中，每一个小学教师都非常熟悉研究的需要与课题，都能基于学校实际来对这一实践问题，即研究课题进行求解活动，故研究结论对本校的适用性自不待言。

3. 以教师为主体

校本研修的主体是一线教师，是在学校教师共同体内部开展的一种特殊培训活动。尊重教师的教育主体性与创造力，最大化地让每一个教师参与进来，是校本研修达成预期研修目标的途径。小学教师作为研究者，在校本研修活动中扮演主角，在研修问题中发展自己、发展学校、发展小学生，是校本研修的三重收获。

4. 以专家为首席

校本研修的一个重要特点是专家引领，教育教学专家的参与对于提高校本研修效能具有重要意义。在校本研修中，参与的专家可以是一线教育教学实践专家，也可以是大学教育教学理论专家，他们参与的具体形式可以是参与研讨、主持讲座，也可以是共同参与研修，共同开展课题研究。以教育专家为首席来开展校本研修活动是研修活动的品质保证。

二、小学教师开展校本研修的意义

在小学开展校本研修活动，以此促进小学教师专业成长成熟，具有多方面的意义与积极功能。了解这些意义与功能，清楚校本研修的意图，是小学教师在校本研修活动中获得最大化、最优化发展的客观需要。

(一) 促进学校教育教学工作的改革与发展

小学教师开展校本研修的直接意义是促进教育教学工作的改革，提升教学工作的质量与水准，这是因为：学校教育教学改革与发展的起点是学校发展中面临的现实问题，在解决问题中变革是学校改革与发展的一般路径，而这些问题正是小学教师开展校本研修的课题。一方面，校本研修针对教育教学工作问题而展开，教师的问题研究与自我发展、学校改革是融为一体、"三赢"共进的，因此，校本研修在引导教师与其同行共研学校现实问题的同时不仅能够助推学校教育教学改革思路与方向的形成，也有利于学习型组织的建设；另一方面，校本研修是提高学校教育教学质量工程的重要组成部分，是创建高效管理、高效教学、高效德育的立足点，是建设高素质教师队伍的奠基工程。显然，这些工程的推进有利于小学教育教学工作的变革与质量提升。

(二) 校本研修是促使小学教师专业发展的有力途径

小学教师组织、参与校本研修的间接受益者是教师自身，即促进他们专业上的发展与成长。无疑，校本研修活动致力于解决教师教育教学工作中的困惑与难题，而这些难题和问题正是教师专业成长、成熟、成功的契机与关节点，教师对这些问题的研究、解决与教师专业发展过程是同步的。因此，小学校本研修活动如果兼顾了教师的现实需要与学校教学工作的当前需要，尊重了教师的主体性与创造力，研究的成果与结论就很容易被教师吸收，转化为他们的专业实力与能力。同时，校本研修能够为小学教师及其同行提供一种优秀的教育教学经验与创意的共享机制与交流平台，能够形成一种教师个体与共同体之间的互动、互促机制，借助专业交流实现全校教师共同发展的目的。因此，我们可以说，校本研修就是造就研究型教师、专家型教师的根本途径，是小学教师专业发展的重要依托。

(三) 校本研修是学校提高教育教学质量的重要依托

教育教学质量是学校的生命线，教育教学质量的提升需要大批优秀教师来支撑，校本研修是一种"通过强师、实现强校"的科学改革之路，是促进学校内涵发展与实力攀升的"助推器"。校本研修的开展不仅能够促进学校中面临的关键教育教学问题的解决，促进学校教育教学方式的优化，还能够通过其研究活动及其结论来影响学校办学理念，促进研究型学校文化建设，推进专家治校，大幅度地提高学校教育教学工作的潜力与效能。平庸学校抓教学质量靠的是应试教育技能与套路的强化，卓越学校抓质量靠的是学校教育教学研究工作的改进。两种质量提升路径不同，其对学校与教师专业发展所产生的影响也不同，所产生的效力也不同。一名明智的小学领导者一定是善于利用校本研修来推进学校办学品位与质量全面提升的好领导。

三、小学教师校本研修的要素

小学教师参与校本研修是专业发展的需要，组织好这种研修活动是科学利用校本研修活动，充分发挥这一研修活动优势的要求。在此，我们特意对这种研修活动的组织因素做分析，以期为校本研修活动的科学组织提供帮助。在组织小学校本研修活动时，组织者必须考虑的要素有四个（见图10-1）。

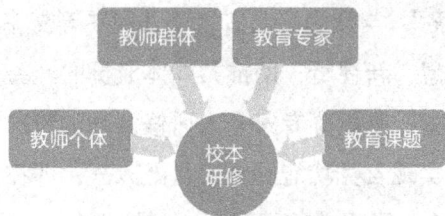

图 10-1　校本研修要素图

(一) 教师个体

教师个体是校本研修的基本单位与发展对象，充分发挥每个教师的创意与创举是使校本研修富有活力的关键，让每一个小学教师在校本研修活动中得到发展是校本研修的最终目的，尊重、理解、支持、保障每个教师个体的需求、见解、创意、权利是小学教师校本研修活动的基本原则。因此，教师个体是小学开展教师校本研修活动的首要依托与直接对象。让每一位小学教师真心地、认真地参与到校本研修活动中来，是确保研修活动达到预期目的的基础。

(二) 教师群体

群体是小学教师校本研修活动的组织单位与参与形式，在教师群体中实现专业知识、经验、智慧的共享是校本研修活动的组织机制，教师群体是校本研修活动的培训者与被培训者。所以，构建教师个体与群体之间的合作、分享、互动机制是校本研修的目的之一。在这一活动中，教师群体在校本研修中的直接组织形式是研究共同体，应该遵循共同体的组织法则，让每一位教师在"平等参与、优势共享、各抒己见、智慧碰撞"原则的指导下参与到共同体中来。可见，在校本研修活动中，教师群体内部协作研修制度是校本研修持续发展的支点之一，同伴互助是教师群体内部研修活动的基本形式，实现教师团队共同进步是校本研修的优势。

(三) 教育专家

在校本研修中，确保整个研修活动质量与品位的是教育专家的参与，他们拥有先进的教育理念与丰富的教育智慧，与教育专家的交流与分享能够提高校本研修活动的整体水准。所以，教育专家是提升校本研修质量的关键要素与保证者，是决定校本研修品质的关键人物。在整个研修中，教育专家应该扮演的角色是"平等中的首席",与众多参与者之间开展平等交流活动。向共同体中注入一种新理念、新思想、新视野,助推共同体成员的经验反思与专业提升,提供优质学术支持与服务,是教育专家介入研修活动的特殊功能。总而言之,教育专家在研修活动中实现自身功能的方式是融入式,即在参与讨论、共同研究中隐形地发挥自身理念的导引功能。

(四)研究课题(或称教育问题)

在校本研修中,教育问题、实践课题是聚焦研究力量、研究主体的载体,是控制研修活动的主线,抓住研究课题或研究问题开展研修,是确保校本研修形散神聚、富有成效的策略。教育教学课题是激发全体教师的创造力与变革力的诱因,是启动校本研修活动的直接原因,共同的问题解决需要把整个教师共同体紧紧地关联在一起。正是如此,选准研究课题与教育问题是确保研修活动顺利展开、高效进行的关节点。在当代,小学教师校本研修活动最需要的问题是高实践性、共通性、焦点性教育教学工作问题,最好是那些能够将所有改革者的创造力与热情激活起来的教育教学改革问题。有了这些课题或问题作为校本研修活动的主题,小学教师的专业发展就可能从校本研修活动中充分受益。

四、小学教师校本研修的常见形式

小学教师校本研修活动的顺利开展需要科学的组织形式来支撑,把握其主要形式并选择最适合自身校情与教师专业发展需要的研修形式是学校提高校本研修质量的应有考虑。在实践中,小学教师开展校本研修的常见形式有三种。

(一)主题引领式

这一校本研修形式的基本组织思路是:学校借助小课题或教师在教育教学实践中发现的实践性教育教学问题来进行组织,课题驱动、课题组织、课题研究是主题引领式校本研修的三大要素。在鲜明主题的牵引下,小学教师能够团结一致,共同围绕这一主题开展研究,并形成自己的研究结论。

具体而言,主题引领式校本研修的具体实施方式是:

(1)课题是主线,即让课题的形成、研究与结题活动成为校本研修的轴心,整个研修活动由一个时代性、实践性研究课题一以贯之。

(2)课堂是主阵地,即让小学教师借助上课、评课、研课这些常见课堂教学活动来推进课题的研究与问题的解决，让课堂成为校本研修活动的实验室与平台。

（3）教师是主导，即落实一线小学教师在课题研究中的责任，努力形成教师个体与教师群体合为一体的课题研究队伍，如采取教研组捆绑式的课题责任或评价制度等，促使每个教师参与课题研究的创造力与主动性得到最大化的体现。

（4）教研协作是关键，即在课题主线的关联下，把所有教师的教研力量聚合起来，形成有效的课题协作与分工研究制度，促使课题研究在各个领域与层面实现突破，最终实现本课题研究的亮点成果。

在实践运用中，主题引领式校本研修已经形成了一系列更具操作性的开展形式，值得广大教师借鉴。在此，我们主要介绍的是"三个一"与"两模式"。

1."三个一"

"三个一"分别是指："一个课题""一组实践课""一个系列的教研活动"。"一个课题"就是选择一个来自于课堂教学实践的教学研究课题；"一组实践课"就是在这一课题的引领下上出一组能反映该课题的研究思想、解决其中问题的教学探索课；"一个系列的教研活动"就是让全体参与教师开展一个系列围绕课题的、由教研组和教研员共同参与的教学研讨活动。借助这"三个一"，小学教师的校本研修活动就有了稳固的抓手。

2."两模式"

在校本研修活动的具体组织中，可以采取两种形式，即"主题参与式校本教研"活动模式与"主题联动式校本教研"活动模式。前者是通过鼓励、动员学校的所有教师参与校本研究的方式来推动校本研修活动的展开；后者是借助全体教师普遍关注的一个研究主题来吸引全校教师参与到校本研修活动中来。

（二）行动研究式

开展行动研究是在小学中开展校本研修活动的常见形式之一。所谓行动研究式校本研修，就是学校借助行动研究的理念来引导全校教师开展校本研修活动，实现对研究问题的逐步突破，并在这一过程中实现全校教师发展与学校发展的双重目的。在具体实施中，这一形式常常是通过以下思路来组织的，即"生成研修问题——开展问题研究——总结推广经验"，其具体思路如图10-2

所示。

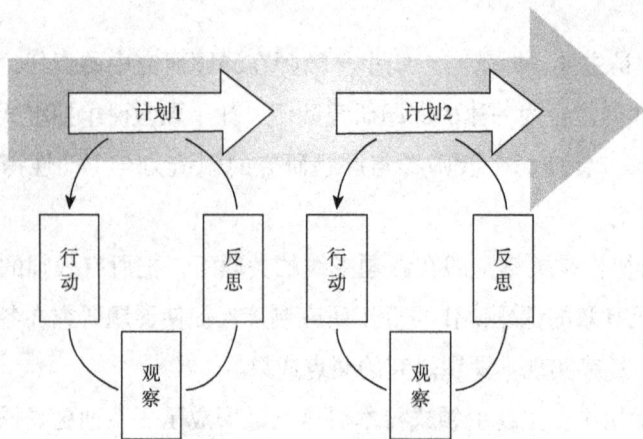

图 10-2　行动研究式图示

1.行动研究式的三个组成部分

（1）生成研修问题，即在教师教育教学实践或职业发展的困惑之处形成研究课题，启动研究活动，形成课题研究的内驱力。

（2）开展问题研究，即在教研组或其他校本研修组织的带领下，在核心成员的课改实验中开展课堂研究、工作研究或问题研究，借助于课题研讨、专家咨询、集思广益等形式来寻求教育教学实践问题的最优化解决方案。

（3）总结推广经验，即在研究最后阶段，通过研修共同体来提升理性教育认识，推广典型经验，让每个教师在研修中收获精华经验，推动他们的教育教学改革。

2.校本研修形式的五个阶段

（1）问题的提出与评估。在教育教学实践中，教研组在征集大家当前感兴趣的研究问题基础上筛选出大家最关心的焦点教育教学实践问题，并对该问题研究的可行性、价值性等进行全面评估，为后续研修活动的展开确定方向。

（2）问题成因的预先分析。在研究问题提出后，教研组应组织教师对其成因进行预先分析，据此提出待研究的小课题，并组建子课题组，为形成分工合作的研究团队奠定基础。

（3）研究计划的提出与研究责任的分配。在对研究问题进行分解之后，教研组应该着手制订科学、细致的研究计划，并对研究的方法、阶段性成果、研究小组分工等进行更为科学的策划，确保研究活动达到预期目的。

（4）实施行动研究。本阶段是校本研修的核心阶段，主要工作内容是：全体参与教师分头开展行动研究，形成研究成果，落实各项研究目标与责任。

（5）研究结论的形成。在行动研究完毕之后，课题组要及时召集各位子课题组负责人，集中汇报研究成果，对课题研究的主要结论与成果进行梳理、归类。

（三）学术沙龙式

学术沙龙式是小学教师中最容易开展的一种校本研修活动，它是学校利用集体教研活动时间，针对学校教育教学中面临的重要教育问题，展开教师学术沙龙活动，分阶段地开展专门研讨，以此实现对当前教育教学问题的解决。

校本研修形式需要一些具体的协作平台或讨论形式才能顺利展开。在小学中，教师可以采取下列活动形式来进行：教研组学术论坛，主要借助定期教研组活动来落实；专题博客论坛，主要借助形形色色的网上平台来实现；名师学术前沿讲座，主要目的是发挥教学名师在校本研修中的经验优势；教师课题答辩会，主要通过参与教师的课题陈述活动来组织学术沙龙；等等。

该校本研修活动形式在具体开展中可以按照以下阶段来分步推进（如图10-3所示）。

（1）确定研讨主题。在征询研修教师意见的基础上确定好主要研修课题或问题，以此激起小学教师的参与热情，明确研修活动的方向。

（2）召集相关教师。在研究主题的牵引下，研修活动组织者应该及时召集各位相关教师，开展课题研讨活动启动会议，建立研究组织，形成辩论的双方或多方。

（3）开展自由发言。研究组织一旦成立，组织者应该及时主持各种沙龙，开展有关本主题的学术讨论活动，营造各抒己见、经验分享、思想碰撞的学术交流氛围，组织好沙龙的学术讨论活动，催生出有见地、有价值的研讨结论。

（4）梳理观点观念。在学术沙龙研讨活动结束后，组织者应该带领全体参与教师初步梳理和总结研讨中形成的主要观点、争议焦点与学术亮点，形成主要研究共识，为后续深入研讨提供论题。

（5）开展专题辩论。本阶段的主要研讨内容是针对上一步形成的争议问题开展进一步的深入研讨，以此拓展研讨的宽度与深度，升华研讨主题与结论，形成更具深度与价值的专题研究成果，提高整个研讨活动的品位与层次。

（6）形成研讨成果。这是沙龙研讨的最后一步，主要任务是再次收集、整理讨论中形成的核心研究结论与理性认识，梳理主要研究结论，及时汇编成册，以备在全校内进行推广，直接助推全校教师教育观念与教学水平的提高。

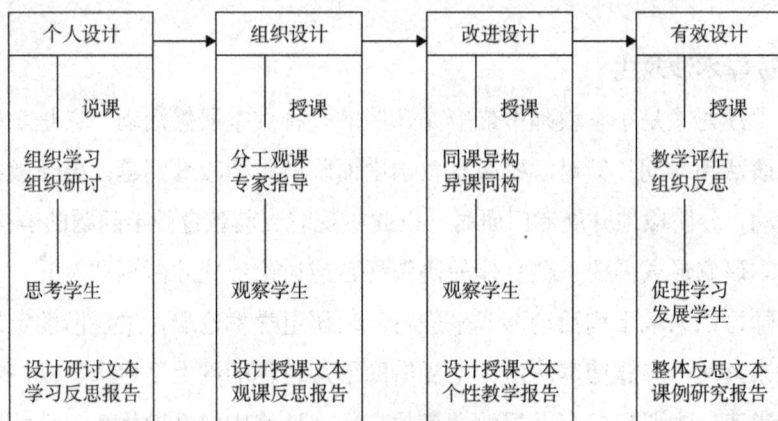

个人设计	组织设计	改进设计	有效设计
说课	授课	授课	授课
组织学习 组织研讨	分工观课 专家指导	同课异构 异课同构	教学评估 组织反思
思考学生	观察学生	观察学生	促进学习 发展学生
设计研讨文本 学习反思报告	设计授课文本 观课反思报告	设计授课文本 个性教学报告	整体反思文本 课例研究报告

图 10-3　基于课例的沙龙研讨图示 ❶

❶ 李秀伟. 中小学校本研修的改进路向与模型建构 [J]. 教育研究，2012(7).

参考文献

[1] 周煦 . 英国新教师入职培训制度的启示 [J]. 职业教育研究，2007(5) .

[2] 蒋莉 . 能力本位职业教育思潮 [J]. 职教论坛，2004(22) .

[3] 叶澜 . 新世纪教师专业素养初探 [J]. 教育研究与实验 1998(1) .

[4] 栗洪武，秦立霞，龙宝新 . 教师实用教学技能 [M]. 西安: 陕西师范大学出版
社，2012.